新零售机遇

任何生意都值得重做一遍

张箭林/著

企业管理出版社

图书在版编目（CIP）数据

新零售机遇：任何生意都值得重做一遍 / 张箭林著.
— 北京：企业管理出版社，2018.8
ISBN 978–7–5164–1757–7

Ⅰ.①新… Ⅱ.①张… Ⅲ.①零售业—商业经营 Ⅳ.①F713.32

中国版本图书馆CIP数据核字（2018）第172477号

书　　　名：	新零售机遇：任何生意都值得重做一遍
作　　　者：	张箭林
责任编辑：	蒋舒娟
书　　　号：	ISBN 978–7–5164–1757–7
出版发行：	企业管理出版社
地　　　址：	北京市海淀区紫竹院南路 17 号　　邮编：100048
网　　　址：	http://www.emph.cn
电　　　话：	编辑部（010）68701661　　发行部（010）68701816
电子邮箱：	26814134@qq.com
印　　　刷：	三河市华晨印务有限公司
经　　　销：	新华书店
规　　　格：	170 毫米 ×240 毫米　16 开本　19.75 印张　280 千字
版　　　次：	2018 年 10 月第 1 版　2019 年 7 月第 2 次印刷
定　　　价：	69.00 元

版权所有　翻印必究　·　印装有误　负责调换

序 1

时代的风口

提起新零售,许多人都觉得那只是阿里巴巴、京东、腾讯、小米这些商业巨头的事情,与普通人没有多大关系,其实不然。未来,新零售是每一个人的机遇!

自改革开放以来,中国的财富机遇总共有四次:第一次是个体户,第二次是炒股,第三次是房地产,第四次是互联网。前三次的机会已经过去,没有任何抓住的可能了。而第四次也已进入下半场,壁垒已经形成,再想进入没有那么容易了。然而,时代总在发展,新机遇总会随着变革出现。新零售在新时代中应运而生。这是新的时代风口,而且,随着互联网、人工智能的发展,自媒体的形成,个人乘"风"而上的可能性大增。于是,通过微信公众号、微博大V、网红直播,以及各种极具创意和特色的店铺获得成功的不在少数。

当然,要想抓住新零售这个时代的风口,首先要对其有深刻的了解。

到底什么是新零售?

如何找到新零售的切入口?

新零售要具备哪些思维?

如何把消费体验做到极致？

那些商业巨头是如何做新零售的？
那些新品牌是如何脱颖而出的？
如何选择最靠谱的加盟品牌？
小型零售店应如何升级转型？
如何应对个性化需求？
如何随着人们消费习惯的改变而调整营销策略？
……

2016年10月13日，在杭州云栖大会上，马云提出了"新零售"的概念，并将新零售与新制造、新金融、新技术、新能源作为阿里巴巴的五新战略。也许"新零售"的提法早就有了，但只有经过马云的阐述，才引起广泛关注和传播，并迅速成为热点。

对于新零售，站在不同的角度，会有不同的理解和解释。

马云站在电商的角度认为，新零售的核心是线上加线下，线上线下深度融合。在阿里研究院《新零售研究报告》中，认为新零售是以消费者体验为中心的数据驱动的泛零售形态，是对"人、货、场"的重构，其本质是始终为消费者提供超出期望的"内容"。

刘强东虽然也做电商，但他和马云是竞争对手，不能拾人牙慧，所以他认为零售没有新与旧，这是第四次零售革命，是无界零售。

小米是"生态链+小米之家"的商业模式，雷军认为，新零售的本质就是高效。小米的核心是产品、电商、互联网，有了互联网和新零售的帮助，产品将可获得极致的用户体验和高效率的运作。

叶国富（名创优品全球联合创始人）站在线下的角度认为，新零售是以产品为中心，利用新技术提升顾客体验和运营效率。这个论述与雷军的观点比较接近。

虽然每个人对新零售的解读不尽相同,但其内在的内容有三点是一样的。

以"人"为中心

传统的零售,是以"商品"为中心,而新零售是以"人"为中心。以前是人找商品,想买什么东西就去线上或者线下的店铺寻找,而新零售则是商品找人,通过供应链、物流、用户、数据的重构,实现全场景覆盖,把用户最需要的商品送到手中。

在以"人"为中心的前提下,个性化、多元化需求将得到极大重视,体验式消费、个性化定制服务将大受欢迎。

以"数据"驱动

数据是未来最重要的资产。过去人们凭直觉和想法做生意,而新零售时代,一切则可以用数据来解释。通过大数据把握消费者的需求,就如同以前搜索引擎通过搜索行为来把握消费者的需求一样。人们只有抓住数据,才能以不变应万变,把握新零售的机遇,抢占智能时代的未来。

大数据在企业运营过程中,对产品及服务创新、成本控制、营销推广、管理决策等环节具有非常大的作用。特别是新零售企业,其灵魂就是数据。如何将大量存在却不被感知的数据获取和利用起来,是跑赢新零售的关键。

构建"全渠道"

不管是线上还是线下,单一的渠道很难做好零售,只有上下打通,建立"全渠道"才有出路。"全渠道"是以消费者为中心,借助信息技术打造一体化渠道,给消费者提供无缝化、一致性、无边界的最佳购物体验。

"全渠道"包括两部分,一是前台,主要指实体店、网店、微信、微博、传统媒体、社交媒体互动等;二是后台,主要是结算系统、订单处理系统、库存管理系统、智能化客户关系管理系统(CRM)、第三方平台接口等系统,以及支持这些系统的数据处理平台。

当前台和后台都搭建完成,并无缝对接运行流畅时,就算基本建立起了"全渠道"。

其实,变革是一种挑战,但更是一种机遇。每次商业经济的巨大变革,都会造就一大批富翁。零售的变革已经开始,新零售时代降临,如何抓住这个机遇,或创业,或升级转型,是每一个个体或商家需要思考的重要问题,而本书为此提供了一种可能,希望读者能从中获得帮助。

——著名金融信托基金专家、经济学家、博士后导师　孙飞教授

序 2

新零售时代，任何生意都值得重做一遍

这是一个商业大变革的时代，在困境与机遇的轮回中，企业如何做对选择？

对现在的企业来说，无论是线下还是线上，都遇到了很大的困难，都在寻找出路，寻找突破。

在线下，传统零售商面临巨大的压力：人力成本上涨、房屋租金上涨，而同时，顾客却在大幅减少。由于网络零售的价格优势，网购人数迅速增加。线上购买的人多了，线下购买的人必然减少。每年"双十一"，各大网络零售平台急剧增加的交易额就是最好的证明。比如，阿里巴巴电商最近几年"双十一"的交易额为，2013年351亿元，2014年571亿元，2015年912亿元，2016年1207亿元，2017年1682亿元。而2009年的交易额仅为0.52亿元，9年时间交易额增长了3234倍。对传统零售商而言，这一个个数字就是一把把锋利的尖刀，在切割他们的血肉。于是，"关店潮"席卷而来！各个传统零售商焦虑不已，纷纷想尽办法，转型升级，绝地求生！

在线上，网络零售商本应该风光无限，打得线下商家毫无还手之力。然而，他们也遇到了发展的瓶颈：网络人口红利消失，流量成本大幅上升，场景体验消费觉醒，价格优势逐渐丧失。网络人口大幅增长之后，逐渐趋于平稳，不可能再有爆炸式增长。另外，网络上拼的就是流量，没有流量只有死路一条。以前，网上推广引流，获客成本不是很高，一般是1元，或者几元、几十元，而发展到最后是几百元、上千元，甚至是上万元。如此高的流量成本，网商不堪重负。而且，随着人们生活水平的提高，购物时的价格因素已经不是唯一，人们更注重体验，而体验则是网购的短板。所以，线上的网商也是急于突破瓶颈，寻找出路。

在这种线上线下都陷入困境的情况下，新零售应运而生。线上线下深度融合，利用智能技术，实现"人、货、场"重构，是新零售的主要特征。

可以说，新零售不是简单的变革，而是思维方式、运营模式、操作方法、技术工具深度结合后的巨变。新零售最重要的地方在于"新"，就是要去创新，创造出"新物种"——完全不同的消费场景。

现在，技术正在逐渐成熟，VR/AR、智能支付、智能识别、大数据、云计算等都获得了极大的发展，创造各种"新物种"已经成为现实。

新零售重新定义了零售的本质，使得做生意的本质发生了变化。

据尼尔森调查的数据显示，目前零售业是顾客流失率最高的行业，其次是银行业。因为目前的零售形式，缺乏黏住顾客的手段，顾客在有更多选择的情况下，就会离你而去。要知道，新零售的核心就是想办法通过提升体验留住顾客。正是因为没有抓住这个本质，所以许多商家才出现严重的问题。

反过来说，如果能够抓住新零售的本质，围绕"提升体验"进行创新，则任何传统行业都能创造出"新物种"。

我们可以看到，各个传统行业都在发生巨大的变革，产生了一批行业新秀、行业新贵，比如出行行业（滴滴打车、共享单车）、二手车行业（瓜子二手车、优信二手车、人人车）、教育行业（新东方、博实乐）、商超行业（盒马鲜生、超级物种、无人便利店）等。它们都在新零售时代脱颖而出，成为佼佼者。

对任何一个商家或者个人而言,新零售的出现都是福音,因为围绕新零售可以产生无数种可能——任何行业都能在智能技术、数据的驱动下,产生新模式。

从这个角度来说,任何生意都值得重做一遍。

只要足够"新",每个行业都是优质的"试验田",每个生意都是赚钱的"聚宝盆"!

——知名财经作家 赵文明

新零售之战，未来之战

新零售领域的对决，不仅仅是一场战争，而是对商业未来的争夺！

作为万亿级别的巨大市场，零售业的竞争空前激烈。特别是新零售概念提出来以后，各大商家似乎听到了进攻的号角声，发现了巨大的蓝海，纷纷出手，跑马圈地，猛下重注，以图在这个"所有生意都值得重做一遍"的新领域占得先机，成为赢家。可以说，新零售战争瞬时爆发。

新零售的竞争格局已经基本明朗，京腾联盟（京东和腾讯）与阿里巴巴两大阵营，形成了巨头对垒的局势；同时，以小米为首的第三阵营实力较弱，但成员众多，他们通过细分、跨界等方式，在共享经济、无人零售等方面，呈现出百花齐放的竞争态势。

战略竞争

在新零售领域，马云领导的阿里巴巴起步比较早，布局很广，先后投资了线下零售巨头银泰百货、苏宁、三江购物、百联股份、高鑫零售（旗下品牌大润发、欧尚）；同时，结合阿里云、大数据、菜鸟物流、移动支付的巨大优势，先后推出了天猫超市、天猫小店、盒马鲜生、淘咖啡、猫茂等零售形式。这可以说是一个全布局，几乎涵盖了从线上到线下的百货、生鲜、无人店等各大业态。

特别是盒马鲜生，是阿里巴巴标志性的新零售产品。盒马鲜生主营生鲜产品，已经在2017年结束了实验期，开始在全国范围内铺设门店。

腾讯与京东联合起来组成京腾联盟，共同对抗阿里巴巴。京腾联盟先后入股永辉集团，与家乐福、沃尔玛、步步高、华润万家、人人乐等展开合作，共同在零售领域做大做强。同时，京腾联盟还包括美团点评、唯品会、同程旅游、拼多多、蘑菇街等品牌企业。

京腾联盟的新零售标志性产品是超级物种（永辉）和7FRESH（京东）。这两个也是主营生鲜产品，对标盒马鲜生。

这些商业巨头为什么都把焦点集中在生鲜上呢？

在百货零售品类中，生鲜的供应链最复杂，必购率也最高，因此，有"得生鲜者得天下"的说法。可以说，从生鲜切入新零售，就如同20年前从图书切入网购一样。

支付战争

微信支付代表着腾讯的未来，而支付宝则承载着阿里巴巴的未来。在移动支付领域，这两个霸主互不相让，对抗不断。同时，京东金融拆分独立发展，也是为了在支付领域有所作为。

从红包大战、与各大商家合作、公共交通领域到国外，微信支付与支付宝进行了全面的竞争，甚至出现禁止对方在其旗下平台、店铺使用的情况。

中国人喜欢发红包，而春节期间正是红包到处飞的时期。于是，微信支付和支付宝都卯足了劲，掀起了红包大战。比如，在2016年春节尚未到来之际，支付宝率先以2.69亿元人民币夺下猴年春晚的合作资格，并推出"咻一咻"功能添加附近的人，同时与微博红包合作，利用微博大V造势。

微信不甘示弱，新增了红包照片玩法。除夕当天共有2900万张红包照片发出，红包照片互动总次数超过1.92亿次。

从最终的数据来看，2016年春节的红包大战中，微信支付还是占据了上风。

2018年3月，一张来自成都沃尔玛亚太店的"公示"引起了轩然大波。该"公示"内容显示，自2018年3月15日起，本店支付方式为微信支付、银联卡、信用卡、预付卡、现金（暂停使用支付宝）。同时，为回馈广大消费者，将于2018年3月15日起至4月1日止，展开微信支付满减活动，届时具体活动详情请见店内公告。

作为腾讯的合作方，沃尔玛禁用支付宝，主推微信支付的做法，引起了人们的广泛关注。而且，继沃尔玛之后，步步高也宣布旗下门店禁止使用支付宝。

细分创新

以小米为代表的第三阵营，虽然没有实力与两大巨头正面对抗，但其在新零售领域发展的潜力不可小觑。雷军要在3年之内把"小米之家"开到1000家；丁磊的网易严选、考拉也在大力开拓线下实体店；还有无人便利店、新型便利店、办公室无人货架、新零售服务商、新型书店、迷你健身仓等众多零售细分领域的创新模式，都在不断涌现并发展。

未来隐忧

新零售时代已经来临，残酷的市场竞争也才刚刚开始！

现在，大家都在不断试错中奋力前行，不管是已经占据制高点的阿里巴巴、腾讯、京东、小米，还是积极创新的众多中小商家，以及努力转型的传统零售商，都力图成为幸运儿。但是，一切都是未知数。

经济、技术等发展越来越快，颠覆随时会降临。打败自己的往往不是竞争对手，而是另一个完全不相干的对手。

中国移动做了这么多年，最后才发现自己的对手不是联通，也不是电信，而是微信。

百度做搜索引擎很多年,最后才发现自己的真正对手不是360搜索,也不是搜狗搜索,而是今日头条。

国内手机厂商们在手机制造方面惨烈竞争,最后才发现自己的对手不是同行,而是做通信终端设备的华为。

……

也许就在那些新零售巨头们互相争得头破血流的时候,会突然发现,他们都被新出现的另外一个事物打败了,比如区块链。区块链以"去中心化"为主要特征,而现在的模式基本都是"中心化",这种截然相反的特性就具备了颠覆的可能。

不确定的未来,给了众商家巨大的压力,但何尝不是给了巨大的希望!

——张箭林

目 录

Part 1
新零售时代，重新定义商业

Chapter 1　你必须了解的大趋势：新零售就是新未来　/ 003

　　新零售，马云给出的答案　/ 004
　　新零售与传统零售有什么不同　/ 006
　　新零售的"女性特征"　/ 008
　　新零售的节点如何把握　/ 011
　　消费升级，促使零售升级　/ 013

Chapter 2　你要快速"洗脑"，具备新零售的思维和观念　/ 017

　　分享经济思维　/ 018

　　用户思维　/ 021

　　社群思维　/ 023

　　场景思维　/ 026

　　万物皆媒思维　/ 029

　　大数据思维　/ 034

Part 2
突破闭环，占领新零售的制高点

Chapter 3　必须拥抱人工智能：技术驱动下的智慧零售　/ 041

　　人工智能（AI）助推新零售　/ 042

　　智能支付　/ 046

　　智能停车与找车　/ 049

　　电子标签（RFID）　/ 051

　　虚拟商品墙　/ 053

　　智能试衣　/ 054

　　机器人导购　/ 056

Chapter 4　一定要利用好大数据，实现精准化运营　/ 059

　　马云：未来的核心资源是数据　/ 060

　　云计算与大数据的密切关系　/ 063

在零售业，用大数据能干什么 / 064
通过大数据分析实现精准营销 / 067
利用大数据分析增加用户黏性 / 070
案例一：百思买的定价策略 / 072
案例二：百事可乐为何选吴莫愁做代言 / 073
案例三：波司登利用大数据解决库存 / 075

Chapter 5　积极构建"全渠道零售"：打破渠道壁垒，提升效率 / 077

全渠道零售的概念及发展过程 / 078
全渠道零售的构建核心是消费者 / 080
优化库存：降低成本，提升效率 / 082
物流整合：走好"最后一公里" / 084
案例一：屈臣氏的全渠道打通战略 / 086
案例二：丝芙兰的全渠道模式 / 089

Chapter 6　要知道"爽"才是王道：把消费体验做到极致 / 092

个性化营销：为顾客提供定制服务 / 093
"五感体验式"营销 / 095
体验制胜：日本做到极致的细节服务 / 098
消费体验升级的武器：VR/AR 技术 / 101
案例一："超级物种"的逛购体验 / 103
案例二："三只松鼠"的体验营销 / 105

Part 3
了解新零售模式，找准起飞的风口

Chapter 7　阿里新零售：平台＋强强联合模式　/ 111

　　马云：新零售不是卖东西，而是服务好客户　/ 112
　　收购银泰百货，阿里走出新零售第一步　/ 114
　　发力线下，入股多家线下企业　/ 115
　　阿里新零售的"1号工程"盒马鲜生　/ 119
　　"淘咖啡"：涉足无人便利店　/ 122
　　专心服务社区的"天猫小店"　/ 123

Chapter 8　腾讯新零售：微信＋小程序模式　/ 126

　　马化腾的超级武器"微信"　/ 127
　　腾讯通过投资的方式布局新零售　/ 130
　　走在新零售路上的腾讯小程序　/ 132
　　腾讯的实体店"WeStore"　/ 134
　　"京腾无界零售"解决方案　/ 135

Chapter 9　京东新零售："物流＋抱团取暖"模式　/ 137

　　刘强东的"第四次零售革命"　/ 138
　　自建物流是京东的核心武器　/ 140
　　开设县级服务中心和"京东帮"　/ 143

联手永辉超市，布局"京选空间" / 144

线下布局的重要拼图"京东之家" / 146

实施"百万便利店"计划 / 148

补齐短板，收购 1 号店 / 150

Chapter 10　小米新零售："生态链 + 小米之家"模式 / 153

雷军：新零售的本质就是高效 / 154

采用"舰队模式"，构建小米生态链 / 155

线上：从小米商城到米家有品 / 161

线下：加速发展"小米之家" / 163

Chapter 11　亚马逊新零售："高科技 +"模式 / 166

亚马逊书店：迈出新零售第一步 / 167

开设线下实体店 Amazon Go / 168

收购"全食超市"，打通线上线下 / 170

亚马逊的"超级智能物流体系" / 172

Part 4

拥抱新零售，抓住传统行业升级转型的机遇

Chapter 12　如何做好百货行业的新零售 / 177

购物中心的痛点怎么破 / 178

商超转型新零售的 5 大样本 / 180

百货商需玩转"体验"和"年轻化" / 183

小商店的"特+精+薄"策略 / 185

Chapter 13 **如何在服装业实现新零售突破** / **187**

服装新零售的5大趋势 / 188

服装最流行的"O2O模式" / 191

韩都衣舍的"B2C模式" / 193

报喜鸟的"C2M模式" / 195

Chapter 14 **家电行业新零售的机遇在哪里** / **198**

苏宁：线上线下融合O2O模式 / 199

国美：从卖家电到卖方案和体验 / 201

农惠淘："互联网+农村"模式 / 203

"最后一公里"是家电新零售争夺的核心 / 205

Chapter 15 **餐饮业新零售如何更上一层楼** / **207**

餐饮的"O2O模式" / 208

"便利店+餐饮"模式 / 210

提供复合型餐饮体验的"跨界模式" / 211

专注单品的"小而美模式" / 213

返璞归真的"家乡小馆子模式" / 214

专卖食材的"蓝围裙"模式 / 216

Chapter 16 **医疗行业新零售的路如何走** / **219**

阿里健康的医药全渠道模式 / 220

传统药店新零售布局策略 / 221

叮当快药的智慧药房 / 223

"企鹅医生"的线上线下融合 / 226

万芸健康的新零售模式 / 228

Chapter 17　汽车行业新零售怎样创新 / 230

传统 4S 店的新零售策略 / 231

互联网售车模式 / 233

汽车个性化定制模式 / 235

以租代售模式 / 237

汽车自动贩卖机 / 238

Chapter 18　旅游业新零售如何做 / 240

OTA 面临的困境 / 241

同程旅游的"直营门店" / 243

携程的"加盟"模式 / 244

途牛的"区域服务中心" / 245

飞猪的"OTP 模式" / 247

Part 5

新零售下的新创业，未来 10 年的淘金池

Chapter 19　深耕细作，选择最适合的开店方式 / 251

电商平台上的网店 / 252

新实体微商 / 254

便利店、超市连锁加盟 / 256

休闲食品零售加盟 / 258

特色餐饮品牌加盟 / 260

Chapter 20　创意 + 体验：新零售下的店铺经营秘方 / 263

开发个性化的小众市场 / 264

做一个特色卖家 / 266

培养粉丝，沉淀消费者 / 268

采用"直播"模式 / 270

Chapter 21　借鉴：著名新零售品牌成功的秘密 / 273

精致简约的"无印良品" / 274

全渠道模式的"良品铺子" / 278

设计师品牌"江南布衣" / 280

"新育儿 +"模式"孩子王" / 282

微博营销模式"野兽派" / 285

专注于潮流玩具的"泡泡玛特" / 287

Part 1

新零售时代，
重新定义商业

新零售的魅力在于为每一个想做生意的人提供了无限可能。这是一个最坏的时代,也是一个最好的时代。悲观的人觉得做什么都不赚钱,因为所有的商业逻辑都将被推倒,被重新定义;积极的人看到了变革的机会、重组的希望,认为所有的生意都值得从头再做一遍!

Chapter 1

你必须了解的大趋势：
新零售就是新未来

新零售代表着未来,这已经是共识。现在最重要的是顺势而为,敏锐地发现新零售带来的机会,找准切入点,创造独特的模式,然后去积极行动。

新零售机遇：任何生意都值得重做一遍

新零售，马云给出的答案

2016年，新零售横空出世！

新零售是面向未来消费者的一种全新的零售方式，也是一种全新的商业模式。马云在2016年10月的阿里云栖大会上提出了新零售。

马云认为，互联网时代，传统零售行业受到了电商互联网的冲击。未来，线下与线上零售将深度结合，再加智慧物流，服务商利用大数据、云计算等创新技术，构成未来新零售的概念。纯电商的时代很快将结束，纯零售的形式也将被打破，新零售将引领未来全新的商业模式。

2017年3月，阿里研究院发布了《新零售研究报告》，对新零售的概念和方法论进行了系统而全面的解读。其副院长杨健表示，新零售不是现有的零售场景和业态的简单相加，而是重构，进而产生全新的商业业态。

报告指出，"新零售就是以消费者体验为中心的数据驱动的泛零售形态"，核心价值是最大程度提升全社会流通零售业的运转效率。

新零售具有三大特征。

以"心"为本

这是指新零售借助数字技术的创造力，无限逼近消费者的内心需求，最终实现"以消费者体验为中心"。通俗地说，新零售就是围绕消费者需求，抓住人心，重构人、货、场。

零售的二重性

新零售是二维思考下的理想零售。任何零售主体、任何消费者、任何商品既是物理的，也是数字化的，需要基于二维角度思考新零售。同时，基于数理逻辑，企业内部与企业间流通损耗最终可达到无限逼近于"零"的理想状态，最终实现价值链重塑。

零售物种大爆发

新零售是借助数字技术、物流业、大文化娱乐业、餐饮业等多元业态均延伸出零售形态，从而产生更多的零售新物种。

新零售的诞生，有其深刻的原因。

首先，新商业基础设施的出现，为新零售提供了支持。如果没有大数据、云计算、人工智能等基础设施，新零售是很难产生的。

其次，消费者的数字化，为新零售提供了可能。随着网络技术的发展，越来越多的人开始接触并逐渐适应、习惯、依赖数字环境下的生活，用一部手机就能购买到自己想要的商品。于是，出现了用户数字化、门店数字化、生产数字化、渠道数字化、供应链数字化、营销数字化。数字化对零售产生了很大的影响，促使以数据为驱动的新零售的出现。

最后，零售业的现状，为新零售提供了动力。现在，不管是线上还是线下，零售都遇到了困难。线上红利消失，电商急需拓展线下，寻找出路；线下实体店在电商的冲击下，已经溃不成军，急需要寻找出路。于是，线上线下融合成为最好的选择。大家都在寻求变化、突破，这为新零售提供了充足的发展动力。

当然，作为一种全新的零售方式，新零售现在还没有一个完全验证了的正确模式，大家都处于探索尝试阶段。相对来说，阿里巴巴走在了探索的最前沿。马云判断了新零售这个趋势，也判断了未来新零售的愿景。但是，如何才能达到这个愿景，现在还不是很明朗，只是在探索。所以，我们能看到一个情况，马云在新零售这条路上的所有赛道都下了注。

新零售机遇：任何生意都值得重做一遍

线下超市业务：联华超市、三江购物、高鑫零售。

百货业：银泰。

线上便利店O2O平台：闪电购、饿了么。

线下无人便利店：淘咖啡。

垂直水果电商：易果生鲜。

线上超市：天猫超市。

线上线下结合的生鲜超市：盒马鲜生。

线下加盟店：天猫小店。

但是，不管怎样，只要新零售的大方向是正确的，通过不断试错，最终会找到新零售最完美的模式。

新零售与传统零售有什么不同

新零售是相对于传统零售而言的。那么，新零售与传统零售有什么不同呢？这主要体现在以下几点：

数据化

新零售与传统零售的一个重要区别，就是人、货、场三个要素是否数据化。

在新零售业态中，每一个消费者在不同场景的消费行为都会被记录，每一件商品的变动都会被实时监控，从而形成数据。根据这些数据，商家可以更好地洞察消费者，及时预测其需求的变化，为其提供更好的消费体验，从而增强消费者的黏性。

对传统零售而言，它很难做到这一点。传统零售商不能有效地收集、监控消费者的行为，即使获得一些数据，但其数据的粒度、宽度、广度、深度都非常有限,也达不到实时性,所以对商家的销售提供不了多大的助力。

去中间化

在传统零售业,商品从厂商到用户手中,中间经过很多环节,从批发、分销、物流到终端销售,增加了非常多的成本,而这些成本大多转嫁到了消费者身上。

而新零售业态下的各种模式,极力缩短产品到消费者手中的环节,优化供应链,提高效率和价格信息的透明度,以商品和服务为核心,提升消费体验。

个性化

消费升级的一个重要特点就是消费者的个性化需求急剧增加。然而,传统零售行业一般都是批量生产,所以无法或者很难满足消费者多变、多样的个性化需求。

在大数据、智能技术支持下的新零售,则能轻松发现并满足消费者的个性化需求。于是,定制服务成为新零售的一种重要模式。

全场景化

在购物的过程中,消费者所购买的不仅是物品本身,更是由物品所能联想并实现的场景以及对购物环境的感受。现在,消费者对于后者,也就是消费场景更加重视。

传统零售业的消费场景比较单一,而且线下线上割裂,体验不佳。在新零售模式下,由于数字化技术的应用,实现了全场景化,消费者不再受区域、时段、店面的限制,商品的内容不再受形式、种类和数量的限制,商品交付的形式也不再受物理形态的制约。如此一来,消费体验得到极大提升,同时促进零售业向更高层次发展。

新零售的"女性特征"

新零售的主要特点是追求体验式消费、强调性价比、注重社交化的情感交流等,而这都是女性特征。所以说,如果新零售有性别,那就是一个女性。

其实,稍微有点商业经验的人都知道,女人的钱最好赚。只要能抓住女人的心理,把她们哄高兴了,赚钱就非常容易。

马云也曾表示:女性是消费的主力军,也是时代的主力军,抓住了女性就抓住了消费。

《2016年女性财富管理报告》显示,在过去的30年里,女性的平均收入大幅提升,增长了63%。同时,在一个家庭中,大部分消费由女性做主(如下图):购买服饰、化妆品的话语权(类别1)为88%,购买家居用品的话语权(类别2)为85%,休闲旅游的话语权(类别3)为84%,购买母婴产品的话语权(类别4)

家庭中男女日常消费话语权比例(%)

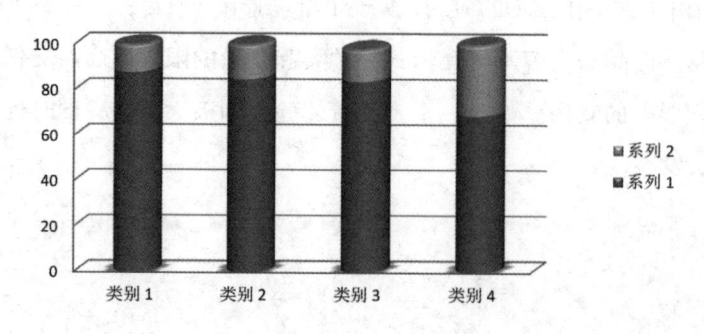

注:系列1代表女性,系列2代表男性。

为 69%。毫无疑问，女性的消费市场潜力要远大于男性。

在《中国妇女》杂志的一项调查中也得出了同样的结论，四分之三的女性掌握着家庭的财政大权，成为购物的中坚力量。

也正因为如此，新零售更多地体现出了女性特征，这非常符合商业逻辑。

追求极致的消费体验

女性更适合体验经济，因为相对于男性而言，她们更加感性，更长于体验。

（1）追求产品的体验。在购物消费方面，女性天生比较精明，很注重产品的体验和品质，对生活质量有更高的要求。她们不仅要求商品"能用"，还希望商品"好用"，甚至能带来"享受"，最好还不要太贵。

（2）追求服务的体验。女性天生细心、敏感、情绪化，对于购物消费的服务非常在意。一个不经意的小细节有可能让她们的购物热情骤然下降，一项贴心的服务则可能让她们感动得热泪盈眶，比如买衣服送一束鲜花或一张祝福卡就能让她们很开心，对店铺的忠诚度大幅上升。

（3）追求消费的体验。在购物消费的过程中，女性都渴望被尊重，希望购买的商品有档次、有品位，可以满足其虚荣心。因此，冲动消费在女性身上发生得最多。

针对女性消费的这些特点，商家就要围绕女性的喜好打造消费场景，让她们获得极致的消费体验。比如女性喜欢的店铺名字、购物环境，还有女性卫生间、母婴室的设置等，都要让女性感到舒适、开心。

非常重视情感的链接

相对男性而言，女性更加重视感情。为什么很多针对女性的消费品能大受追捧？就是因为这些商品给目标消费者带来情感享受和情感归属，通过这种情感体验提升品牌的用户体验。要知道，女性是感性动物，最容易被感动。

在女性的消费过程中，情感链接往往是商业的主要驱动因素，因为女性渴望被理解、被尊重，甚至被宠爱。如果女性的这些情感需求得以满足，她们会

新零售机遇：任何生意都值得重做一遍

很快做出购买决定。比如专注于时尚女性消费者的电商网站"蘑菇街"，通过"每天至少爱一次"的整合营销传播活动，巧妙把握购物和爱情之间的微妙联系，主打感情牌，圈住了大量女粉丝。

另外，女性善于沟通，也更愿意与他人交流、沟通、表达情感。移动互联网时代，对碎片化时间的有效利用更加解放了女性，整个社会更加关注女性的表达和女性的意愿。社交零售的崛起也是抓住了这个趋势。

针对女性的这种特点，商家就要让她们感到被关爱、被尊重、被理解，让她们觉得你是"最懂"她们的品牌。

偶像情结很严重

追星族多为女性，特别是年轻的女性。于是，在娱乐圈，那些小鲜肉、萌大叔、长腿欧巴的身价水涨船高，甚至已经到了令人瞠目结舌的地步。他们有一个共同特点：女性喜欢。他们是女性的偶像。众多商家正是看中了这一点，于是采取相应的营销策略。比如 vivo、OPPO 手机，其成功的原因之一就是主要定位于女性用户。vivo 通过请彭于晏、OPPO 通过请李易峰和陈伟霆等当红小生做广告，分别笼络了一大批女性粉丝。据大数据调查显示，vivo 手机女性用户达 68.7%，OPPO 手机女性用户达 74.3%，并且忠诚度非常高。还有肯德基请鹿晗为代言人，并聘请他为"鹿店长"，结果吸引了一大批粉丝。屈臣氏也一样，自从请杨洋作为代言人之后，其会员人数增加了 800 万。

针对女性的这种特点，如果有实力，商家可以请女性喜欢的明星做代言；如果没有实力，则可以通过打造自己的 IP，把自己打造为"偶像"，建立坚实的价值认同。

Part 1　新零售时代，重新定义商业

新零售的节点如何把握

新零售时代已经来临，对每一个人来说，这都是一个难得的机遇。但是，新零售也是一个新事物，许多人不知道如何去做新零售，不知道如何入手。

那么，我们讲述一下新零售主要节点的把握。

选择品类

要切入新零售，最重要的是确定做什么，也就是说选择卖什么品类。品类最好要拥有自己的内容，要容易聚集用户，形成社群。有些人可能会说，我们可以自己生产内容，自己打造社群。这样做不是不行，而是难度比较大。如果品类本身就有自己的独特价值（文化），那就更容易让消费者接受，比如高端的Nike的AJ系列，以及低端的废品艺术品，前者有篮球文化，后者有环保文化，更容易获得篮球爱好者、环保人士的青睐，并能很容易地把他们聚集起来。

运营社群

当把用户聚集起来之后，就要做好运营。也许有些人会说结合产品本身持续输出内容，就像来北京的外地人都想去八达岭长城看看，也愿意谈论长城一样，如此一来就可以保持社群的活跃度。这确实是一种方法，但背后的原理是，长城抓住了用户热爱古文化的这个点。要知道，长城只有一个，古文化价值巨大，而产品则很难有这个价值。所以，在运营社群时，要想办法让用户自我循环，而运营者输出的只是辅助。比如Nike的AJ社群，就可以抓住"鉴真"这个点，让用户自我活跃，因为AJ的真假一直是Sneaker（爱好收集鞋子的人）的心头

新零售机遇：任何生意都值得重做一遍

之痛，而每个Sneaker都有自己的方法，也都有局限性，因此他们聚集在一起，就可以生成自我讨论的氛围。如此一来，AJ社群就很容易运营。

实现"零库存"

库存是零售管理的重点，关系到企业的资金运作、盈利能力和竞争力。新零售就是要想方设法降低库存，最终实现"零库存"。现在的消费需求越来越个性化，因此出现了定制服务，这既能满足个性化需求，又能使库存达到最低，很受市场欢迎。

提升流通链效率

由于新零售服务商的出现，流通链将被重塑，相比之前更加高效。新零售主要有以下服务商。

（1）新生产服务：主要包括数字化转型咨询、数字化生产、智能制造等。这些服务能使生产在效率和质量上都大大提升。

（2）新金融服务：主要指的是供应链新金融。这使得资金不再成为产品流通的绊脚石。

（3）新供应链综合服务：主要包括智能物流、数字化供应链、电商服务商等。如果把这些非核心业务外包出去之后，企业就会有更多的精力关注用户的运营和产品的打造。

（4）新门店经营服务：主要包括数字化服务培训以及门店数字化陈列。这使得原本非标门店更加标准化，实现规模化运营。

总之，新零售时代已经来临，也就是大家常说的风口的到来，这个时候，只要把握好新零售的重要节点，我们就能很轻松地飞起来。

消费升级，促使零售升级

在中国，新零售的出现，与消费升级有很大的关系。

据相关研究显示，当人均GDP达到1000美元之后，居民消费率开始上升，消费对经济增长的作用不断增强；当人均GDP超过3000美元之后，由于居民收入水平提高，为消费结构升级创造了购买力条件，休闲消费、品质消费等进入大众化阶段；当人均GDP超过5000美元时，消费升级速度加快；当人均GDP超过7000美元时，大众消费就开始从模仿式、排浪式的消费进入到个性化、定制化的消费阶段。

随着中国经济的快速发展，中国人均GDP提升很快，2008年、2011年、2015年分别达到了3000美元、5000美元和8000美元以上，与此对应，中国的消费结构到了快速升级阶段，逐渐进入个性化、定制化的消费阶段。

在这一阶段，消费主体更加个性化。18—35岁的新生代和上层中产及富裕阶层构成了中国的消费主体。他们更加注重商品和服务的品质、品牌，以及生活质量与效率。消费的档次被拉开，消费的"羊群效应"逐渐消失，"排浪式消费"基本宣告终结。与之相对应，个性化、多样化消费需求大规模兴起，并逐渐成为主流。消费者更加看重商品的个性特征，以期展示自我，而不仅仅满足于对物的需求。

个性化消费需求特点表现在三个方面。

（1）重视心理满足，追求个性、情趣。

（2）强调商品或服务内在的质的要求，如商品的时尚性、独特性和安全性。

新零售机遇：任何生意都值得重做一遍

（3）关注消费的文化内涵，如商品的欣赏价值、艺术价值和文化特质等。

这些特点都迫使零售升级，从传统零售向新零售转变。更为重要的是，中国的消费现状也促使零售升级。

中国的消费信心非常强劲

在世界范围内，中国的经济发展良好，虽然GDP增速有所放缓，但人们的消费心态比较乐观，消费信心很足。

在全球著名管理咨询公司麦肯锡的《2016年中国消费者调研报告》中，有对中国人消费信心的调查。当被问及未来收入预期时，55%的受访者相信未来五年中自己的收入将显著增长，较2012年仅仅下降了2个百分点。

全球著名市场调研公司尼尔森在2016年8月发布的中国2016年第二季度消费者信心指数显示，在全球范围内，中国消费者信心指数与第一季度持平，稳定在106点。中国的消费者信心指数始终保持在全球前十的高位。

尼尔森报告还显示，中国消费者2016年上半年对就业和收入的感知比2015年下半年更加积极。其中有59%的受访者认为个人就业前景"好"或者"极好"，比2015年下半年上升了3个百分点。同样，54%的受访者认为个人当下的经济状况"非常好"，而2015年下半年有50%的人持有同样的观点。

中国的中产阶层正在崛起

在中国消费信心强劲的背后，是不断崛起的中产阶层。

麦肯锡曾发布的一项研究报告显示：2000年，中产阶层仅占中国城市家庭的4%，而到了2012年，这一比例已飙升至68%。2014年，城市人口占到中国总人口的52%，而到2022年，还将涌现1.7亿城市新居民，届时城市化比例可能攀升至63%，中产阶层的人口数量将达到6.3亿，为城市家庭的76%和总人口的45%。中国正在快速成长为中产阶层国家。而伴随中产阶层崛起的，则是居民收入的水涨船高。

可以说，中国消费信心的强劲和中产阶层的崛起，都在倒逼零售升级。

当然，消费和零售是相辅相成的。消费升级，促使零售升级；而零售升级，则推动消费升级。新零售的发展推动了居民消费理念、消费方式、消费结构、消费档次等全方位的更新升级。这主要体现在三个方面。

升级了消费体验

新零售给消费者带来了极致的体验，使得消费者从物质满足上升到了心理满足。比如，阿里巴巴的盒马鲜生，不是超市，不是便利店，不是餐饮店，也不是菜市场，但却具备了上述业态的所有功能，是"超市 + 餐饮 + 便利店 + 菜市场 + 电商 + 物流"的复合功能体。

阿里巴巴利用线上线下与现代物流技术的完美融合，给消费者带来了生鲜商品 3 公里半径、最快 30 分钟免费快递到家的极致服务体验。要是在以前，购买生鲜商品很难有如此便捷的体验。

优化了消费结构

新零售给消费者提供了全渠道融合的多场景、多方式的购物体验，极大地丰富了零售供给中的服务内容，优化了消费结构，促使居民消费结构由商品消费向服务消费转型。比如天猫与银泰合作推出了逛街神器"喵街"APP。这款产品同时服务于 B 端与 C 端，B 端主要为线下商铺提供触达、引流与管理升级；C 端主要是方便用户获取线下商场的动态，促进场景互动。对于它帮助实体商家更好地为顾客服务；顾客能够基于位置信息获得吃喝玩乐一站式服务，如导购、促销、停车等。

拓宽了消费选择

新零售丰富了消费者购买商品和接受服务的渠道选择，满足了消费者对高档商品和服务的需求，促进消费回流。比如，新零售的发展让国内消费者有了购买国外品牌商品的渠道，同时提升了消费者的跨境购物体验。2017 年 5 月，天猫国际在日本宣布启动"全球原产地溯源计划"，给每个进口商品都附上了

新零售机遇：任何生意都值得重做一遍

"身份证"，记录该商品的"前世今生"。这提升了国内消费者购买商品的安全性。根据天猫提供的数据，2016年天猫国际市场规模在国内跨境电商平台中持续排名第一，累计服务消费者人数超过4000万，超过2016年中国出境游人数的三分之一。根据美国彭博社 Bloomberg News 的报道，2017年成为中国海外消费回流的拐点，其中天猫国际等跨境电商平台发挥了重要作用。

Chapter 2

你要快速"洗脑"，
具备新零售的思维和观念

  思维决定行为。要想在新零售时代有所作为，必须具备新的思维和观念。比如分享经济思维、用户思维、社群思维、场景思维、万物皆媒思维、大数据思维等。具有了这些思维，就具有发现的眼光、行动的方向。

新零售机遇：任何生意都值得重做一遍

分享经济思维

想要赚钱不能自私，而要懂得分享，具有分享经济思维。在新零售业态下，分享经济思维是利器。没有分享经济思维，做不好新零售。

我们来看一个小故事。

老王开了一个饺子馆，做的饺子很好吃。有个经常来吃饺子的顾客叫小李。小李几乎每个月都会来吃饺子。于是老王和小李就慢慢熟悉了。有一天，老王对小李说："小李啊，你觉得我家饺子好不好吃呢？"

小李说："好吃啊！我很喜欢！"

老王："那么既然好吃，我想和你谈一个合作计划。你愿意跟我合作吗？"

小李说："先听听看是怎样的合作。"

老王："合作计划是这样的——你既然这么喜欢吃我家的饺子，那么从今天开始，我正式邀请你成为我们饺子馆的合伙人。作为合伙人，可以享受以下几点优惠：

你和以前一样，照例来吃饺子就可以了，以前你来我这里吃都不打折，现在你成为我的合伙人，你来吃我给你打七折。如果有朋友问你哪里有好饭馆，你要记得帮我讲一句'老王那家店的饺子很好吃，你报我的名字可以打七折'。

"报你名字来吃饺子的朋友，每吃一盘，我奖励你1元，他们再推荐的朋友来吃饺子,每吃一盘,我奖励你 0.5 元。"

小李说:"好啊!好啊!"

于是,小李下个月就介绍了一些朋友来吃饺子。

到了月底,老王对小李说:"因为你这个月的介绍本店生意兴隆,他们一共来本店吃了 2000 盘饺子。这是按约定给你的 1800 元。"小李觉得好棒,平时自己只是来吃饺子的,现在不但能吃到打折的饺子,同时还能赚外快,真是太好了。

过了一段时间,小李家里有事情很忙,没有时间去帮老王介绍人来饺子馆了,但是忙里偷闲他还是会来吃饺子,和大家聊聊天。有一天,老王拉着小李,递给他 6000 元,小李很诧异,坚决不收这钱,这时老王说:"你上次介绍的那些朋友啊,他们吃了饺子后,感觉味道确实不同于其他饺子馆,从那以后他们经常会来光顾,并且他们也介绍他们的朋友来吃,我同样也给他们奖励了,这些是你应得的,当初多亏你介绍,我的饺子馆才会有现在这么兴隆的生意啊。"

小李很感激,从此之后,就和老王的饺子馆长久地合作下去。

通过上面这个故事,我们看到了什么?分享!通过分享,达到了多赢的局面,而且是倍增的多赢。

一般人思维:1 元 ×1 元 = 1 元

老板思维:1 元 ×1 元 = 10 角 ×10 角 = 100 角 = 10 元

互联网思维:1 元 ×1 元 = 10 角 ×10 角 = 100 分 ×100 分 = 10000 分 = 100 元

分享经济思维的核心是通过资源共享,使得闲置资源得到充分利用,以更低的成本达到优化配置、提高效率的目的。就像上面故事中的小李,通过分享,他充分开发了自己的朋友圈资源,从而让商家和自己都获得了巨大的利益。

可以说,分享经济思维让消费者通过分享成为消费商。

"滴滴"说:每分享推荐 1 位新顾客就有 20 元推荐奖。

"星巴克"说:每分享推荐 3 位新顾客免费得 1 杯咖啡。

新零售机遇：任何生意都值得重做一遍

"优步（Uber）"说：每分享推荐 1 位顾客就奖励 30 元现金。

分享经济产生的条件主要有三条。

（1）互联网（尤其是移动互联网）、宽带、大数据、云计算、物联网、移动支付、基于位置的服务（LBS）等现代信息技术及其创新应用的快速发展，使分享经济成为可能。这些技术使得分享更加便利和快捷。

（2）面对资源短缺与闲置浪费共存的难题，分享经济借助互联网能够迅速整合各类分散的闲置资源，准确发现多样化需求，实现供需双方快速匹配，并大幅降低交易成本。

（3）工业社会强调生产和收益最大化，崇尚资源与财富占有；而信息社会则强调以人为本和可持续发展，崇尚最佳体验与物尽其用。分享经济集中体现了新的消费观和发展观。

现在，分享经济思维运用到了人们衣、食、住、行等各个方面，并且获得了不小的成就。

按分享对象划分，分享经济主要包括 6 个类别。

（1）产品分享，如汽车、设备、玩具、服装等，代表性平台企业有滴滴、优步、RenttheRunway、易科学等。

（2）空间分享，如住房、停车位、办公室、土地等，代表性平台企业有Airbnb、小猪短租、Wework、Landshare 等。

（3）劳务分享，主要集中在生活服务行业，代表性平台企业有河狸家、阿姨来了、京东到家等。

（4）资金分享，如 P2P 借贷、产品众筹、股权众筹等，代表性平台企业有LendingClub、Kickstarter、京东众筹、陆金所等。

（5）知识技能分享，如智慧、知识、能力、经验等，代表性平台企业有猪八戒网、知乎网、Coursera、名医主刀等。

（6）生产能力分享，主要表现为一种协作生产方式，包括能源、工厂、农机设备、信息基础设施等，代表性平台企业有 Applestore、Maschinenring、沈阳机床厂 I5 智能化数控系统、阿里巴巴"淘工厂"、WiFi 万能钥匙等。

用户思维

用户思维，顾名思义，就是"站在用户的角度来思考问题"的思维，即换位思考。

亚马逊（Amazon）创始人杰夫·贝佐斯（Jeff Bezos）曾经说过一句话："我们不是通过卖东西赚钱的，我们是通过帮助用户做出一个对他有益的购买决定赚钱的。"这就是用户思维的通俗表述，也是亚马逊获得成功的主要秘诀。

新零售的核心就是重构"人、货、场"的关系。其中，"人"是放在第一位的，新零售也是以"人"为本。这里的"人"主要是用户，也就是消费者。所以，要做好新零售，用户思维必不可少。

虽然飞利浦是一个著名品牌，但有时候也不尽完美。它有一款空气净化器，随机器附带四层滤网。但这四层滤网并没有分开包装，而是提前安装在机器中。通常情况下，用户拿到空气净化器后，看到一切都安装完善，就很自然地直接插上电源打开开关使用了。殊不知，飞利浦的这款空气净化器由于那四层滤网的塑料封套没有拆除，根本起不到净化效果，而且机器工作时也不会检测到这个问题，这导致很多用户使用几个月后更换滤网时才发现自己一直在使用没有净化效果的机器。

虽然设计者也做了告知工作——在电源插头上粘贴了一个小小的黄色标签，并在产品使用说明书上提示用户要先拆除滤网塑料封套才行，但问题是，那个小小的黄色标签很容易被用户忽略，而且，对于这种生活中常用的设备，很多人是直接使用，不会事先仔细阅读说明书。

新零售机遇：任何生意都值得重做一遍

这就是用户思维不足，导致用户体验出问题的典型案例。

其实，在实际经营过程中，那些获得成功的商家，无不是用户思维的实践者。他们总是以用户为中心，围绕用户开展经营活动，强化消费体验。

猩便利成立于2017年6月，是一家重构用户即时消费体验的高科技零售公司。2017年9月，猩便利获得了1亿元天使轮融资，11月获得3.8亿元A1轮融资，并荣获"2017年最佳生活服务APP"称号。

"用户"在猩便利的运营中占有核心地位。让用户在合适的时间和地点，发现恰好满足个人需求的优质好物，是猩便利的目标，一切设备、技术、服务的运用都是为了提升用户体验。其高管曾经说："我们会从传统的运营商品的思路向运营用户转变，给每个商品打上标签，经过大量数据的沉淀和分析，为每个单元进行定制，精准地满足特定消费者的需求。"

在猩便利推出的自助式智能便利店里面，用户通过手机扫码、移动支付，便能在不同场景下完成自助购物，非常便捷简单。

同时，猩便利还通过"共享"来提升用户体验。猩便利在店内的休息区设有"共享图书"，成为会员的顾客可以免费阅读亚马逊的畅销书籍。而且，门店还贴心地为顾客提供免押金的共享雨伞、共享充电宝等其他加值服务，让顾客在购物的同时享受到更贴心、更温情的服务。

在新零售业态下，企业不但要理解用户，而且要深度理解用户，只有深度理解用户，企业才能生存。没有认同就没有合同，商业价值一定要建立在用户价值之上。

社群思维

在讲述社群思维之前,我们先了解一下社群。很多人听到社群两个字就会想到社区,社群和社区的概念具有一定的交叉性。

社区是现实中的地区性的生活共同体和社会关系,强调一定地域空间群体之间的互动。

社群则是在社区的基础上发展而来。与社区相比,社群更突出群体交流、分工协作和相近兴趣,更强调群体和个体之间的交互关系。社群内部的成员有一致的行为规范,通过持续的互动,形成较为强烈的社群感情。由此可见,社区强调的是空间,而社群强调的是人,以及彼此之间的互动。

在社群里面,每个人都是一个中心,大家都可以利用碎片化的时间和资源做同一件事情。

社群不仅仅是要传播内容,更要自制生产内容,作为社群成员,不能只是内容的搬运工。社群内部成员的不断交互,就会产生内容,而这,就是社群本身的生产力和价值增值能力。

概括来说,社群就是一群有共同爱好、共同话题的人,通过移动互联网聚集在一起,在虚拟的移动互联网平台上交流、互动、融合,并且能够产生利益和价值。

社群具有不同的形式和规模,归纳起来有QQ群、微信群、公众号、论坛、贴吧、社团等几种。

要经营好一个社群不容易,需掌握三个要点。

新零售机遇：任何生意都值得重做一遍

（1）建立共同的目标或兴趣。一个社群要想具有凝聚力，必须拥有一个共同的目标或兴趣。这是组建社群的核心。如果做不到这一点，社群就是一盘散沙，即使勉强把人聚集起来，也很难持久发展。

（2）给成员持续带来价值。利益是驱动力，所以，社群建立后，就要围绕目标或兴趣开发出新的东西，让成员获得持续的利益和价值。如此一来，社群才会持续发展活跃。

（3）打造高效的运营团队。社群要产生价值，运营是核心和关键。所以一个健康的社群，必须要有一个高效的运营团队。而且，这个运营团队，最好让用户参与进来。这样做的好处有三点：一是降低运营成本，二是集思广益，三是让用户有参与感，调动用户的积极性。

每个品牌或企业都应该有一个自己的社群，当然，如果用户量非常大，也可以裂变出不同类型的子社群。因为没有社群的品牌，用户的黏性很低，极易流失。当然，建立社群不可能覆盖到每一个用户，这就需要抓住核心用户、铁杆粉丝。要知道，社群不在于量，而在于质；不在于大，而在于影响力。

重要的是，玩转社群要有社群思维。在《社群思维》一书中，作者付岩用一句话定义了社群思维：社群思维是以关注并满足人的精神需求为出发点，通过打造具有价值观的精神联合体来解决实际问题的思维方式和能力。

通俗地说，社群思维就是如何运用社群去解决实际问题。具有社群思维，才更容易让社群变现，否则，空有社群，而没有任何意义。

社群思维，不是教人如何做社群，而是让人把此思维运用到设计产品和服务用户当中，重塑商业关系、提升生产效率。社群思维有三个关键点：跨界、连接、参与感。

跨界

要学会用局外人的角度看行业内的产品，因为行业的颠覆者可能来自行业之外。

比如，雷军做小米手机之前，在做金山软件和UC浏览器，和手机行业没有任何关系。开始做手机的时候，业内外也都不相信雷军会成功。但小米手机推出之后却一鸣惊人，出货量居高不下。

滴滴创始人程维此前在阿里巴巴工作，没有和出行行业打过任何交道。就是这样一个毫无业内经验的人，3年时间便实现了企业的千亿估值。

"不识庐山真面目，只缘身在此山中"。运用社群思维的过程中，要学会跨界，跳到行业外，否则就会有局限，很难有颠覆性的创新。

连接

商业（产品）不只是买和卖那么简单，产品是连接人与物或人与人之间的媒介。

如果只把产品和服务定义为买卖关系，那就说明我们还没有看到它背后更大的价值。人具有强烈的社群属性，我们活着的每一天都在和不同的人打交道。一定程度上讲，和我们打过交道的人都能给我们一个不错的评价，这才是生活的最大意义。

我们不可能和每个人都发生关系，这时，产品和服务便成了我们和陌生人对话的最好媒介。

产品的买卖只是表象，就像货币本身并没有价值一样。如何深挖产品背后的"连接"属性，显得非常重要。

其实，互联网的本质就是连接：人与人、人与信息、人与商品、人与服务。

为什么社群那么流行？正是因为它是依靠圈子传播。每个人身上都有很多标签，因此进入了不同的圈子，比如他在"创业圈"也在"80后圈"，也可以在"清华校友圈"。社群连接的思维就是跨圈子传递信息，以此产生无中心化的传播特点和裂变效率。

"互联网+"时代提的更多的是互联网思维，其实互联网只是一个"连接"的工具，让人与信息发生连接，比如百度、优酷；让人与人发生连接，比如微信、QQ；让人与商品发生连接，比如京东、淘宝；让人与服务发生连接，比如58到家、滴滴出行。

新零售机遇：任何生意都值得重做一遍

参与感

小米手机的成功，就是运用了社群思维。众所周知，小米手机的"粉丝经济"玩得好，但是小米手机最初的粉丝从何而来？实际上小米在做手机之前，已经有了一个100多万会员的小米论坛，这个论坛就是小米在其用户的基础上建立的社群组织。而这100多万人，就是小米手机的种子粉丝。当小米手机推出后，这个社群组织自然也成了小米手机粉丝的大本营，可以说，在小米发展的过程中，这个社群组织发挥了巨大的作用。小米发展和维护粉丝的绝招就是参与感。

在传统企业中，产品的研发过程和生产过程对用户基本是封闭的，用户只能在消费终端接触到产品。而小米产品在研发和生产过程中开放了尽可能多的节点，让用户尽可能多地参与进来。如小米 MIUI 系统基于用户意见每周更新的"橙色星期五"，小米网开放购买的"红色星期二"，小米线下的活动"爆米花"，小米每年的公司庆典"米粉节"，这些都是小米给用户提供的参与感。让用户参与进来，既满足了他们在场介入的心理需求，也抒发了他们影响世界的热情，让小米成为"我们的小米"，而不是雷军的小米，这样企业就成功了。

可以说，用社群思维，让用户参与设计产品，则更容易获得成功。

场景思维

场景思维，就是根据用户所处的场景，寻找带入感，做好需求分析，提供相应的解决方案，引导不同的用户准确、快速地找到相应的需求。

场景思维的关键就是如何构建场景，如何打造符合用户心智模型的消费场景。通俗地说，就是消费者喜欢什么，就投其所好，通过各种手段和措施，创造出良好的消费体验，促使消费者自愿买单。从这个角度来说，场景构建就是为新零售服务的"配套设施"。

我们可以把"场景"主要划分为两大类：一个是当下已经存在的场景，另一个是还没有出现的场景。

已经存在的场景

对于已经存在的场景，我们要仔细观察和分析这个场景，对这个场景当中的所有内容，包括时间、地点、人物、事件、连接方式等都进行详细的观察，看能否产生新的理解。这个时候，更多的是考验我们的洞察力。我们要从中洞察出其中的"痛点"或创造新的"用户体验"，并在此基础上，重新构建新的运作逻辑和运作体系，通过这样的方式，新的产品或新的商业模式就会产生出来。

比如优步（Uber）的产生，就是对已经存在场景的深度挖掘。优步是一家全球领先的移动互联网创业公司，通过创新科技为乘客和合作司机高效即时匹配，提供安全、高效、可靠、便利的出行选择。在国内，这类公司的代表是滴滴出行。优步的创始人是卡兰尼克。有一次，卡兰尼克和朋友在巴黎游玩，因为苦于打不到车，便萌生了开发手机打车软件的想法。他的目标是用户只需通过APP一键发送打车请求，便会有车辆就近接送。卡兰尼克基于自己体会到的场景和关键的"痛点"，产生了优步最核心的运作理念：就是要用APP将用户需求与提供租车服务的司机联系起来。

现在，优步的使用场景是这样的：打开优步APP，手机屏幕上会跳出一幅地图，选择上车地点，然后就会看到一个汽车形状的图标向上车点驶来。几分钟后，一辆经由系统匹配的车就会停在你面前，请你上车，车上也许还有免费的点心和瓶装水供你享用。到达目的地后，车费会自动从你的信用卡上扣除，你下车走人即可……

新的出行商业模式经由一个APP，把用车场景全部组织起来。这就是一个典型的基于痛点，把"时间、地点、人物、事件、连接方式"进行重构的商业模型。

新零售机遇：任何生意都值得重做一遍

还没有出现的场景

这种类型的场景就需要我们在脑海里构思。我们一方面需要输出需求，一方面需要在脑海里模拟产品的使用场景。

可以说，这很大程度上是一种推演能力，可以在产品上线前能够精准地预测实际效果以及用户的使用行为，这需要我们具备极其强大的想象能力和信息处理能力。

（1）想象能力。

我们需要在脑海中构建属于未来的一个场景，因此我们需要考虑人物、时间、地点和事件，即谁在什么时间，什么地点，发生了什么事情。

人物：场景的主角是用户。

时间：包含了事件发生时间的瞬时，还有到事件结束前的时段。

地点：主要是指一种环境背景，包括心理、情感、现实，甚至虚拟空间、流程环节等。

事件：故事的主体，也是场景发生的主要动机。

（2）大量信息处理能力。

对于想象力，我们都可以理解，同时也都具备这样的能力，但是，场景思维等同于想象力，但想象力却不等同于场景思维。

任何场景的构造都必须具备正确性和实操性，为了保证能够预测到正确的场景，我们需要收集大量信息并且对这些信息进行处理。

如何发挥想象力和正确地处理信息，利用好高科技产品，开创新的生活和工作场景，必将成为下一个财富浪潮。

所以，场景和商业息息相关。现在已经有无数的新场景，正层出不穷地被定义，而当一种新场景出现并被重新定义之后，我们就能够利用技术、产品和平台等多维度的优势，尽可能广、尽可能深地融入用户全天候的活动场景中。

如今，场景思维已逐步成为决定新零售竞争胜败的关键因素。谁能够拥有更好的场景思维，谁就能赢得新零售商战的主动权。

万物皆媒思维

万物皆媒，就是世间万物都有可能成为媒介，传播信息。20世纪原创媒介理论家、思想家麦克卢汉认为，媒介包括一切人工制造物，一切技术和文化产品，甚至包括大脑和意识的延伸。

在传统思维里面，媒体包括报纸、电影、广播、电视、门户网站等。现在，在移动互联网时代，媒体被无限放大，任何物体都可成为媒体。要想在新零售领域有所作为，必须要具备万物皆媒的思维。如果还是局限于传统思维，就几乎没有成功的可能。其实，传统媒体的衰落就是最好的证明。

纸媒"崩盘"

在以前，不管是在地铁上，还是在公交车上，总能看到手捧报纸、杂志阅读的人。然而，进入移动互联网时代后，捧在人手里的成了手机，通过手机人们可以轻松便捷地获得海量的内容。

互联网和智能手机的发展逐渐给纸质媒体造成了巨大的冲击。2016年10月17日，创办15年的《京华时报》宣告将要停刊，工作人员会并入《北京晨报》，《京华时报》将成京华烟云。这是又一家纸媒的寿终正寝。

其实，自2008年以来，纸媒的丧钟就开始敲响，包括《新闻晚报》《计算机世界》《天天新报》《前进报》等众多报刊都停办或者转型。

其实，事物的发展就是这样，一个新事物的出现，就会替代一个旧事物。纸媒走向崩盘只是事物发展的必然：首先，纸媒互动性和时效性弱使得其很难面对新媒体海量、快速的传播与互动；其次，纸媒生产成本高、信息容量有限、

新零售机遇：任何生意都值得重做一遍

便携性差导致其后天畸形；再者，纸媒同质化严重也注定了其没落的命运……

纸媒的崩盘已经不可逆转，无纸化内容时代最终会到来。

电视台受冲击

电视曾经是大多数国人最重要的资讯接收口和休闲娱乐中心，特别是以央视、湖南卫视、浙江卫视、江苏卫视等为主的电视台一度取得了巨大的辉煌。

互联网时代来临之后，电视的辉煌逐渐失去了光芒。在内容、广告和人才流失等方面，电视台受到的冲击最为强烈。虽然由于中国没有实现网络的完全普及、人们的习惯等原因，或许电视台在短期内不会被淘汰，但颓势已经比较明显。比如"春节联欢晚会"，20世纪八九十年代，那可是人们除夕最期盼的娱乐节目，而现在，观看的人大幅减少。

电视台走下坡路的原因主要有两点。

一方面，视频网站大受欢迎。移动设备和互联网的普及使得视频新媒体越来越普及，人们更喜欢看网络电视，因为它不受播出时段、内容排期等限制。2015年以来，网络自制剧兴起并爆发，成为电视剧最强劲的替代品；电视剧的"先网后台"趋势，《奇葩说》《火星情报局》等各种类型的网络综艺节目的井喷也让电视台受到重创。

另一方面，电视台体制内人才的流失对以人才为核心的娱乐产业来说也是重击。比如，前制片人罗振宇创办自媒体逻辑思维，前女主播张泉灵进入创投领域成为紫牛基金合伙人，前主持人马东创办米未传媒，前制片人王利芬创办优米网，等等。

门户网站衰落

门户网站曾经在互联网时代占据绝对的主导地位。20世纪末，集搜索、资讯等于一体的门户网站成为网民上网的必经之地。雅虎成功地开创了"门户时代"，随后新浪、网易、搜狐纷纷崛起，再加上横空出世的腾讯网，"四大门户"形成。

随着互联网的发展，门户网站受到了挑战。先是被搜索引擎挖走了有信息浏览目标的用户，后又被博客、微博带走一部分用户。2012年进入移动互联网时代后，随着微信、今日头条等的广泛使用，以微信公众号为主的各类自媒体和各种垂直媒体彻底"革了门户网站的命"。2014年10月，新浪总编辑陈彤离职，有媒体说他的离职预示着传统门户时代的终结。

面对不利的趋势，各大门户网站开始另寻出路。网易主要做游戏，新浪的重点是微博，搜狐一度也以游戏为主业，但效果不彰，于是2016年张朝阳提出要复兴"新闻老字号"，并采取了在全国投放广告、高价招兵买马等措施。腾讯比较特殊，主业是社交领域和游戏，新闻仅为其庞大产业帝国中非常小的一环。

到了现在，人们虽然依旧会浏览到从门户网站发出的各类信息，但出发地早已不是门户网站。

伴随着传统媒体衰落的是各种媒体的百花齐放。随着技术的发展，万事万物都成为一个个信息的载体，成为一个个流量的入口，从而让所有事物都能变成媒体，大到一栋楼、一个球场，小到一辆车、一件衣服，都能让受众获取信息，甚至互联沟通。可以说，这个世界的媒体与沟通传播已真正变成无处不在。

人人即媒体

自媒体时代，人人都是自媒体。以前，舆论是掌握在媒体手里，掌握在政府手里，掌握在社会的精英和意见领袖手里。现在，人人都是表达者，人人都是传播者，未来每个人都可以成为意见领袖，每个人既是内容的创造者，也是传播沟通的平台，同时还是议题改变者。

自媒体的能量和价值非常大。比如，被称为"自媒体第一教主"的咪蒙，2016年12月的时候其微信公众号的粉丝就突破了800万。咪蒙的广告50万一条，一周4条广告，一个月就是800万的收入。

企业即媒体

现在，广告已经变成互联网上最为通用和最受欢迎的商业模式。从对于民

新零售机遇：任何生意都值得重做一遍

众真正的影响力来说，中国前三的媒体平台已不是传统意义上的某社、某报，而是腾讯、百度、阿里巴巴这样的企业。它们几乎都是通过广告来赚钱。

阿里巴巴是电商流量，靠直通车、钻展等推广模式赚钱；百度是搜索流量，卖竞价排名广告；腾讯是社交流量，一部分卖掉，一部分给自家游戏导流。

还有小米和优步。在人们的传统印象中，小米是一家手机硬件生产商，优步是一个打车软件，但是，这两家公司早已经进入广告业务。

优步将自家的打车应用软件变成一个推广外部商务信息的平台，借此为用户提供优惠信息。对优步而言，一方面，通过本地商家赞助的免费行程，可以增强用户的忠诚度；另一方面，还可以获得广告商的部分赞助费用。

小米 2015 年的时候就已经拥有 1 亿用户，现在凭借其庞大的用户量，进行营销推广，收益可观。小米当时提出的口号是"一亿小米用户正在寻找你"，这其实就是卖广告（如下图）。

MIUI 全线可以展示的位置几乎都被植入广告。另外，不单单是手机屏幕，小米营销将利用到小米产品线的每一块屏幕，比如小米平板、小米电视、小米

盒子等。其实，早在 2011 年雷军做 MIUI、做小米的时候，就提出过小米不靠硬件赚钱，而要靠软件与服务。

娃哈哈的福礼惠，也是"企业即媒体"的典型案例。娃哈哈旗下拥有纯净水、激活、八宝粥、茶果汁系列等经典产品，每年销售数量以百亿计，某种意义上，娃哈哈的饮料瓶身，也是一个规模化媒介。

福礼惠推出"亿米码"服务入口，链接了产品与客户，形成"物—码—客"的生态闭环。

如今，娃哈哈瓶身包装上，都加入了"亿米码"，引来近百家商家入驻，包括如家酒店、驴妈妈旅游、滴滴打车以及肯德基等。

产品（服务）即媒体

产品（服务）作为媒体的关键在于二维码的出现。这让企业可以把想传播与沟通的信息，直接印在产品的包装上。比如，企业可以直接把品牌理念、产品使用、促销信息等印到产品上，不需要通过其他媒体和做 DM（快讯商品广告），也不需要自媒体，消费者直接用手机扫一扫二维码即可获取。同时，二维码也可成为一个流量的入口，扫二维码可以直接让消费者连接企业的官网、官微或网店。

同时，服务本身已成为口碑传播的重要途径。

通过服务产生的口碑传播是非常重要的一环。比如，小米的客服，与其说是售后维护，不如说是新的口碑传播的起点。

终端即媒体

从营销传播的角度看，任何一次与消费者的接触，都是将产品价值信息根植于消费者心智中的宝贵机会。所以，终端不仅仅是卖货的场所，更是产品信息传播的平台。

比如，汤臣倍健的广告投放并不多，但依然被公众与用户所熟知。这一方面是公关与媒介的日常配合，另一方面是无处不在的终端传播的结果。

新零售机遇：任何生意都值得重做一遍

汤臣倍健的终端其实就是无处不在的药店，只要走进每一家药店，就会看到代言人姚明在门口的展架、在店内外的灯箱、在每个货架亲切地向你微笑。如此一来，这些终端门店都成为汤臣倍健的媒体，无时无刻不在为其做着宣传和推广。

总之，要想在新零售领域有所作为，就必须了解这些，必须具备万物皆媒体的思维。因为你别无选择。

大数据思维

要了解大数据思维，首先要弄明白什么是大数据。

大数据是一个体量特别大、数据类别特别大的数据集，并且这样的数据集无法用传统数据库工具对其内容进行抓取、管理和处理。

最早提出"大数据"时代到来的是全球知名咨询公司麦肯锡。麦肯锡称："数据，已经渗透到当今每一个行业和业务职能领域，成为重要的生产因素。人们对于海量数据的挖掘和运用，预示着新一波生产率增长和消费者盈余浪潮的到来。"在中国，大数据引起人们广泛关注，是因为马云在2015年的数博会上说"未来最大的能源是数据"。

那么，大数据与传统的数据有什么区别呢？

（1）在线。大数据必须是永远在线的，而且是热备份而不是冷备份，即不是放在磁带里的，而是随时能调用的。不在线的数据不是大数据，因为我们根本没时间把它导出来使用。只有在线的数据才能马上被计算、被使用。

（2）实时。大数据必须实时反应。我们在淘宝上搜索某件商品，后台必须在10亿件商品当中让它瞬间呈现出来。如果要等1个小时才呈现出来，那就没

Part 1 新零售时代，重新定义商业

有人再上淘宝了。10亿件商品、几百万个卖家、1亿的消费者，瞬间完成匹配呈现，这才叫大数据。

（3）全貌。大数据还有一个最大的特征——不再是样本思维，而是一个全景思维。以前一提到数据，人们的第一个反应是样本、抽样，但是大数据不再抽样，不再调用部分数据，我们要的是所有可能的数据，就是全部数据。

其实，大数据真正的本质不在于"大"，而是在于背后跟互联网相通的一整套新的思维。可以说，大数据带给我们最有价值的东西就是大数据思维。因为思维决定一切。

那么，什么是大数据思维呢？这需要从四个方面来说明。

第一，由样本思维到全量思维

以前，我们通常是用样本数据研究来进行数据分析，样本是指从总体数据中按随机抽取的原则采集的部分数据。这是因为传统的技术手段很难进行大规模的全量分析。比如，以前进行全国人口普查，需要大量基层人员挨家挨户地入户登记。这种统计方式工作周期长、效率低下，但那时受到技术条件的制约，只能这样做。户口登记完成后，一个阶段内分析人员都是基于样本思维在做分析和推测。而到了大数据时代，很多信息已经实时数据化、联网化，同时新的大数据技术可以快速高效地处理海量数据。这让我们花费更低的成本、更低的代价很容易就能做到全量分析。样本分析是以点带面、以偏概全的思维，而全量分析真正反映了全部数据的客观事实。现在，大数据时代已经来临，我们要从样本思维转化到全量思维。

第二，由精准思维到模糊思维

由于数据量小，在进行传统数据分析时，我们可以实现精准化，甚至细化到单条记录。并且出现异常的时候，还能对单条数据做异常原因等深究工作。但是，随着信息技术的发展，数据空前爆发，短时间内就会产生巨量的数据，这种情况下关注细节已经很难了。另外，即使基于精准分析得出的规律，在海

新零售机遇：任何生意都值得重做一遍

量数据面前也很有可能产生变异甚至突变。所以，在大数据时代，我们的分析更强调大概率事件，即所谓的模糊性。这不等于我们抛弃了严谨的精准思维，而是我们应该增加大数据下的模糊思维。比如 Google 对流感的预测就是一种模糊思维。Google 会通过人们的搜索记录，来预测某个地区发生流感的可能性，虽然这种预测不可能绝对精准，但概率却很高。

第三，由因果思维到关联思维

因果思维在我们的头脑中根深蒂固，因为我们从小就接受了这种训练和培养。所以，当我们看到问题和现象的时候，总是不断问自己因为什么。但学习数据挖掘的人都知道"啤酒与尿布"的故事。这个故事和全球最大的零售商沃尔玛有关。沃尔玛的工作人员在按周期统计产品的销售信息时，发现了一个非常奇怪的现象：每到周末的时候，超市里啤酒和尿布的销量就会突然增大。为了搞清楚其中的原因，他们派出工作人员进行调查。通过观察和走访之后，他们了解到，在美国有孩子的家庭中，太太经常嘱咐丈夫下班后要为孩子买尿布，而丈夫们在买完尿布以后又顺手带回了自己爱喝的啤酒（休息时喝酒是很多男人的习惯），因此周末时啤酒和尿布销量一起增长。弄明白原因后，沃尔玛打破常规，尝试将啤酒和尿布摆在一起，结果使得啤酒和尿布的销量双双激增，为公司带来了巨大的利润。通过这个故事我们可以看出，本来尿布与啤酒是两个风马牛不相及的物品，但如果关联在一起，销量就增加了。在数据挖掘中，有一个算法叫关联规则分析，就是来挖掘数据关联的特征。

其实，对于因果关系和关联关系，我们还可以通过一个调查来弄明白。

基于大数据调查后发现，医院是排在心脏病、脑血栓之后的人类第三大死亡原因，全球每年有大量的人死于医院。当然，这个结论很可笑，因为我们都清醒地知道，死于医院的原因是这些人本来就有病，碰巧在医院死了而已，并非医院导致其死亡。于是，医院和死亡建立了一种相关关系，但这两者之间并不存在因果关系。

在大数据时代，我们不能局限于因果思维，而要多用关联思维看待问题。

第四，由自然思维到智能思维

自然思维是一种线性、简单、本能、物理的思维方式。虽然计算机的出现极大地推动了自动控制、人工智能和机器学习等新技术的发展，"机器人"研发也取得了突飞猛进的成果并开始一定应用，人类社会的自动化、智能化水平已得到明显提升，但人类这种机器的思维方式始终面临瓶颈而无法取得突破性进展。然而，大数据时代的到来，为提升机器智能带来契机，因为大数据将有效推进机器思维方式由自然思维转向智能思维，这才是大数据思维转变的关键所在、核心内容。

我们都知道，人脑之所以具有智能、智慧，是因为它能够对周遭的数据信息进行全面收集、逻辑判断和归纳总结，获得有关事物或现象的认识与见解。同样，在大数据时代，随着物联网、云计算、社会计算、可视技术等的突破发展，大数据系统也能够自动地搜索所有相关的数据信息，并进而类似"人脑"一样主动、立体、逻辑地分析数据、做出判断、提供洞见，那么，无疑也就具有了类似人类的智能思维能力和预测未来的能力。

智能和智慧是大数据时代的显著特征，所以，我们的思维方式也要从自然思维转向智能思维，以适应时代的发展。

通过以上的内容我们不难看出，大数据时代的到来，给我们带来了思维的改变。大数据不仅将改变每个人的日常生活和工作方式，还会改变商业组织和社会组织的运行方式。只有我们的思维升级了，我们才可能在这个时代透过数据看世界，比别人看得更加清晰，从而在新零售领域有所成就。

Part 2

突破闭环,
占领新零售的制高点

新零售时代已经降临,其核心是通过"人、货、场"的重新构造,用最佳的用户服务和体验,尽可能地占领用户的心智,最终实现零售价值最大化。在这一过程中,人工智能、大数据应用、全渠道整合、用户体验等都是最为关键的环节,只有做好或者控制好这些环节,才有成为新零售时代赢家的最大可能。

Chapter 3

必须拥抱人工智能：
技术驱动下的智慧零售

没有人工智能的支持，就很难有新零售。各种先进的技术，让以前只是想象中的场景变成了现实。于是，出现了更便捷的购物过程、更舒适的购物环境、更有趣的购物经历，最终给消费者带来极致的消费体验。

新零售机遇：任何生意都值得重做一遍

人工智能（AI）助推新零售

新零售的兴起绝非偶然，而是科技时代发展的必然产物。对新零售而言，人工智能是其许多场景得以实现的基础。IDC副总裁Ivano Ortis说："人工智能将把分析带到一个新的水平，并将成为零售创新的基础，这已经得到了全球半数零售商的认可。人工智能可以实现规模化、自动化和前所未有的精度，当适用于超细微客户细分和上下文交互的时候，可推动客户体验。"

人工智能从2016年开始崛起，此后一直被人们密切关注。现在，人工智能已经在新零售的应用方面发挥了巨大的作用。

在日本，有一家回转寿司店。这家店给顾客带来了全自动化的高科技体验。整个回转寿司的轨道设计成E形动线，以接待最多的客人，也更方便客人取餐用餐；员工批量制作寿司，饭团则是机器制作；顾客可以单独点餐，会有一条高速传送带将美食直送到餐桌前；用完的碗直接塞到桌子入口，自动回收和清洗，一天能清洗2万个；所有的盘子都用电脑进行控制，通过数据分析了解顾客喜好。在智能化餐厅领域，这家寿司店无疑是标杆性的存在，很受消费者的青睐。

在国内，传统家电连锁企业国美也推出了"AI战略"，利用人工智能技术，打造线上线下融合、无边界的全方位购物体验。

首先，国美应用VR、AR技术，让用户获得更便捷的购物体验。

利用一款VR头盔，就可以引领消费者真正逛遍世界所有名店。消费者可以用 AR 查看商品的详细信息、相关评价后，再决定是否购买。商家也有了更多的营销机会，用户在购买商品后，可以扫描线下商品，玩一把 AR 小游戏，然后获得商家优惠券，增加二次消费可能性，提高转化率。

其次，国美探索以家庭生活场景为核心的 O2O 体验店。

在国美，用户可以通过 VR 查看自己家真实的户型展示的家装效果，实现所见即所得、所见即所购的购物体验。同时用户可以将居家小件以及家居使用 AR 摆放在自己家里，真正实现虚实融合的购物体验，还可以利用大数据的技术进行智能的推荐和搭配。

另外，在国美的马甸店和双井店，门店外面的玻璃被升级改造成了智能互动橱窗。互动橱窗具有体感人脸互动、商品展示、还原透明三种功能，同时可以监控人流，收集人脸数据，让店铺再次升值。

最后，2017 年 6 月，国美与悦城科技、HTC 等合作，打造了国美首家专业的 VR 影院，与全球最大的 VR 内容制造商 Samhoud Media、虚拟现实系统 HTC Vive 等合作打造沉浸式、高互动的观影感受。国美的目标是在全国打造 100 家 VR 影院，将会成为中国 VR 内容最全、体验场馆最多的 VR 影院。

人工智能技术被越来越多的零售企业广泛应用。总括起来，人工智能在新零售的应用方面主要体现在四点。

识别商品和购物行为

利用人工智能技术，可以识别商品，并对顾客的购物行为做出准确的识别判断。

以前，店铺只有靠店员去观察或者沟通来了解消费者的购物习惯，这比较片面和主观，需要店员具备丰富的经验。现在，则可以用人工智能设备去感知、识别、统计，同时进行大数据分析，非常科学准确地获得消费者的行为习惯以及潜在的需求。

我们可以利用人工智能技术来统计每天进入到店里的顾客的信息，比如人数、大致年龄、性别等；了解顾客对什么产品最感兴趣、停留了多长时间；如

新零售机遇：任何生意都值得重做一遍

果货架上的某种货品卖得差不多了，可以及时补货；还可以根据以往的消费记录，将顾客的照片等相关数据资料存储到云端，进行智能分析，当他们进入店里，系统会自动识别出来，以便进行针对性的用户交流，并实时推送相关折扣信息，这样对增加品牌产品的销售和提升用户黏度都有很大的帮助。

深入挖掘消费习惯

有了人工智能和大数据分析技术，企业就可以深入挖掘消费者习惯，让定制、个性化的消费成为未来真正帮助企业成长的重要机会和新趋势。

这一点，我们可以以服装业为例进行说明。

比如，服装行业都要打版，过去设计一个版式之后会用人工的方法进行打版。打版之后会根据不同用户的身形、高矮、胖瘦进行缩放，当然无法做到个性化的量体裁衣。但通过智能系统，把顾客特定的体型数据，包括肩宽、袖长、脖围、胸围、腰围、臀围、腿长等数据输入到系统，就能个性化生成服装样板。

还有生产环节，利用大数据和物联网，可以为每件衣服标上一个独立的"身份证"，跟踪每件衣服的生产流程，然后自动指挥工人生产或者包装衣服。

零售试衣环节就更有趣了。现在出现了智能试衣间，顾客进入商店，可以通过触摸屏浏览店内所有的商品，然后选择想要的衣服，提交试穿申请。触摸屏里内置了处理器和摄像头，可以动态识别顾客的身体特征，从而给出颜色、尺码、款式等个性化的建议。

当然，摄像头不仅来自触摸屏本身，还来自整个店铺里面的其他摄像头，交叉计算顾客的身高、胖瘦、目前所穿衣服的款式等数据。

如果试穿满意，顾客还可以直接通过触摸屏进行移动支付买单，所有过程非常简单方便。同时，顾客的各种数据会被储存起来，当顾客下次光顾该店铺的时候，就会获得更优质快捷的服务。

全方位提升顾客的购物体验

购物体验，在人工智能的帮助下，会获得全方位的提升。假如顾客要去一

家商场,我们可以设想这样的场景:

顾客开着车去商场,要先找车位停车,现在的大型商场大多推出了智能停车APP,在没到达商场之前,顾客可以直接在手机上预约车位,之后也能在手机上缴费。

当顾客走进商场时,发现每到一个地方,就会收到一些优惠券、促销活动的提醒通知,因为手机里面的软件,能够实现基于顾客位置推送信息的功能。

当顾客走进餐厅,不需要在点餐台前排队,店里面有自动点餐机或者小程序点餐,还有智能机器人提供服务。结账付款使用扫码,甚至刷脸就能轻松完成。

这些购物体验的实现,都是基于人工智能技术的应用。

优化传统零售的供应链

人工智能的使用,大幅提高零售供应链的效率。比如,有不少企业将机器人运用于库存商品管理,边走边读取商品上的电子标签,像现代物流企业顺丰、京东等基本都是这样做的。

我们可以建立供应链平台,通过对零售商和供应商双方数据的采集分析,计算出最好的采购方案和配送路线。

我们还能开展智能客服,服务售前到售后的各个环节,几乎可以无限量地接待用户。

以前,对于购物,人们认为就是单纯地买东西,而人工智能等新技术的兴起,开始让购物成为一种新的生活方式,一种能够带来更多感官享受的线下体验。零售业也正是因为人工智能的普遍应用才发生了巨大的变化。

新零售机遇：任何生意都值得重做一遍

智能支付

在新零售的各个环节中，支付处于非常重要的位置。越是安全便利的支付，越能吸引消费者。

在中国，随着支付宝、微信支付的普及，移动支付以极其迅猛的发展态势在全国得以推广，在支付宝、微信支付不遗余力地拓展之下，无现金支付模式目前已经运用到了几乎所有的支付领域场景内。

2016年中国移动支付业务笔数首次超过互联网支付，标志着中国零售支付市场移动支付时代的到来。据艾瑞咨询数据显示，2016年末第三方移动支付交易规模达38.5万亿元，是互联网支付交易规模的2倍，同比增长215.4%，增速是2015年的2倍多。

无人便利店是新零售的模式之一，而支持这种模式的正是移动支付技术。

现在，人力成本日益高涨，原本就利润微薄的实体零售行业对降本增效的需求更加强烈。由于移动支付技术省去了核对、找零的步骤，大幅提高了收银效率，可以为商家减少劳动力使用成本，甚至实现无人收银。

另外，由于无须接触和保存现金，移动支付更加卫生，减少了疾病的传播；避免了收到假钱、找错钱、偷盗等意外财产损失；同时便于对账和计算每一天的资金流水等。

现在，移动支付技术越来越发达，也越来越智能。

亚马逊的 Amazon Go

Amazon Go 是美国电商巨头亚马逊 2016 年 12 月 5 日宣布推出的线下实体店。Amazon Go 颠覆了传统便利店、超市的运营模式，使用计算机视觉、深度学习算法以及传感器融合等技术，彻底跳过传统收银结账的过程。

顾客只需下载 Amazon Go 的 APP，在商店入口扫码成功后，便可进入商店开始购物。Amazon Go 的传感器会计算顾客有效的购物行为，并在顾客离开商店后，自动根据顾客的消费情况在亚马逊账户上结账收费。

Amazon Go 强调的是三个要点（见下图）：

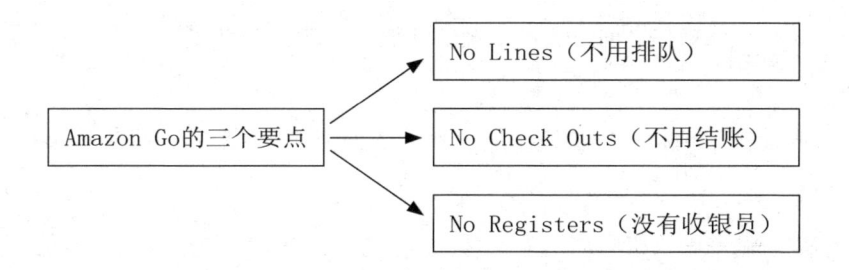

```
                          ┌─ No Lines（不用排队）
Amazon Go 的三个要点 ─────┼─ No Check Outs（不用结账）
                          └─ No Registers（没有收银员）
```

"No Lines（不用排队）""No Check Outs（不用结账）""No Registers（没有收银员）"。

相信每个人现在去超市或者便利店购物，总会遇到一个非常折磨人的环节，那就是排队买单。而 Amazon Go 解决了这个痛点，顾客可以直接拿货走人。

这不得不说是新零售的伟大创举。关于亚马逊的 Amazon Go 我们后面有详细的讲述。

支付宝的刷脸支付

2017 年 9 月 1 日，支付宝与百胜中国（肯德基）新轻食餐厅品牌 KPRO 全球首店（杭州万象城店），联合推出基于面部识别支付（Smile to Pay）的点餐体验服务。顾客在店内点餐机上点餐完毕，凭刷脸即可完成支付。

当顾客来到 KPRO 餐厅，进门入口处即可见三台点餐机。顾客点开大屏，

新零售机遇：任何生意都值得重做一遍

点餐页面和手机扫桌面码的页面一样。点餐完毕后，立即可进入到人脸识别支付界面。

顾客只需站在点餐机前，机器上方的摄像头会自动捕捉顾客面部特征并秒算成功。然后，顾客输入手机号，确认完毕即支付完成。

接下来顾客需要做的，就是拿着餐厅现在常见的叫号器（一种圆饼型的电子仪器），等待服务员送餐来。

这种支付方式非常可靠，支付宝方面称其错误率已保持在十万分之一以内。从其官方视频演示上来看，支付宝非常自信，甚至有些任性地炫耀"任你面目全非，我亦火眼金睛"。即便顾客带上假发，画上浓妆，机器的软件算法也能识别成功。而在此操作之前，顾客要先在自己的支付宝APP中，打开"刷脸支付"按钮。

人脸面部识别相比较手机指纹这种生物识别，在便利性、先进性和安全性方面更胜一筹。

（1）便利——人机分离。

现在的支付主要是依赖手机。如果脱离手机，或是顾客忘带手机，就没法完成支付。而蚂蚁金服（支付宝母公司）人脸识别的底层数据，基于公安身份数据系统。顾客不带任何工具设备，在任何一台识别机上，都能无障碍支付。

（2）先进——人即钱包。

像KPRO餐厅的点餐机，如果缺乏刷脸支付技术，就失去了特色。一般而言，人都喜欢体验先进的技术或商品，对这些东西保持很强的兴趣。刷脸支付具有免密码、免排队、快支付等先进特点，人即钱包，必然受到青睐。

（3）安全——看脸认人。

支付宝在肯德基KPRO点餐机上配备了3D红外深度摄像头，在进行人脸识别前，会通过软硬件结合的方法进行活体检测，来判断采集到的人脸是否是照片、视频或者软件模拟生成的，能有效地避免各种人脸伪造带来的身份冒用情况。

相比手机指纹识别而言，刷脸支付的安全验证更全面。虽然手机指纹识别也比较先进，但依然是前现代金融安全验证逻辑——看证不看人，留下了潜在的安全风险。比如他人指纹，可在自己手机留下指纹记录（一台手机可录10个指纹）。只有人脸对于验证"是否是本人"具有唯一性识别，安全性更高。

另外，对老人和小孩用户而言，使用刷脸支付既方便又安全。同时，移动支付是互联网化零售消费场景中的刚性配置，但在老人与小孩群体普及率一直不高。人脸支付对更多非互联网深度群体而言，是有效降低他们的体验门槛，降低现金使用风险的便利技术。

智能停车与找车

近年来，在国内私家车数量迅速增长的情形下，一些大型城市面临"车多位少"的困境，停车场场地不够用，迫使很多车主把车直接停在道路上。如此一来，一方面影响交通畅通，带来交通安全隐患；另一方面也不利于车辆的管理，车辆容易被破坏或被偷盗，给车主带来财产损失。

可以说，找停车位，在中国的大中城市，尤其是在城市繁华地段，是车主经常遇到的头疼问题。人们经常会开车购物，停车难将会严重影响他们的购物体验。

停车场是实体零售企业的用户入口，又是用户需求的最痛点。这是实体零售企业的一个重要变革方向。现在，随着人工智能技术的发展，已经有越来越多的零售企业，开始布局智能停车模块，帮助用户解决"快速停车及找车"的痛点。

比如万达等商场推出的智能停车APP，在没到达商场之前，顾客可以直接

新零售机遇：任何生意都值得重做一遍

在手机上预约车位，之后也能在手机上缴费。

还有新零售的领军者阿里巴巴，也把智能停车找车作为提升顾客购物体验的要点之一。随着阿里巴巴打造的"喵街"官方APP在银泰系全线开通，银泰旗下的门店正逐渐变成一个24小时可逛可买的互联网型商场。消费者在家即可购买银泰商场部分优选商品邮递到家，到达商场内还可以体验停车找车、导航到店、在线排队等智慧逛街。

其实，阿里云早在2014年就推出了智能停车收费系统。据阿里云透露，杭州在当年8月就建成了一套新的智能停车收费系统，基于云计算平台实时处理2万多个停车位的信息。数据从手持POS机和智能地感传至云端，数据越多，"云端大脑"就会变得越智能。

在杭州马市街的96个道路停车位上，有一个直径10厘米的小圆盘。其实，这是杭州"智慧道路停车收费系统"配备的智能地感。当车子驶入和驶出停车位时，这个圆盘里面的感应器就会准确检测车辆进出信息，并自动把数据传至阿里云计算上的后台系统。

很多人常常会遇到这样的情况，本来只停了一小会儿，但是由于收费员在忙，结算时间向后延迟，从而多交费用。有了这个"小圆盘"后，就能避免这种停车尴尬。如果收费员太累想打个盹儿，智能地感还可以"顶班"，当车辆开进开出时，都会自动纪录时间，并通过云端向收费员手持POS机发出提醒信息。

新的智能停车收费系统支持支付宝缴费。车主只要打开手机支付宝的界面，打开"付款码"，然后收费员再用手中的POS机扫一扫条码，只要几秒钟时间，支付就完成了。

云计算的大数据处理能力，可以帮助提升停车位的循环使用率，从而缓解停车难的问题。除了路边的停车位信息，城市停车场的数据也会传上阿里云。当"云端大脑"掌握的数据越来越多、越来越精准，就能实现更智能的调度。比如，开车的时候，高德地图可能会告诉车主"左边500米的小巷里有空车位"，"银泰百货附近的车库都停满了，咱们还是去逛杭州大厦吧。"

智能停车找车解决了顾客购物的一个痛点，极大地提升了顾客的购物体验。这是人工智能技术对新零售的助力之一。

电子标签（RFID）

电子标签（RFID）又称射频标签。这是一种非接触式的自动识别技术，它通过射频信号自动识别目标对象并获取相关数据，识别工作无须人工干预，可工作于各种恶劣环境。RFID 技术可识别高速运动物体并可同时识别多个标签，操作快捷方便。

与条形码相比，电子标签的突破性表现在三个方面。

第一，可以识别单个的、非常具体的物体，而不是像条形码那样只能识别一类物体。

第二，其采用无线电射频，可以透过外部材料读取数据，而条形码必须靠激光来读取信息。

第三，可以同时对多个物体进行识读，而条形码只能一个一个地读。此外，储存的信息量也非常大。

电子标签的这些特性非常适合大规模地运用到零售业当中。

2017 年 8 月 8 日，深圳迎来第一家无人便利店"Well GO"。这是由深圳老牌零售商天虹股份和远望谷共同打造的线下实体店。远望谷主要提供包括商品管理、进店、支付和离店等环节的相关电子标签产品及相关配套软件等。

"Well GO"的面积为 12 平方米，以会员专属形式运营。顾客首先注册成为天虹会员，用微信或天虹股份 APP"虹领巾"扫码进店，选购商品放在结算区，扫描结账区上方屏幕的二维码识别身份，用微信、支付宝或"虹领巾"自助结账。

新零售机遇：任何生意都值得重做一遍

"Well GO"的关键技术为 RFID 芯片。店内所有商品均额外贴有包含 RFID 芯片在内的标签。顾客只要将商品放置于结算区，系统就会通过 RFID 芯片识别该类商品。当顾客完成支付后，芯片就会"消磁"。然后，顾客通过感应区，携带"消过磁"的商品或不携带任何商品方可离店。

RFID 技术是新零售的重要技术之一。它对新零售的价值主要体现在以下五个方面。

第一，供应链管理。这是在零售业中最早使用 RFID 的，同时亦是目前 RFID 用得最多的一个领域。

第二，库存管理。RFID 应用的主要内容包括利用固定或移动读写器对进出仓库以及仓库货架上的商品进行扫描，提高货物出入、拣货、盘货的工作效率，向上游供货商提高库存的可视性，方便及时供货，与店内货架自动补货系统相连，及时补货，使库存达到优化等。

RFID 技术让零售商对库存的管理更为精确，使得实体店可减少 20%～30% 的断货率，增加 1%～2% 的销售额，让零售商在精益生产、降低库存及精简劳动力上有更大的发挥余地。以零售门店日常的数据盘点为例，原本全人工操作可能需要一天甚至更久，且其准确率亦无法保证，应用 RFID 技术后，几分钟甚至更短的时间便可完成，其分门别类的各项数据皆被详细记录。

第三，门店商品管理。目前多数零售店都将 RFID 应用在一些易盗或贵重的商品上。服装店多数用来进行智能盘点，防伪防盗，还有的配合试衣魔镜来搜集最直观的消费行为数据，改善门店运营，为顾客提供最高效、最先进的消费体验。商家可依据 RFID 技术提供的详细交易数据进行经营趋势分析与购买模式挖掘，为未来经营策略的制订提供可靠的数据参考。

第四，客户管理。RFID 主要集中应用在自助结账及改善客户店内购物体验两个方面。前面讲述的"Well GO"无人便利店就是最好的应用案例。

第五，安全管理。一般应用在商品防盗及遗失上，其次则是用 RFID 识别码替代原来的密码控制 IT 设备的使用权或某些重要部门的出入权。服装供应链商用来防伪防窜货，保护品牌运营，维护品牌商誉。

RFID 的应用使得零售商在这些部分的管理上更加智能化、信息化及自动化，把人从日常大量机械化的重复工作中解脱出来，在避免对人工过度依赖的同时，还大大地提升了零售企业日常的管理运作效率。

虚拟商品墙

虚拟商品墙是人工智能技术在新零售中的又一个应用。通过实体店的虚拟商品墙，可以展示更多的商品，突破营运面积的限制，并且还可以实现交互和实时下单。

在虚拟墙技术的开发和应用方面，英特尔公司是领先者。英特尔的 adiVERSE 技术，可以通过先进的触控屏和高精准实时 3D 渲染，让消费者可以在虚拟墙上从任何角度查看产品，旋转、放大产品，并以全新的方式与商品进行互动。该技术还应用在自动售卖机和虚拟试衣镜等常见的线下销售场景。

运动鞋制造商阿迪达斯在一些店铺已经开始设置虚拟商品墙，实现了超过 2000 双鞋子的产品展示。

阿迪达斯的虚拟墙是一块巨大的触摸屏。这个交互式装置能让顾客在订购新鞋之前享受深刻的仿真体验。墙上的鞋子能够自动旋转，好让顾客从各个角度查看鞋子。此外，顾客还能放大图像查看鞋子的细节设计，还能观看相关的视频材料。整个仿真鞋墙采用触控显示屏和精密的实时 3D 纳米材料，为顾客提供全真式体验，仿佛真的是在实体鞋架上挑选鞋子。

电商企业"1 号店"也曾推出过虚拟商品墙。"1 号店"的虚拟商品墙投放在了上海地铁站内。这个虚拟墙不仅仅展示商品，还可以直接购物，开启了一

新零售机遇：任何生意都值得重做一遍

种全新的购物体验。

该虚拟墙长 3 米多、宽约 1 米。商品照片包括饮料、零食、洗漱用品、手机、照相机等各类商品。每一种商品下方都有相应的价格和二维码。商品列表旁介绍了移动购物的具体操作，"第一步下载客户端，第二步扫描商品二维码，第三步购买。"

消费者只要用手机扫描虚拟墙中所需商品的二维码，然后经过简单的操作，自己中意的商品就会很快送到指定的地点，而且商品应有尽有、一应俱全，犹如置身真正的超市一般。

然而，在实际操作中，消费者对这种购买模式并不认可。大多数人觉得"时间紧""知晓度低""没必要"。还有一些消费者把虚拟商品墙当成了普通的广告牌。

由此可见，虚拟商品墙的技术还需要完善和提高，从而给予顾客真正舒适便捷的消费体验。

智能试衣

在服装的购买过程中，顾客试衣的时候，需要不停地换衣服，让人感到太麻烦。这是服装销售的一个痛点。现在，采用虚拟现实技术的智能试衣镜可以解决这个问题。

尼曼（Neiman Marcus）是美国以经营奢侈品为主的连锁高端百货商店，是当今世界最高档、最独特时尚商品的零售商，已有 100 多年的发展历史。公司总部在美国得克萨斯州达拉斯，能进入该百货的品牌都是各个行业中顶级品牌。

在尼曼的加州分公司 Walnut Creek 里，就安装了智能试衣镜。这款镜子内置英特尔酷睿 i7 处理器，顶部安装了摄像头，拥有 360 度视角，能够动态识别顾客的手势动作、面部特征及背景信息。

这款镜子能让顾客随意试穿多套衣服，只需要利用手势即可切换，同一套衣服不同颜色也可以很快切换，也能对比不同款式。同时，店铺工作人员可以通过一个特殊的销售界面，以镜子为媒介向顾客发出建议。

顾客还可以将试穿的视频数据传输至智能手机、平板电脑，分享到社交网络，与朋友共享，征集意见。相比真实试衣拙劣的自拍，智能试衣镜可以更清晰完整地展示一件新衣服。

而对尼曼公司来说，利用智能试衣镜可以积累顾客的数据，与顾客互动，为顾客提供个性化服务，并且还可以根据数据来调整营销策略。

诺德斯特龙（Nordstrom）是美国高档连锁百货店。它经营的产品包括服装、饰品、包包、珠宝、化妆品、香水、家居用品等。这家公司在西雅图和圣何塞分店安装了智能试衣间。顾客可以通过带触摸屏的镜子及灯光调整，来找到适合自己尺码、颜色和消费场景的服装。

顾客进入商店，通过镜子浏览店铺中所有商品，提交试穿申请，它们就会被导购员摆放在试衣间。顾客可以调整灯光亮度和颜色模拟使用场景，镜子感应衣服上的RFID标签并显示在屏幕上，然后镜子给出搭配建议。如果顾客需要试穿其他颜色或尺码的衣服，也能通过屏幕下达指令，让导购员送过来。当顾客试穿满意后，可以直接在镜子上通过移动支付付款，试穿过的衣服会保存在个人账户中。试衣间里还可以记录追踪试衣者的动作，这为后续智能试衣间的智能化进行提供了想象空间。

通过智能试衣，诺德斯特龙提升了线下实体店服务的体验，创建了线下服务相对于线上电商的差异化竞争力。

智能试衣镜技术还可以扩展到试妆方面。

在阿里巴巴的新零售体验馆，有天猫与雅诗兰黛合作的试妆魔镜。比如，顾客想买口红，需要试妆，只要站在镜子面前，镜子中就会自动帮助顾客涂上口红。对顾客而言，不用一遍遍涂口红再擦掉，能在短时间内试几十种颜色，

新零售机遇：任何生意都值得重做一遍

是一种非常不错的体验。

机器人导购

导购促销是零售商家常用的推销手段。而且，传统零售的导购促销都是由人工来完成的。这种方式的弊端显而易见：推销人员对顾客的需求无从了解，只能凭借经验推销，有很大的盲目性。这样不仅效率低下，而且极容易招致顾客的反感。于是，机器人导购促销应运而生。

商场使用的机器人是一款基于运动感知和人工智能技术开发的人形机器人产品，具备自主移动和交互功能。它可以在商场中主动搜寻并靠近有服务需求的顾客，其拟人化的外形设计和机智幽默的对话会带给顾客参与的兴趣，让顾客产生探索、发现的乐趣，而后便能大大提升顾客与机器人的互动量。机器人借助人工智能的语音/视觉识别和分析技术，以及与后台人工客服的结合，能够在互动过程中轻松了解到顾客的兴趣、需求。在此基础上，推荐给顾客最适合的产品或服务。

化妆品零售机器人导购

2017年9月26日，在北京西单汉光百货一层，化妆品著名品牌兰蔻专柜使用了百度的"小度机器人"作为导购。它为顾客提供推荐、引导等服务，学得有模有样，而且不用吃喝不嫌累。

它可以像人类导购一样，为顾客进行对话式个性化推荐，引来众多顾客合影留念。既能主动吸引客户过来了解营销产品，又能避免吓跑客户的尴尬场面的出现，导购机器人使顾客在熙攘的购物环境中体验到了方便和乐趣。

Part 2　突破闭环，占领新零售的制高点

服装店机器人导购

四川绵竹市的一家服装店迎来了一位特殊的导购——机器人店员"小宝"。能够科学地为顾客选衣服的它，吸引了不少市民。

"你穿这件衣服版型好看，很合身、很精神，而且很适合你的肤色。"在现场，见到一位顾客选了一件新衣服穿上，"小宝"点评道。

"小宝"的程序里设置了一些服饰搭配选件，可以根据顾客的年龄、肤色、胖瘦等条件进行推荐。当顾客进入"小宝"的摄像头拍摄范围内后，它就会迎向顾客，并与顾客进行简单的交流。如果顾客想买男式上衣，它就会将对方带到男式上衣柜台。

"小宝"还能完成大数据统计，它的摄像头能够精准感知顾客在哪个区域停留的时间较长，从而了解顾客的喜好需求。当这名顾客再次光顾，它会直接将其带到他喜欢的服饰区域。

书店机器人导购

2017年8月份，杭州新华书店解放路购书中心引入了机器人导购员"小新"，它全天候在卖场负责导流、导引、导购等购书服务。

"小新"的个头有1米左右，全身黑白相间，有着大大的眼睛和圆圆的小嘴。"小新"站在卖场中央，被不少小朋友团团围住。他们好奇地和"小新"打招呼。有一位读者提出想买一本《朗读者》。"小新"愉快地说："好的，我带您去找《朗读者》。"不到一分钟就来到《朗读者》书架边。有小朋友好奇地问："小新，你会哭吗？"没想到"小新"说："我现在心情很不错，还不想哭呢。"这把大家都逗乐了。而且，"小新"还可根据顾客要求唱歌跳舞，耐心友好，十分专业，大家纷纷举起相机拍起照来。

"小新"为顾客提供了非常棒的购书体验。

加油站机器人导购

2017年8月11日，中石油沈阳销售分公司为怀远门加油站引进了第三代

新零售机遇：任何生意都值得重做一遍

促销导购机器人"松果1号"。这款机器人具有人脸识别、语音识别等人机交换功能，可以在店内行走、播放音乐、向顾客介绍促销活动、为顾客解答办理加油卡的相关事项。

对于回头客，"松果1号"通过相关的功能设定，甚至可以记住顾客之前所购买的商品，当顾客下次光临时，"松果1号"会主动引导他到该商品区域。引进智能机器人当导购，不仅可以减少人力、提升效率，还为顾客提供了有趣、智能的购物体验，让顾客在店里逗留的时间更长。"松果1号"亮相当天，怀远门加油站便利店的营业额有了明显增加，达到近2万元。

机器人导购的出现，让零售的效率有了很大的提升。目前，机器人导购的功能大致有以下几种。

（1）对话问好。能协助工作人员解答顾客的问题，包括位置引导、促销信息、楼层信息查询、数据统计等商场内各种基本问题咨询。

（2）智能推荐。当客户询问商品情况时，能根据客户需求快速搜索到相关商品，并做出介绍，能在不同时间段向顾客推荐不同的商品。

（3）智能识别。在商场搞活动时可以做出人脸识别、VIP识别、身份证识别、异常声音识别等身份认证服务，同时可结合商场实际情况，实时控制商场人流。

（4）广告播放。在引导客户行走的过程中，机器人会播放相关产品的商家的广告，介绍同类产品的商家信息、产品特点和促销信息，广告费用由商家付费刊登。

（5）数据分析。能通过对顾客的基本数据和消费习惯进行分析，为商户建立精准的客户分类，为商家营销策略的制订提供帮助。

机器人导购的应用，为新零售激活了更多的新场景，极大地提升了推销的效率，增强了顾客的消费体验。

Chapter 4

一定要利用好大数据，实现精准化运营

大数据对新零售至关重要。顾客有什么需求？如何定价才能获得顾客的青睐？如何找到最喜欢自己产品的顾客？如何提高顾客的黏性？……如果能运用好大数据，这一切都不再是难题。

马云：未来的核心资源是数据

在 2015 贵阳国际大数据产业博览会暨全球大数据时代贵阳峰会开幕式上，马云表示：人类已经从 IT 时代进入 DT 时代，未来的核心资源是数据。

什么是 DT 呢？如何理解"未来的核心资源是数据"这句话的意思呢？对于 DT，马云在 2014 年 3 月的时候就已经提了出来，他给出了自己的解释：IT 是信息技术（Information Technology）的英文缩写。DT 是数据处理技术（Data Technology）的英文缩写。IT 时代是以自我控制、自我管理为主；DT 时代，它是以服务大众、激发生产力为主的技术。通俗地讲，IT 能让自己愈来愈强大，而 DT 能让别人愈来愈强大，DT 是让你的消费者、让你的客户、让你的员工更具能力。表面看起来，IT 与 DT 两者之间似乎是一种技术的差异，但实际上却是思想观念层面的差异。

马云表示，人类社会的第一次技术革命，英国花了大概 50 年成为世界强国；第二次技术革命，美国也花了 50 年成为了世界强国。这一次技术革命也会是 50 年，从现在往前推的 20 年，实际上是互联网技术突飞猛进的 20 年，未来的 30 年则是互联网技术应用到社会方方面面的 30 年，这 30 年才是创业者真正巨大的机会。

现在，我们正在进入一个新的能源时代，这个时代核心资源已经不是石油，而是数据。中国是计算机大国，但是中国不是一个计算的大国。但未来，中国一定会成为计算大国，因为数据是一种生产资料，而未来的生产力就是计算能力和创业者的创新能力，以及企业家精神。在未来，计算能力将会成为一种生产能力，而数据将会成为最大的生产资料，会成为像水、电、石油一样的公共资源。

数据在我们的周围自然而然地存在着，我们每一次点击鼠标，每一次刷卡消费，其实就已经参与到了数据的生成，可以说，每一个人既是数据的生产者，也是数据的消费者。数据已和固定资产、人力资源一样，成为生产资料，可以自由交易，可以卖钱。我们从数据分析当中发现很多价值，可使整个社会更加经济化、智能化，整个社会成本也会大大降低。

农业社会人们以土地为核心资源，工业时代转为能源，信息社会则将转变为数据。谁掌握数据，以及数据分析方法，谁就将最终胜出，无论是商业组织，还是国家文明。数据作为企业和公共组织越来越重要的资产，就像当年知识产权对于企业资产形态的突破以及由此带来的企业进步发展一样，将历史性地改变企业和社会资产的理念以及社会进步发展的进程。

企业：数据是核心资产

对企业而言，数据资产取代人才成为企业智商最重要的载体。这些能够被企业随时获取的数据，可以帮助和指导企业对全业务流程进行有效运营和优化，并为企业做出最明智的决策提供可靠的依据。此时，企业智商的基础就是形形色色的数据。未来企业的核心竞争力取决于其占有数据的规模、数据的活性以及对数据解释和运用的能力。可以说，对数据的掌控，就是对市场的支配，意味着巨大的投资回报。

麦肯锡的研究表明，在医疗、零售和制造业领域，大数据可以每年提高0.5%～1%的劳动生产率。数据与信息正在改造着我们的生产、消费、管理、生存和死亡的方式。在信息时代的发展模式中，企业的生产力和竞争力取决于依靠信息技术进行数据挖掘分析以及创造与应用知识的能力。

具体来看，围绕"数据资产"可以衍生出六种主要的业务模式。

新零售机遇：任何生意都值得重做一遍

（1）出售或出租原始的数据。

（2）出售或者出租整合、提炼、萃取的信息。

（3）出租数据存储空间。

（4）可通过对消费者兴趣、需求、购买动机，以及对品牌的情感和忠诚度等的挖掘分析，来制订服务和营销的智能决策，利用大数据进行精准营销。

（5）通过数据挖掘，开展以前因缺乏数据而难以涉足的新业务。

（6）针对某类大数据提供专有技术和服务。

国家：数据是战略资源

大数据开启了一个大规模生产、分享和应用数据的时代，它给国家政府部门带来了巨大的变化。对国家政府部门来说，大数据将提升电子政务和政府社会治理的效率。大数据的包容性将打开政府各部门间、政府与市民间的边界，信息孤岛现象大幅减少，数据共享成为可能，政府各机构协同办公效率和为民办事效率提高，现在越来越多的政府摒弃经验和直觉，依赖电子政务的数据和分析进行决策。同时大数据将极大地提升政府社会治理能力和公共服务能力，降低政府运行成本。

对国家来说，大数据就是"未来的新石油"，一个国家拥有数据的规模、活性及解释运用的能力将成为综合国力的重要组成部分，未来对数据的占有和控制甚至将成为继陆权、海权、空权之外国家的另一个战略性资源。

无论从企业角度，还是国家角度，数据都是未来非常重要的核心资源。当然，数据也是新零售的重要资源。新零售靠的是技术，抓的是数据，抢的是流量。如果无法抓住数据，新零售是很难实现的。

云计算与大数据的密切关系

通常情况下,我们容易将云计算与大数据混淆在一起,所以,很有必要对二者的关系进行介绍。

什么是云计算

对云计算的定义有很多种说法。现在广为接受的是美国国家标准与技术研究院(NIST)的定义:云计算是一种按使用量付费的模式,这种模式提供可用的、便捷的、按需的网络访问,进入可配置的计算资源共享池(资源包括网络、服务器、存储、应用软件、服务),这些资源能够被快速提供,只需投入很少的管理工作,或与服务供应商进行很少的交互。

什么是大数据

大数据是一种规模大到在获取、管理、分析方面大大超出传统数据库软件工具能力范围的数据集合,具有海量的数据规模、快速的数据流转、多样的数据类型和价值密度低四大特征。如果将大数据比作一个产业,那么这种产业实现盈利的关键在于提高对数据的"加工能力",通过"加工"实现数据的"增值"。

云计算与大数据的关系

从技术上来看,云计算和大数据的关系就像一枚硬币的正反面一样密不可分,相辅相成。大数据必然无法用单台的计算机来进行处理,必须采用分布式架构。它的特色在于对海量数据进行分布式数据挖掘,但它必须依托云计算的分布式处理、分布式数据库和云存储、虚拟化技术。

也就是说，没有大数据，云计算什么都不是，而没有云计算，则成就不了大数据。

从本质上来看，云计算与大数据的关系是静与动的关系。云计算强调的是计算，这是动的概念；而数据则是计算的对象，是静的概念。如果结合实际的应用，前者强调的是计算能力，后者看重的是存储能力；但是这样说，并不意味着两个概念就如此泾渭分明。大数据需要处理大数据的能力（数据获取、清洁、转换、统计等能力），其实就是强大的计算能力；另一方面，云计算的动也是相对而言，比如基础设施，即服务中的存储设备提供的主要是数据存储能力，可谓是动中有静。如果数据是财富，那么大数据就是宝藏，而云计算就是挖掘和利用宝藏的利器！

在零售业，用大数据能干什么

阿里巴巴集团 CEO 张勇在"2016 年新网商峰会"上曾经表示："走向新零售非常重要的标志，是要完成消费者的可识别、可触达、可洞察、可服务。每个企业都要走向数据公司，才有可能走向新零售。"

大数据对于商业的价值越来越重要，特别是对零售企业，则更为重要。大体来说，利用大数据，零售业可以做如下事情。

深挖顾客需求

以前，零售业经营分析是以每日生成的交易明细数据为基础，有些公司在这方面会做得比较深入，会结合各种因素进行考量，做调整。但是，这种分析往往会在速度上大打折扣，具有滞后性，尤其是在信息高速变化的时代，这个缺点就更为明显。而且，这种分析往往基于内部已发生的数据，与顾客的真实需求有所偏离。现在,不管是线上销售还是线下销售,绝大部分商家都做到了信息化,有条件去跟踪顾客的消费行为。比如,美国的塔吉特超市,通过顾客数据分析部建立的"怀孕预测指数"模型,能够在孕妇第二个妊娠期就把她们确认出来。他们这样做,能够在其他公司对母婴开展个性化营销之前领先一步,通过提前了解顾客情况,抢占先机,在不同的怀孕周期为顾客提供有针对性的保健品和日用品,从而赢得顾客的青睐。

重建客户关系

在传统零售行业,很多商家采用的是无差异的营销模式,把所有消费者都当作自己的顾客。可是,某商超在对顾客分析时发现,忠实用户占50%,贡献度为90%,剩下的50%客户,贡献度却只占到10%。对于客户,如果依旧是广撒网而同等对待的话,忠实客户的流失将比付出的成本大很多,所以,对待客户,必须要有"差异化"。

可以利用大数据确定忠实用户,并重点分析他们的消费行为和需求,为他们提供个性化服务,投其所好,确保他们不会流失。

个性化精准推荐

对顾客而言,他们最关注的有三点:(1)我需要什么,你能给我提供什么;(2)是否能够用最简洁快捷的方式给我有用的信息;(3)希望我的消费能够让我享受到应有的尊敬和服务。

针对顾客最关注的点,商家就可以利用大数据分析来获得准确的答案,然后为顾客提供精准的服务。比如在淘宝上,有数据显示,每天的上网高峰期主要集中在中午12点之后和晚上12点之前。分析研究之后发现,出现这种情况的原因在于许多人睡觉前都会有上网的习惯,于是有些淘宝商家就利用消费者这种"强迫症",在晚上12点进行促销秒杀活动,结果很快带动了销量。

完善品类管理

在品类管理中使用大数据,能有效地降低成本,提高盈利。

新零售机遇：任何生意都值得重做一遍

哪些商品必须保持货源充足？什么商品应该陈列在什么地方？哪些替代商品能够满足客户需求？哪些商品是重要客户或高利润客户的"必备商品"，必须保留在货架上？……通过大数据分析，这些问题的答案就很容易得到。

做出销售预警

零售市场充满了各种风险。如果商家能够提前对风险做出预判，就能及时采取恰当的应对措施。大数据分析是预判风险的有效工具。比如在销售的过程中，基于大数据，商家可能提早知道消费市场的变化，预测到哪些产品将被逐渐淘汰，哪些产品将获得消费者的青睐，从而赢得更多销售策略调整时间和空间。

现在的零售实战中，大数据的应用已经非常广泛了。我们来看一个"大悦城"的案例。

对于大悦城，从事零售业的人都不会陌生，它是中粮集团城市综合体的核心品牌。从"线上的试衣间""微信订阅号转微信服务号"等事件，我们都可以看到它在O2O、全渠道零售的摸索与实践中不断领先前行的身影。

2014年，大悦城就已经开始构建自己的大数据系统，全面打造"数字化大悦城"。

比如西单大悦城，其门店全方位覆盖部署了339个WIFI热点（含客流探针），一方面满足到场顾客的上网需要，另一方面是对到场顾客进行信息采集和消费轨迹监测；同时还部署了近3000个iBeacon设备，既实现了近场营销和与顾客的"亲密互动"，又起到了监测顾客消费行为的作用。

2015年，西单大悦城监测到的客流量有5000万，记录的顾客购物习惯数据有近500亿条，然后结合多方面的外部的数据源，给顾客打上292个标签，并且划分了六大核心客群：实用派、超级粉、时尚控、拜物狂、文艺范和社交客。

这些顾客大数据的应用，为西单大悦城的商业决策及分析提供了量化指标，西单大悦城并以此完成了品牌调整和客群分析。

在实体零售整体表现欠佳的2015年，西单大悦城却逆势增长，销售额达到40.43亿元，增长12.22%，场内25%的品牌的销售额排名全国首位。

由此可见，得顾客数据者得天下！大数据应用给零售实体带来了巨大的转机，并全面转变和提升零售的经营与管理，从而驱动零售业向更加智能和高效发展。

通过大数据分析实现精准营销

精准营销（Precision Marketing）的背景是商品同质化严重、价格战频繁、店铺租金上涨、电子商务的冲击、线上获取流量的成本大幅增加等因素。这些因素导致零售企业的利润不断下降，必须放弃粗犷化经营，进行精准化运营，否则成本更高，更难以生存。

精准营销的概念由营销专家菲利普·科特勒在2005年底提出，他认为企业需要更精准、可衡量和高投资回报的营销沟通，需要制订更注重结果和行动的营销传播计划，还有越来越注重对直接销售沟通的投资。简单来说，就是"5个合适"，在合适的时间、合适的地点、将合适的产品以合适的方式提供给合适的人。像恋爱一样，让消费者能够"一见钟情，二见倾心，三定终身"，实现产品与用户多维度的契合。

以前，企业要把握"5个合适"比较困难，成本很高。而现在，互联网的快速发展，大数据的出现，解决了这个困难。

各种新技术的应用，使得收集和积累用户数据更加简单快捷。

数据挖掘与分析将隐藏于数据汪洋中的瑰宝打捞而出。

各渠道数据融合提高了精准营销的准确度。

可视化技术把复杂的数据打磨为直观的图形，使之成为浅显易懂、人皆可用的工具和手段。

新零售机遇：任何生意都值得重做一遍

完备的数据服务器集群，提供强大稳定的数据计算能力，实时洞察消费者行为，及时响应。

移动终端的普及，让数据分析随地可行。

……

大数据助推精准营销快速发展。通过大数据计算，企业能够准确推测用户的真实需求，将用户想要的、喜欢的精准送达。

我们以淘宝网为例。2012年2月，淘宝网发布了2011年淘宝购物的趣味调查数据：宁波女性喜欢购买时装，撞衫指数达2.31%；深圳人最节能，一年人均购买节能灯28只；四川人和湖南人在饮食习惯上都爱吃辣，但湖南长沙人吃辣更胜一筹；东北吉林人最爱嚼槟榔，等等。这次数据盛典全面勾勒出中国网购消费地图，展现出网购潮流的趋势，为商家指明了方向，是一次典型的应用大数据的精准化营销。

还有亚马逊的个性化推荐大幅增加了其销售量；Facebook的精准广告投放，成功把用户和流量变现；Google搜索页面动态调整，让推荐更符合用户心意，提高了搜索的效率，等等，都是业界口口相传的大数据精准营销的经典之作。

那么，在新零售中如何具体通过大数据分析来实现精准营销呢？也就是说，如何进行具体操作呢？

我们先要给用户画像。这是指根据收集到的用户数据，勾勒出用户的主要特征，形成用户画像。用户画像是根据用户社会属性、生活习惯和消费行为等信息而抽象出的一个标签化的用户模型。具体包含几个维度，如图所示。

用户固定特征：性别、年龄、职业、地域、教育水平、星座。

用户兴趣特征：兴趣爱好、品牌偏好、产品偏好，喜欢使用的APP、网站，以及浏览/收藏/评论内容。

用户社会特征：生活习惯、婚恋、社交/信息渠道偏好、宗教信仰、家庭成分。

用户消费特征：收入状况、购买力水平、商品种类喜好、购买渠道喜好、

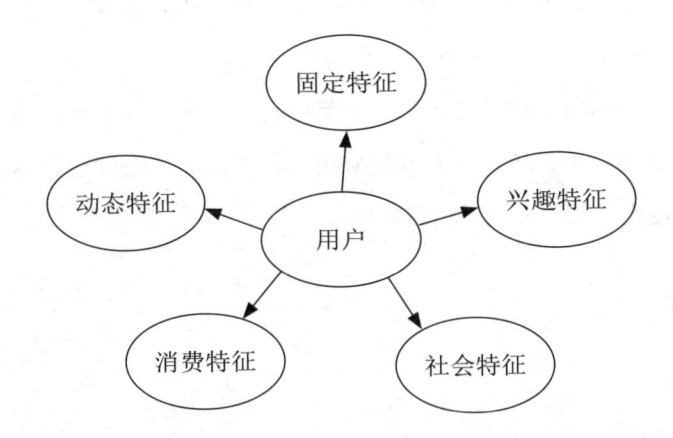

Part 2　突破闭环，占领新零售的制高点

```
          固定特征
            ↑
动态特征 ← 用户 → 兴趣特征
          ↙    ↘
      消费特征   社会特征
```

购买频次。

用户动态特征：当下时间、需求、正在前往的地方、周边的商户、周围人群、新闻事件。

然后，根据这些维度来生成用户的精准画像，并实施精准营销。这大致分成三步。

（1）采集和清理数据：比如，当用户登录某网站，其Cookie就一直驻留在浏览器中，从中可以看到用户登录路径及网页、点击位置、停留时间、搜索关键词、点赞、评论等所有浏览行为，然后持续分析这些行为，就发现其短期需求和长期兴趣。还可以通过分析朋友圈，非常清晰地获得用户的工作、爱好、教育等方面的信息数据。

（2）用户分群：这主要分为数据描述和指标统计。

数据描述，用来对数据进行基本情况的刻画，包括数据总数、范围、来源。

指标统计，把分布、对比、预测指标进行建模。比如一个80后客户喜欢在生鲜网站上早上10点下单买菜，晚上6点回家做饭，周末喜欢去附近吃日本料理，经过搜集与转换，就会产生一些标签，包括"80后""生鲜""做饭""日本料理"等，贴在这位客户身上。

（3）制订策略：根据分析出的数据、标签，企业制订营销策略，并积极实施。

新零售机遇：任何生意都值得重做一遍

例如上面的例子中，若有生鲜的打折券、日本餐馆最新推荐，营销人员就会把适合产品的相关信息，精准推送给这位客户。

大数据时代的精准化营销是每一个新零售企业须选择的营销模式，企业不仅要具备大数据思维，还要掌握分析应用数据的能力，把营销精确到每一个消费者，使企业产品和服务获得消费者信赖。

利用大数据分析增加用户黏性

用户黏性的重要性，大家都知道。用户黏性低，忠诚度就低，这样的用户很容易流失。用户黏性高，忠诚度就高，这样的用户就是品牌的铁杆粉丝。

在新零售领域，商家都会想方设法增强客户的黏性，以增强自身的竞争力。在这些方法中，利用大数据分析来增强用户黏性非常有效。

进行交叉销售

交叉销售，就是根据数据挖掘顾客的多种需求，并通过一些手段让客户一下子购买多种所需要的产品，实现双赢。通过大数据分析，商家可以找出数据之间隐藏的关系网，发现其关联性，根据顾客购买的商品之间的关系，把客户需要的多种产品放在一起。比如，我们前面讲述过的把尿布和啤酒摆在一起出售，通过这种方法带动了两种产品的销量。

细分客户，区别对待

我们知道，不同的客户能带来不同的价值，想要拥有高价值的客户，就得知道哪些客户是有高价值的，哪些客户的价值含量比较低，哪些客户容易流失，哪些客户是忠诚的粉丝。所以客户细分后，商家就能针对一类客户制订一套营销策略。分多种客户与多种策略才能更好地拿下客户,并增加客户的黏性。

发掘客户潜在购买模式

客户在进行购买的时候,会留下许多行为痕迹,利用数据挖掘的一些办法进行序列模式分析,商家可以发现客户潜在的购买模式进而推荐产品,或引入到自己的平台。这不仅可以不断发现具有潜在价值的新的客户群体,扩大客户群,也能提升老客户的好感,增加黏性。

提升购买体验

购买体验的好坏与否直接关系到新零售企业发展的成败,而大数据的应用能处理包含客户需求、购买喜好、购买方便程度、支付安全、投诉与满意程度等相关信息,从而帮助商家在丰富产品种类、制订商品价格、提升服务质量、简化购买流程、加强物流保障、支付安全等方面努力,为客户提供更好的购物服务,提升购买体验度,抓住回头客。

提升客户满意度,让满意的客户达到忠诚,再忠诚地多次购买并自发地把商品信息分享给潜在客户,不仅能提升用户黏度,也能带来更大的市场反应,利人又利己。

实施差异化策略

用户体验非常重要,但不同客户群体所需的体验与服务是不一样的。所以,要对不同客户的数据进行分析,为不同类型的客户提供个性化、定制化、精准化的产品推荐与推送服务,这样,必然会增加用户的黏性。

新零售机遇：任何生意都值得重做一遍

案例一：百思买的定价策略

百思买（Best Buy）是全球著名的家用电器和电子产品零售集团，在2017年的美国500强企业排行榜中处于第72位。

百思买创造了家电销售的一种新型业态模式：大型家电专业店＋连锁经营。由于进入中国市场的时间晚了一些，百思买一直被国美、苏宁等家电连锁企业压制着，在中国的发展很不顺利。但是，在北美等市场上，百思买却是毫无争议的家电巨头，销售活动很活跃。

百思买的规模非常大，涉及的区域和市场很多，销售的产品种类也非常多。从供应、运输、存储到终端销售，如此庞大繁杂的系统，给百思买的管理提出了很大的挑战。

由于产品种类繁多，成本变化比较频繁，一年之中变化可达四次之多，结果导致每年的调价次数高达12万次。最让高管头疼的是定价促销策略，实际操作起来困难非常大。

最后，百思买决定组成一个11人的团队，运用大数据技术，对消费者的购买记录和相关信息进行分析，以提高定价的准确度和响应速度。

公司定价团队的分析围绕着三个关键维度。

数量

团队首先需要分析海量的信息。他们下了很大的功夫，收集了上千万的消费者的购买记录，然后，从客户的不同维度进行分析，了解客户对每种产品种类的最高接受能力，从而为产品定出最佳价位。

多样性

他们除了分析购买记录这种结构化的信息数据之外，还利用社交媒体发帖这种新型的非结构化数据。消费者需要在零售商专页上点赞或留言以获得优惠券，而团队则利用情感分析公式来分析专页上消费者的情绪，从而判断他们对于公司的促销活动是否满意，并针对具体情况的变化，对促销策略进行微调。

速度

为了实现价值最大化，他们对数据进行实时或近似实时的处理。他们成功地根据一个消费者既往的麦片购买记录，为身处超市麦片专柜的他即时发送优惠券，为客户带来便利性和惊喜。

通过这一系列的活动，百思买的定价准确度和响应速度得到了极大的提高，其销售额和利润大幅增加。

案例二：百事可乐为何选吴莫愁做代言

作为一家饮料和休闲食品领域的国际巨头，百事可乐选择形象代言人非常苛刻。然而，2013年，它的代言人却由颇有争议的乐坛新人吴莫愁担任。

2012年，吴莫愁参加浙江卫视歌唱选秀节目《中国好声音》的比赛，最终获得庾澄庆组冠军、全国总决赛亚军，从而正式进入演艺圈。

由于很有个性，吴莫愁引起了不小的争议。而且，从影响力来说，吴莫愁出道时间不长，应该还没有达到百事可乐选择代言人的要求。这就让人们充满了好奇：百事可乐为什么选择吴莫愁？

对于这个问题，前百度副总裁曾良给出了答案。原来是因为大数据。

新零售机遇：任何生意都值得重做一遍

曾良表示，随着用户使用互联网习惯的变化，营销已经过了"粗放式"阶段，俨然是一门技术活。"广告主的印象和直觉已经不能成为决策的重要依据。灵敏嗅觉，配合大数据分析，才能找到最适合的代言人。"

百事可乐选择吴莫愁参考了认知度、美誉度、相关性、差异性四个维度。

在认知度方面，从百度指数、百度风云榜等数据得知，吴莫愁的关注度和知名度非常高，甚至超越了王菲、李代沫等热门人物。

在美誉度方面，虽然吴莫愁一出道便颇具争议，但从百度大数据来分析，这些争议仅限于每位观众对她不同的感觉，而不是她自身的负面新闻或者绯闻。百事可乐分析这些数据后发现，吴莫愁具有相当高的美誉度，并且个性鲜明、带有很强的新生代正能量。这成为百事可乐选择吴莫愁的一个重要因素。

在相关性和差异性方面，吴莫愁也非常契合百事可乐。百事可乐借助"品牌探针工具"捕捉到吴莫愁身上坚持自我、特立独行的气质和个性，这非常符合百事可乐的品牌调性。

百事可乐又通过"百度司南"了解到，吴莫愁出生在北方，其关注人群在北部城市也明显偏多，因而，可以在相应的地区加大广告投放力度，以获取更高的广告价值。

最终，通过百度的大数据洞察分析，百事可乐签下这位有争议但又个性鲜明的歌坛新秀。

从后来的效果来看，这次签约非常成功。

借助成功代言百事广告，2013年吴莫愁位列"年度华语女歌手吸金榜"第一位。同时，"吴莫愁代言百事"的相关检索量快速攀升，从而带动了百事品牌关注度的增长。从百度搜索风云榜人物兴趣图谱来看，百事可乐与吴莫愁的相关度极高，也是吴莫愁代言过的众多品牌中唯一上榜的。百度视频和百度音乐数据显示，吴莫愁的百事广告MV播放量在一年多的时间内已接近3亿次。百事可乐与吴莫愁的合作，再次验证了选对靠谱代言人可以获得共赢的观点，同时，也真正体现出了大数据的商业价值。

案例三：波司登利用大数据解决库存

在零售行业，库存是一个非常重要的问题。压货太多，会影响企业的现金流，增加成本；缺货则会严重影响消费体验。特别是服装零售业，这个问题更为严重。可以说，如何解决库存成为服装零售业面临的大问题。

作为全国最大、生产设备最为先进的品牌羽绒服生产商，波司登也遭遇到了库存问题的困扰。

2013年的冬天，羽绒服产品销售最旺的季节，波司登发生了"奇怪"的现象：一方面门店在缺货，另一方面库存却又很多。这听起来有些不可思议。既然有库存，为何还会缺货？

这是因为对于一家有着3000多家门店的品牌商来说，想要很精准地预测在什么时间、把什么货投放到什么地方，是非常困难的事情。这种缺货是一种"结构性缺货"，货是有的，但货没有在正确的时间出现在消费者有需求的地方。

在服装行业，每一季的新款在上市之前8~9个月时就已经定下，经销商也会提前4~6个月将货订好。但是大半年之后，这些款式是否已经过气？这一年的天气如何，市场需要更薄的衣服还是更厚的？没人知道。因此，常常会造成缺货而又压货的困境。

为了解决库存问题，波司登决定借助大数据技术，与阿里云合作。

波司登此前使用的是Oracle（甲骨文）的数据库，零售系统则采用离线客户端与后台服务器定期同步更新数据的架构。

这种工作方式，就像是每家门店的客户端定时向后台服务器"汇报"，而且

新零售机遇：任何生意都值得重做一遍

这"汇报"不是即时的，一家门店出现缺货之后，后台服务器可能要隔很长时间才能察觉，此时再安排调货补货，已经来不及了，而且离线数据只能用于事后分析，很难做到在线实时分析和预测，也无法实现线上线下全渠道服务消费者。

2016年，当波司登与阿里云合作之后，这些问题迎刃而解。

借助阿里云平台上的"库存中心"，波司登的管理者坐在办公室，就能实时监控全国3000多家门店的库存和销售数据。

阿里云的"库存中心"将原本分散在各地仓库、门店的库存数据，以及和线下割裂开的线上库存数据，全部都"聚拢"在一起，通过重构和打通，完全融合成一体，能够让监控者一目了然。同时，自动补货系统每晚会汇总所有门店销售及库存数据，结合区域仓库数据，依据补货逻辑，自动为各个门店补货。

阿里云为波司登打造的"中台"，包括了全局共享的用户中心、交易中心和订单中心等。也就是说，整条交易链上的人、货和交易信息，都汇聚成一个即时动态变化的"水池"，池中的"水资源"随时可供波司登管理层使用，从而根据实时情况做出更为准确的经营决策。

零售云平台的使用，给波司登带来了显而易见的成效：库存中心的智能补货系统有效减少缺货损失21%，售罄率同比增长10%。

Chapter 5

积极构建"全渠道零售":
打破渠道壁垒,提升效率

  打破渠道的边界,才能实现渠道的价值。新零售就是要实现线上线下全渠道融合,在渠道的任何一个节点上都能实现与顾客的零距离接触,让顾客获得无差别的最佳体验。

全渠道零售的概念及发展过程

什么是全渠道零售？要弄清楚这个概念，我们得先从零售业演变的过程谈起。总体来看，零售业经过了三个发展阶段：单渠道时代、多渠道时代、全渠道时代。

（1）单渠道时代。

从字面上的意思来说，就是通过一种渠道，将产品或服务销售给顾客的行为。其实，也就是实体店铺时代。1999年以前基本都属于这个时代。实体店覆盖的范围比较小，只能为周边的顾客服务。人们想要买商品，只能去实体店里买，没有其他途径。

刚开始，都是单个的实体店，后来出现了连锁店，甚至是超级大型连锁店，比如国美、大中、苏宁等。

实体店的弊端在于渠道单一，严重限制了潜在顾客的规模和多样性。而且，租金和人员薪资上涨得非常厉害，成本很高。

（2）多渠道时代。

从2000年开始，网上店铺时代来临，也就是电商时代来临。这时，网店和实体店并存，互相竞争。由于电商成本低、效率高，所以发展迅猛，很快对实体店造成了巨大的冲击。于是，很多商家或品牌都采用了线上和线下同时运营的双重渠道。后来，随着移动互联网的发展，又加入了移动电商这个渠道。

销售渠道的多样化，让商家在营销活动中能够触达到更广泛、更多样化的受众，并可以在不同渠道利用不同的营销活动策略抓取潜在消费者的需求。同时，也让消费者有更多的途径购买商品。

多渠道主要包括以下类型。

实体渠道包括：实体自营店、实体加盟店、电子货架、异业联盟等。

电子商务渠道包括：自建官方 B2C 商城，进驻电子商务平台如淘宝店、天猫店、拍拍店、QQ 商城店、京东店、苏宁店、亚马逊店等。

移动商务渠道包括：自建官方手机商城、自建 APP 商城、微商城，进驻移动商务平台如微淘店等。

但是，这些多样的渠道并不能流通以及实现连接，相互之间也没有统一的操作标准和规范，而且，每条渠道战略通常面对不同类型的客户。这极大地降低了运营效率，同时，也使得顾客体验出现很大差异。

（3）全渠道时代。

为了解决由于渠道的相互独立所带来的问题，全渠道应运而生。大概从 2012 年开始，商家逐渐整合各种渠道，打破渠道的边界，实行跨渠道营销，从而让顾客获得更佳的消费体验，使得购物更加便捷和舒适，更具个性化。

从零售业演变的过程来看，全渠道零售的概念逐渐清晰起来，就是企业为了满足消费者任何时候、任何地点、任何方式购买的需求，采取实体渠道、电子商务渠道和移动电子商务渠道整合的方式销售商品或服务，提高效率，降低成本，为顾客提供无差别的购买体验。

全渠道零售具有全程、全面和全线的特点。

全程，一个消费者从接触一个品牌到最后购买的过程中，全程会有五个关键环节，即搜寻、比较、下单、体验、分享，商家必须在这些关键节点保持与消费者的全程、零距离接触。

全面，商家可以跟踪和积累消费者的购物全过程的数据，在这个过程中与消费者及时互动，掌握消费者在购买过程中的决策变化，给消费者提供个性化建议，提升购物体验。

全线，渠道的发展经历了单渠道、多渠道的发展阶段，到达了渠道全线覆盖即线上线下全渠道阶段。这个全渠道覆盖就包括了实体渠道、电子商务渠道、移动商务渠道的线上与线下的深度融合。

现在，全渠道零售还处在发展探索阶段，有许多不完善的地方。但是，随着新技术、新创意、新模式的出现，以及不断试错的实践，全渠道销售会更具竞争力，从而为消费者提供极致的消费体验。

全渠道零售的构建核心是消费者

在全渠道零售构建的过程中，一定不能忘了零售的本质。不管采用什么模式，零售的本质不变，就是如何用最经济的方式，让消费者获得最佳的体验和最好的商品，从而达到买与卖的双赢。在这里，消费者是核心，一切都要围绕消费者来展开。

要从渠道的观点转向消费者的观点

渠道不是最重要的，所有的渠道都是用来获取消费者的，抢夺消费者的。你的企业如果不抢消费者，那么别的企业可能会通过某个渠道把消费者抢走了，所以这是一个消费者至上的时代，一切渠道都是为了获取消费者而存在的。

消费体验最为重要

传统的线下零售会受到诸多条件限制，譬如每个店都有一定的覆盖面，当这个范围内的消费者需要购物时，就必须自己走到店铺去。然而现在整个竞争越来越激烈，商家必须要把消费者放在首位，甚至必须想办法将每一个店铺放在消费者面前，而不是让消费者自己走到店铺中。

因此，这个时代的思维方法就是把消费体验放在了首位。将来，大众营销的策略将慢慢消亡，因为大众营销的效率实在太低了。大众营销必须演化为"窄众营销"，企业要知道这群客户是目标客户，以及向他们推销什么。

为消费者量身定制

全渠道零售的目标是，只要顾客有什么需求，商家的所有渠道都要用来为这个顾客服务，解决问题。商家必须充分发挥各个渠道的优势，在所有渠道中利用现有资源、整合现有资源，实现线上线下深度融合，围绕消费者展开营销活动。

各种渠道打通融合后，企业就可以全方位地了解顾客的信息，线下可以知道顾客购买的信息；线上更可以知道顾客从哪些渠道购买，对商品的偏好是什么。购买的周期是多长，购买的商品的关联性是什么，对某一些品牌有没有忠诚度等。这是为消费者量身定制的前提。

消费者在不同渠道有不同的行为，因此，商家可以根据渠道特征对相同消费者展开不同的营销。比如，手机的一大作用是方便消费者利用碎片化的时间，消费者喜欢短平快，这个时候如果做一个很复杂的购物行为，是非常不现实的，只会引起消费者的反感。

再比如，消费者在移动设备上的购物高峰是什么时候？其实这里有两个大高峰，分别是早晨上班的路上和晚上九点到十二点；而在中午午休时还有一个小高峰。PC购物通常在白天，下午三点和上午九十点钟是高峰。商家必须发现消费者的不同行为，并在这个特别时间点，进行有效的营销，让消费者对商品产生兴趣，进而购买。

总之，商家必须围绕消费者的各种偏好和特点，构建全渠道零售，从而让消费者更加自由，随时随地通过想要的方式获得商品和服务。

优化库存：降低成本，提升效率

要实现全渠道零售，商家必须要有强大的供应链来做支持。而在供应链这个环节，库存是一个重点。

零售的核心痛点就是货物压在仓库，没有卖出去，没有卖出去的货就是最大的成本，也是整个零售最大的风险。所以，构建全渠道零售，就是要规避这个风险，通过优化库存，甚至是零库存，达到降低成本、提升效率的目的。

我们知道，所有的品牌主要在三个大的渠道做销售，第一个渠道是线下渠道，包括超市、实体门店等；第二个是电子商务，包括淘宝、京东、唯品会及垂直电商的渠道等；第三个就是移动端渠道。

在这三个渠道中，移动端渠道的发展最为迅猛。比如"云集"，由几千个店主很快发展到了45万个店主。还有在微博端零售的公司，包括网红经济，像如涵、张大奕这些微博大V在淘宝落地的零售能力都非常强。这个渠道有一个共同特点，就是变得越来越轻。他们售卖的都是商品信息，而不是传统的方式——先进货，然后售卖。他们不拥有商品，只是向消费者提供商品售卖信息，如果消费者下单，由仓库直接给消费者发货。这种方式呈现的是一种渠道扁平化、去中心化的趋势。

我们设想一下，如果有一种商品分别在天猫、京东、唯品会、亚马逊售卖，四个渠道都要备货的话，商家的库存就是4倍；如果共享库存，库存只要2倍就可以解决问题。在渠道融合一下，仓库的核心价值就变成了渠道的载体，多个渠道共享一个库存，库存周转率会有极大的提升，库存资金的积压会减少。

Part 2 突破闭环，占领新零售的制高点

案例：雀巢的"一盘货"

为了优化商家的库存，天猫和菜鸟提出了"一盘货"思路。这个思路帮助雀巢（世界著名的食品饮料公司）实现了库存共享。"一盘货"是指阿里系线上渠道的货物都在一个盘子里布局，统一调配、按需分配。

以前，商家需要在各个电商渠道进行仓储备货，但经常出现的一个状况是有的地方卖光了货，有的地方却积压过剩，如果商品因为库存周转不良而过期就只能销毁，不少快消企业，比如雀巢等都对此苦不堪言。现在，"一盘货"解决了这个问题。

雀巢在天猫旗舰店、天猫超市、农村淘宝、零售通都有渠道，现在将各渠道整体打通、库存共享，并且货物切入菜鸟在全国的十多个中心仓，由天猫、菜鸟统一调配。

商品都进入菜鸟仓，意味着省去了货物流转的经销商，等于直接砍掉了中间环节，把所有渠道都汇聚到一个指挥中心，在一个盘子里协同管理，效率当然提升。

更重要的是，在统一调配下，数据也开始发挥威力。天猫和菜鸟能够根据销售、库存等数据进行销售预测，哪里的货卖光了、哪里的货囤积多了、哪里近期要做活动可能缺货一目了然。还能根据不同地区消费者的喜好分配货物入仓，尽量避免跨区发货，让消费者"就近"最快拿到最新鲜的商品。

这样一来，雀巢的库存成本大幅下降。现在，雀巢跨区发送的商品比例不到10%，运输成本直接下降了40%，次日达比例更提升到60%，不仅消费者方便了，同时，商家再也不用担心商品过期、物流成本高等问题了。

由此可见，要想建立真正完善的全渠道零售，解决库存问题，就要把握好这样一个方向：通过系统、物流将各地仓库，包括保税区甚至海外仓连接起来，完成库存共享，改变传统门店大量铺陈与囤积商品的现状，引导顾客线下体验，线上购买，实现门店去库存；另一个方向是从消费需求出发，倒推至商品生产，零售企业按需备货，供应链按需生产，真正实现零售去库存。

新零售机遇：任何生意都值得重做一遍

物流整合：走好"最后一公里"

要做好全渠道零售，物流体系必须进行整合，降低物流成本，同时，还要保证"最后一公里"的消费体验。

全渠道模式下的物流整合，实现物流在仓储、配送各环节不同程度的融合打通，其目的都是为了成功构建全渠道零售服务能力，给客户提供随时、随地、随意、方便又快捷的极致购买体验。

全渠道的物流整合经历了三个阶段。

第一个阶段：线上线下物流融合在最后一公里配送

刚开始，仓储跟配送完全孤立，各自负责各自业务，只是在最后一公里上进行融合。

货物配送一般有两种情况。第一种，快递员直接将货物送到消费者手里，由消费者签收。第二种，消费者不方便直接收货，由别人代收，然后在方便的时间自己去取，或者由代收人在合适的时间送货上门。

我们这里所讲述的物流融合主要是第二种情况。比如，天猫与全家便利店、社区服务站的合作，亚马逊与全家便利店的合作等都属于这种融合模式。天猫、亚马逊订单的包裹由快递公司配送到全家便利店或者社区服务站，在"最后一公里"环节，顾客到便利店或者服务站自提包裹，也可以由便利店或者服务站工作人员充当快递员角色，送货上门。还有顺丰和申通、中通、韵达等公司共同打造的丰巢智能快递柜。快递员会把配送的货物放入快递柜中，然后给消费者的手机发送密码，消费者凭借密码打开柜子取货。

第二阶段：线上线下物流融合在配送全程

这是融合的第二阶段，线上线下物流融合由最后一公里向前延伸，即配送环节整体融合，配送车辆共用，线上线下合流排车，但仓储分开。比如京东跟唐久便利店、万家便利店的合作，飞牛网跟喜士多便利店的合作等，主要都是以这种融合模式为主。

这种配送全程融合，配送车辆共用的方式，可以在很大程度上降低配送成本。比如京东跟唐久合作后，使得配送成本降低了三分之一。

第三阶段：线上线下物流的仓储/配送全融合

这是深度融合阶段，线上线下业务的仓储、配送物流全过程融合，在第二阶段的基础上，实现仓库库存共享，甚至可以从采购开始的整体供应链进行融合。比如，约翰-路易斯（John Lewis）是英国最大的百货商店。它在2006年整体规划英国米尔顿·凯恩斯（Milton Keynes）的配送中心时，就将线下百货、超市与线上销售等多渠道的物流统一规划，建设成为6.2万平方米的高度自动化配送中心，以满足线下超市、百货商店、电商等多渠道的订单生产配送，规划数据显示每天能完成17万的线下订单、5万的线上订单生产。这与我们前面讲述的天猫和菜鸟推出的"一盘货"非常相似。

深度融合时，不仅仓库的库存共享，任何有库存的地方（如门店）都能为全渠道共享使用。比如，当线上顾客有需求时，而仓库无库存，此时可利用有库存的销售门店，由门店快速生产订单并配送。又或者，当顾客在门店购物时发现准备购买的商品缺货，则可切换到线上渠道购买或者提交购买需求到就近有库存的门店来快速生产订单并配送。

全渠道物流融合下的多场景配送有两种。

第一种：线上下单

消费者在线上销售渠道提交订单后，后台的订单处理并配送的场景，从出货方、配送方式、门店是否需按客户订单分播、最后一公里配送方式等环节划分，共有9种可能。

（1）仓库出货，快递配送，快递送货上门。

（2）仓库出货，快递配送，门店送货上门。

（3）仓库出货，快递配送，到店自提。

（4）仓库出货，车队配送，门店分播，门店送货上门。

（5）仓库出货，车队配送，门店分播，到店自提。

（6）仓库出货，车队配送，门店不分播，门店送货上门。

（7）仓库出货，车队配送，门店不分播，到店自提。

（8）门店出货，门店送货上门。

（9）门店出货，到店自提。

而从消费者的购物体验来看，线上订单的配送场景只有3种可能，快递送货上门、门店人员送货上门、自己到店自提。

第二种：线下下单

消费者在门店购物，如果是现货，则直接拿走。如果参与预购业务或者当门店商品缺货，需要由仓库参与生产时配送的场景，与线上下单相比，仅仅少了门店出货的2种可能，余下7种可能的配送场景都与线上下单的类似。

当然，上面所讲述的这些场景，都是在全渠道各环节IT系统打通的前提下所进行的物流配送。

案例一：屈臣氏的全渠道打通战略

屈臣氏是中国著名的保健及美容产品零售连锁店，在近几年的发展中，由于电商的冲击，遭遇了巨大的挑战。

面对不利的局面，屈臣氏做出调整，拥抱新零售，实施全渠道打通战略。

屈臣氏在线下构建稳定的供应链和营销体系，截至 2017 年 4 月，中国地区的门店数量突破了 3000 家（如下图），会员数量突破了 6000 万。借助线下的优势，屈臣氏加紧了线下线上的深度融合。

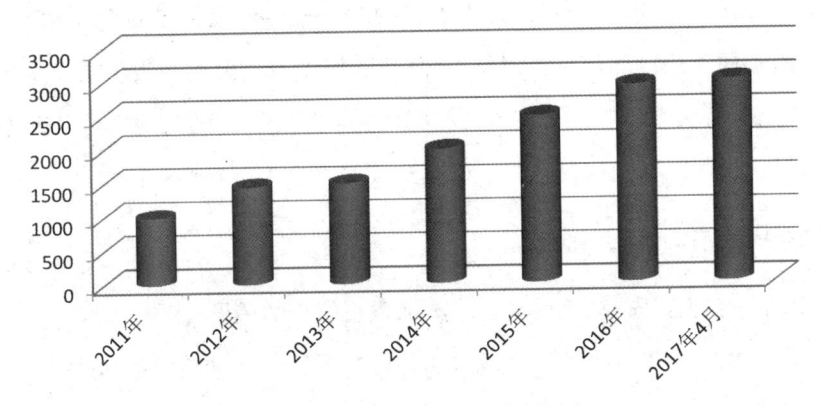

屈臣氏2011—2017年门店增长图

上线 APP"莴笋"

屈臣氏上线的 APP "莴笋"，定位为"年轻人的美妆问答购物平台"。他们希望借助定制化的线上服务来完善现有会员用户体验，同时获得新用户，布局线上线下新零售。

"莴笋"的主要亮点是将美妆视频和线上直播相结合。这使得年轻消费者入店购物时对导购的依赖性逐步降低。他们借助网络上内容丰富的美妆功课，在入店前就已经有了相当明确的购买目标。

"莴笋"在产品中设计了"Ask Me"视频美妆咨询功能。用户可根据自己的皮肤状况、皮肤问题、偏好的妆容风格等选择适合的美妆导师，借助在线问答即时解决美妆疑问。用户在线上答疑后，可以根据美妆导师推荐即时在线选购产品下单，选择门店自提货品或等待合作物流进行配送。

另外，"莴笋"也提供美妆产品的线上售卖，产品由屈臣氏自有品牌和授权

新零售机遇：任何生意都值得重做一遍

品牌构成。"莴笋"设置了"莴笋团""屈臣氏热卖品""品牌专场"等板块，选择以消费对象和妆容类型为主要区分标准来进行产品推荐。这样做，目的是将用户从线上引到线下。

其实，从2015年开始，屈臣氏就已经开始线上布局，先后开通了天猫旗舰店、官网、官方APP"屈臣氏中国"。这次上线的"莴笋"和已经推出的官方APP一样，都可以查询屈臣氏门店信息。但是，"莴笋"似乎走得更远一些。在"莴笋"的"门店优惠"板块内，首先是完整的门店优惠信息展示，随后用户可以浏览到自己位置周边的屈臣氏门店信息，从而达到吸引用户入店购物的目的。

增强线下消费体验

屈臣氏在全力开拓线上的同时，更加重视线下的消费体验。

店内新增了AR试妆功能，顾客可以选择适合自己的妆容，从而提高了顾客参与的积极性。

店内推出专业的皮肤测试功能，顾客通过皮肤测试选择适合自己的护肤品。

店内设立了自助收银台，使顾客付款更加方便快捷，自助购物的体验也更加显著。顾客使用自助收银前需绑定手机会员卡，然后把选购好的商品放在条形码扫描器下扫描，选择微信或者支付宝支付，支付完成后可以进入"屈臣氏服务助手"微信公众号查看收银小票。

同时，屈臣氏还增加了专业的美妆顾问，通过专业的皮肤专家和化妆师团队为顾客提供优质服务。

打通线上线下供应链体系

美妆零售发展至今已经由早期的价格竞争变为供应链竞争，谁掌握供应链优势谁就掌握了行业的优先发展权。屈臣氏的供应链优势很明显，能保证商品百分百是正品。这正是屈臣氏的核心竞争力之一。

通过调整改革，屈臣氏打通了线下与线上的供应链体系，大大提升了效率，降低了成本，同时也增强了消费体验。

通过全渠道打通战略的实施，屈臣氏的竞争力再次提升。

案例二：丝芙兰的全渠道模式

丝芙兰（SEPHORA）是世界著名的化妆品零售商，被称为"全球化妆品零售权威"。在新零售时代来临之时，丝芙兰采取了积极的行动，实行全渠道运营模式。

丝芙兰的全渠道运营模式包括以下几个方面。

重视信息传播与消费者互动

在全球范围内，丝芙兰拥有自己的论坛，在论坛上用户可以交流使用经验和心得，互相推荐产品。丝芙兰依靠庞大的消费群体，更是推出了自己的社交平台 Beauty Board。用户可以在平台上上传自己的照片，并标记出自己使用的产品，产品会直接链接到品牌电商平台上，完成从社区平台到电商平台的对接。

另外，丝芙兰在全球各大社交网站的活跃度也都非常高，并且达到了社交渠道全覆盖的能力，在全球范围内覆盖到 Facebook、Pinterest、Twitter、Instagram、Youtube 和 Google+ 等。在中国市场，丝芙兰的官方微博拥有 100 多万粉丝，微博主要内容涉及产品介绍和促销介绍。在其微信公众号中，有品牌活动、爱美攻略（主要是进行美妆教学）和丝芙兰电商平台，以及 APP 下载的地址链接。

丝芙兰非常注重推广和跨渠道消费的整合，尤其是电商平台和移动电子商务的结合。

新零售机遇：任何生意都值得重做一遍

引进智能设备，强化消费体验

在人工智能和新零售的大潮下，丝芙兰紧跟时代，引进智能设备，吸引用户，为用户提供更佳的消费体验。

丝芙兰在其美国曼哈顿的店铺内使用了一套基于数据分析的壁挂式智能设备。该设备设有Color IQ（色彩分析）、Skincare IQ（肤质分析）以及Fragrance IQ（香味分析）三个维度的数据库。根据界面指导，消费者可以测试出自己的肤色、肤质，以及适合的香水，然后会获得最适合自己的产品推荐。

在选购美妆产品时，消费者咨询最多的就是自己属于何种肤色、肤质，适合哪个品牌的哪个系列，或者是需要出席某个场合选哪款产品合适，或是贴合自己性格的香水有哪几款。该套智能设备的推出相当于将所有美妆产品的导购信息全部集中在一起，消费者可以通过自助的方式来选购商品，而整个选购过程又是极其新鲜有趣的。

另外，丝芙兰还推出了一款增强现实的试妆"魔镜"，可以实时展示化妆品在顾客脸上的3D效果。该技术可捕捉顾客的面部特征，顾客只需点击屏幕上的眼影颜色，摄像头就能通过"视频流"将眼影"涂抹"在顾客眼部的准确位置，顾客转动头部就能从不同角度观察上妆的效果。这不仅完全省却了顾客试妆的麻烦，也帮助商家节省了准备小样和化妆工具的费用。

这些智能设备的使用，极大地提升了用户在店内的互动体验，一方面节省了导购员对一些常规咨询问题解答的时间，让导购员将更多的精力放在一些私人的美妆课堂、护肤课堂的服务上；另一方面也为用户提供了一个充满趣味的购物过程。

线上线下渠道同步

许多商家在运营电商的时候，会将其作为一个区隔化的销售渠道来对待，会针对网购的消费特性来对商品进行一些调整，但丝芙兰并没有这么做。丝芙兰的所有商品信息，以及打折促销活动等，都是线上线下同步，没有所谓的"渠道歧视",会员系统也是打通的。

不管是实体店、电商平台、社交网络(自有社区和网站平台),还是移动APP,丝芙兰的这几个渠道是可以跨越的,其传递的所有信息和内容都是一致的,不管用户通过那个渠道,都将获得全渠道的信息。这就使得丝芙兰的信息传播达到了全覆盖的效果。

延伸购物体验

丝芙兰对其APP的功能进行拆解,除简单的移动购物外,其更多体现在如何完善用户在线下或者线上的购物体验上,延伸了服务。比如,用户在线下购物,可以查询货品的商品信息、库存量、相似推荐等。如果店内没有现货,那么用户也可以在APP上支付,3天后店家会送货上门。如果有的用户很长时间未到店里消费,APP上会有一个类似商品推荐的功能"丝芙兰化妆包",其根据用户信息,为用户推荐产品组合,刺激用户线下购物或者在线消费。

Chapter 6

要知道"爽"才是王道：
把消费体验做到极致

  随着消费升级，顾客不再满足于"能够买到商品"，而是要"更加享受、愉快地买到高性价比的商品，甚至为自己专门定制的商品"。在新零售时代，谁把消费体验做到极致，谁就能成为赢家。

个性化营销：为顾客提供定制服务

新零售的未来走向之一，就是个性化定制。通过线上收集顾客的喜好与设计，挖掘顾客个性化需求，为顾客定制符合他们喜好的产品将成为潮流。

比如服装，据《2017年度中国时尚消费调查报告》显示，近95%的受访者对个性化定制感兴趣，且55%的受访者对服装定制感兴趣。

新零售的倡导者马云表示，过去制造讲究规模化、标准化，未来30年制造讲究的是智慧化、个性化、定制化，如果不从这个着手，任何制造行业一定会被摧毁，原来的B2C制造模式将会彻底走向C2B的模式，也就是定制化的改造，按需定制。

其实，有许多厂商早已经开始尝试为消费者提供个性化的产品定制了。

著名运动品牌Nike，很早就启动了顾客参与设计的服务，并将这服务统称为"NIKEiD"。这项服务有专属的官网，顾客可以在官网里对钟爱的球鞋、服装和运动配件进行个性化设计，通过颜色配色和材质选择，并加入个性化符号，设计出专属于自己的产品。在中国市场，Nike于2008年就推出了NIKEiD，走在了个性化定制的前端。

个性化定制的心理解密

我们可以从马斯洛的需求层次理论中找到个性化定制的依据。马斯洛将人

新零售机遇：任何生意都值得重做一遍

类需求像阶梯一样从低到高分为五个层次，分别是生理需求、安全需求、社交需求、尊重需求和自我实现需求。当人们满足了生理需求、安全需求、社交需求后，必然要追求更高层次的尊重需求和自我实现需求。而现在社会经济发展的阶段，绝大部分人已经满足了需求的前几种，现而对尊重需求很是看重。而就商品和服务而言，个性化定制则能极大地触发用户被尊重的感觉。

个性化定制让消费者可以按自己的喜好展示自己，充分彰显个人品位。在表达情感方面，个性化定制产品的作用更是妙不可言，它已不再是一件单纯意义的商品，而是寄托了人的审美情趣和独特心意的特别之物。

科技发展为个性化定制提供了可能

互联网技术的完善、大数据的应用、智能制造的发展，使个性化定制逐渐成为现实。商家可以通过各种工具收集有身份认证的顾客在线上的消费数据；同时，还可以通过门店的 WiFi 来搜集顾客在参加互动活动、发微博、朋友圈时的行为数据。然后，通过对大数据的分析，商家提炼出用户的兴趣爱好，从而实现精准化营销，为顾客提供个性化定制的产品。

互联网释放了消费者的个性化需求，在改变销售方式的同时，也倒逼生产方式的转型。销售方式的转型，主要是通过有效的大数据分析，做针对性的营销，线上线下双管齐下，将大数据和个性化定制完美融合。生产方式的转型，是在现实情况的迫使下，企业开始直面新的商业思维，尝试改变生产方式，并引发各类渠道商和供应商改变以往模式，逐步向满足消费者的个性化内在需求和综合需求转变。

而所有这些改变，最终受益的是消费者，世界变得更加多元、精彩、个性化。这也正是互联网的魅力所在，科技给生活提供更多便利，个性在社会发展中得到前所未有的重视。

消费群体的变化，催生个性化定制

现在，消费群体的主力军逐渐从 70 后和 80 后向 90 后转变。90 后的思想更为开放和前卫，个性化需求也更为强烈。他们彰显个性，重视购物体验，更多地考虑产品本身带给他们的感受。

为什么越来越多的商品更重视包装视觉效果呢？比如，同样都是饮料，口味并没有太大的差别，印上有趣文案、设计新颖的饮料却更受欢迎，即使它贵一点，更不用说那些花了无数心思针对个人定制的产品了。在新零售时代下，各种新兴的购物环境将日益成熟，并最大限度地刺激和释放消费者个性，相比较而言，那些能彰显用户个性和满足用户心理的产品，其优势将远远大于规模化和标准化产品。

总之，在新零售时代下，个性化定制必定会成为趋势。商家或者个人，如何把握机会，顺势而为，则是现在最值得认真思考的事情。

"五感体验式"营销

消费体验是新零售的核心问题。对消费者而言，如何去体验呢？通常情况下，人们体验一种产品或者服务，会通过视、听、嗅、味、触这"五感"来进行。可以说，仔细看看，摸一下，闻一下，试一下，尝一下，是很多顾客在实体店的必备步骤，这有助于顾客"切身感受"商品。所以，要做好新零售，商家可以采用"五感体验式"营销。

美国著名营销大师马汀·林斯壮（Martin Lindstrom）将"五感体验"带入营销理论，让顾客"感受"到产品，提倡通过具象的色彩、声音、气息、味道、质感来勾勒一幅美好图景，刺激欲望，再发生消费行为。

在这一点上，餐饮企业西贝莜面村就做得非常好。

西贝莜面村做了大量类似的"翻译"工作。每一次上菜前,服务员都会用"口

新零售机遇：任何生意都值得重做一遍

播"的形式向顾客做菜品承诺，这取代了通过菜单文字来表达的惯常形式。虽然，这两种"媒介"传递的信息完全一致，但由于此种通过"说—听"传递信息的方式在这一场景下被应用得较少，因此也更容易让人印象深刻。

另外，还有通过"看"的方式传递信息的"沙漏"。西贝莜面村在顾客点完餐之后，会在餐桌上放置一个"沙漏"，承诺在沙子漏完（25分钟）前上齐菜品。一个小小的沙漏很好地让顾客通过视觉"感知"了一条抽象的服务标准——上菜时间。

西贝莜面村还有一个相当厉害的口碑点——"闭着眼睛点，道道都好吃"。这句口号表明其对消费者日常消费需求的洞察是非常犀利的，所对应的正是餐饮消费者极其"懒惰""怕麻烦""怕选错菜品又不想承担社交责任"的心智特征。对这句口号，西贝莜面村通过可被视觉经验化的场景元素反复在店内输出这一讯息，从而让顾客在最大程度上感知到这种"犯错成本"极低的放心、安心与舒心。

还有如家酒店，在"五感体验"方面做得也是非常棒的。如家酒店是国内商务酒店品牌中规模最大的品牌，在全国300个城市拥有近2000家酒店。通过标准化、简洁、舒适、便捷的酒店住宿服务，如家酒店使大众商务以及休闲旅行宾客获得温馨、便捷的住宿体验。

有一位入住如家酒店的顾客分享了自己的消费体验。

非常幸运的，我获得了一次体验如家精选酒店印象房的机会。

走进如家精选酒店，服务台的小哥十分热情地为我办理了入住手续，让我感受到如家服务员的亲切，小哥不仅为我指引了路线，而且还告诉我一些注意事项。

因为我选的是印象房，小哥还耐心地为我讲解了印象房与普通房间的区别。在酒店的大厅里，还有一个电子屏在滚动播放。通过这些渠道，我了解到，原来印象房并不是单指一个房间，而是五个房间，每个如家精选酒店有五间印象房，每一间都各有特点，它们是按照人体的"五感"分为视觉、听觉、味觉、嗅觉和触觉这五种感觉的房间。

在如家精选酒店大厅的一侧，有一个很大的商务区，不但有电脑可供客人免费使用，还有书籍可以随便阅览，舒适的沙发可供客人们进行商务洽谈，旁边还有一个咖啡机为客人提供免费美味的现磨咖啡。如果入住的客人有需要清洗的衣物，如家精选酒店还提供了洗衣、烘干、熨烫等一系列的免费自助服务，真的非常全面、贴心。

我选择的这间印象房是五感中的味觉房，主要特色是房间内有很多好吃的，还有独特的胶囊咖啡机。一进入房间就能看到咖啡主题的壁纸，还有舒适的灯光环境。

……

既然是味觉房，那么美味自然少不了。首先床头柜上有一瓶红酒，两只红酒杯，还有两颗费列罗巧克力，撒上几片玫瑰花瓣，颇有几分浪漫。写字台上则是一大盘的水果拼盘，有挖成了球形的苹果和蜜瓜，切成了小兔子形状的苹果，还有红枣和圣女果。而在衣柜的旁边，则有一个小小的咖啡吧，摆放着一个胶囊咖啡机、两杯速溶咖啡，还有几袋黑咖啡和绿茶。

胶囊咖啡机和传统的咖啡机不同，不需要那么复杂的操作，我稍看说明书就知道怎么使用。旁边有赠送的两个咖啡胶囊，是一套卡布奇诺咖啡组合套装。

使用胶囊咖啡机，可以轻松地煮好一杯香浓的卡布奇诺咖啡，特别美味。

……

第二天早晨，我到楼下的餐厅吃早餐。印象房的房费是含早餐的，令我没想到的是，如家精选酒店的早餐非常的丰盛，中西结合，有中餐的包子、米饭、粥，也有西餐的面包、牛奶、咖啡、点心。更令人感到舒适的是，餐厅服务员的热情实在是让人受宠若惊，服务好的就差把饭喂到我嘴里了。

经过这一晚的住宿，彻底颠覆了过去如家酒店留给我的"简单、便宜"的印象，如家精选酒店真的是可以为客人带来超五星级般的感受……如果再有机会的话，

新零售机遇：任何生意都值得重做一遍

我一定要体验一下如家精品酒店的另外四间印象房，感受不同的极致体验，感受如家般的温暖。

像如家酒店这样把"五感体验式"营销做得如此彻底的企业还真不是很多。虽然这位客人只是体验了"味觉房"，但由此也能想象得到其他四间客房舒适、贴心、便捷的体验。

"五感体验"让顾客从全方位获得消费的乐趣，深深地吸引了顾客，增加了顾客的黏性和复购的可能性，所以，"五感体验式"营销是做好新零售的有效方法。

体验制胜：日本做到极致的细节服务

在日本，电商很发达，但对线下实体店的冲击并不大。那是因为，日本的线下实体店的消费体验做得非常到位，各种服务细节做到了极致。

在日本，有一家非常有名气的大排档——"钓船茶屋座鱼"。这家店的最大特色是"自己吃鱼自己钓"，在让消费者享受美食的同时，也为消费者提供了独特的垂钓服务。正是由于这一品牌特色，这家店迅速火爆日本，成为消费者聚会的绝佳选择。

"钓船茶屋座鱼"设置了一些非常有趣的环节，不管大人还是小孩都可以体验钓鱼的乐趣，还能吃到美味的鱼料理，有吃又有玩。有趣的场景也使"钓船茶屋座鱼"成了儿童们的垂钓乐园。

对顾客而言，只要三步就可以在享受垂钓的同时，品尝到独特的美味佳肴。

首先，顾客需要租借鱼竿，购买鱼饵。在"钓船茶屋座鱼"，鱼竿可以免费使用，但鱼饵必须花钱购买，100日元~200日元。然后，顾客就可以充分享受

Part 2　突破闭环，占领新零售的制高点

垂钓的乐趣了。不过，不同的鱼有不同的标价，想吃什么鱼，告诉店员，到指定的区域垂钓即可。

如果顾客不会钓鱼，店员就会热情地教你钓鱼技巧。在吃饭的同时顾客还能学到钓鱼技巧，真是乐趣尽在其中。

如果顾客实在钓不到鱼，还可以用捞子捞。如果捞也不行的话，那么顾客也可以花钱买现成的鱼。

钓到鱼之后，顾客可以把鱼递给店员，店员会把鱼拿到厨房让厨师加工。"生鱼片""煮鱼""炸鱼""寿司"这4种吃法可供顾客选择。此外，餐厅以明档的方式公开烹饪的过程，顾客可以观看整个菜品的制作过程。

在钓鱼的过程中，店家还设置了一些小环节，增加乐趣。"钓船茶屋座鱼"店里悬挂着一只大鼓。每当有顾客成功钓到鱼，便会有服务员以最快的速度赶到顾客的身边，用渔网罩住鱼以防其逃脱。同时，服务员会喊："哇！你们好棒，钓到好大的一条鱼喔！"然后，负责击鼓的服务员便会敲响鼓，所有的服务员和店内客人也会一起鼓掌欢呼，让钓到鱼的人感受到成就感。

到"钓船茶屋座鱼"就餐的顾客非常多，常常会出现等位的情况。为此，冬天店家会为等位的顾客提供烤火炉，夏天提供冰饮。

考虑到顾客大多是以家庭为单位的，"钓船茶屋座鱼"会定期开办"小朋友寿司教室"的活动。参加烹饪课堂的小朋友会换上厨师服，跟随餐厅大厨进行寿司制作。小朋友们不仅可以将自己的作品拿给父母品尝，还可以得到《寿司教室毕业证书》。

正是靠这种独特的场景设计，极致的消费体验，"钓船茶屋座鱼"在竞争激烈的餐饮行业脱颖而出，从一家普通的大排档成为日本最火爆的餐厅之一。

日本商家非常重视服务细节，也正是这些细节给足了顾客最佳的消费体验，这是他们制胜的秘诀之一。通常，日本商家会在下面这些地方尽可能地做到最好。

微笑 + 跪式服务

在日本，当顾客抱怨的时候，不管是谁的问题，服务人员都要代表团队道

新零售机遇：任何生意都值得重做一遍

歉。在日本人看来，只要是服务人员能协调到的，都要帮助顾客处理问题。而且，日本从业人员随时保持微笑，从目光接触后的欢迎声，到目送离开的送别声，从耐心的解答咨询到不住地点头聆听，每个环节服务人员都微笑着提供服务。跪式服务在日本是很常见的。

买鞋不用一双一双地试

顾客在大庭广众之下脱鞋试穿，总会觉得有些尴尬，会担心穿的袜子有些旧。

日本商场敏锐地察觉了人们的这种顾虑，专门设置了3D自动脚型测量仪，还细心地放置到人比较少的地方。

顾客通过3D自动脚型测量仪来测量自己的足围、足宽、足长等脚的尺寸，能够更有效地选购到适合自己的好鞋。

便利店收银台下面有洗手台

日本便利店的数量非常多，它的商品种类也在突破空间上所能容纳的上限，尽可能在最小的地方做最多且最方便顾客的事。比如，有些便利店贴心到在收银台下面都有小小的洗手台，解决顾客买了食物想吃，又苦于无处洗手的问题。

对儿童关怀备至

在日本，商家绝对会把对婴儿和孩童的关怀做得最到位。再简朴的小餐馆，哪怕只有三四张桌子，也一定会配备一两张婴儿椅。再简朴的厕所，都会在隔间里装上放婴儿的地方——考虑到妈妈独自带婴儿出来的时候，婴儿会没地方放。在店门口会为带孩子的顾客准备婴儿车和轮椅，下车即可使用，旁边放着消毒纸巾，用于擦拭婴儿车，商场的休息区内还会专门辟出儿童区。

对老年人非常照顾

日本的老龄化很严重，所以日本的商家很重视老年人的消费体验。

比如，京王百货商场70%的顾客是50岁以上的中老年人。基于这一数据，京王百货大胆地整体面向老年人顾客，并进行改造，细致入微地调查了老年顾客的身体特征、性格偏好等，并使商场设计与之相结合。

一般情况下，商场的扶梯基本每分钟移动 30 米，而京王百货考虑到老年人腿脚慢，怕高台阶的特征，特意将扶梯设置得比普通的扶梯缓慢，每分钟只移动 25 米。

用颜色来标示顾客想要的服务

在涉谷 HIKARIE 的一家店里，便当的壳子上贴了四个颜色的贴纸。绿色的贴纸，说明这个便当适合缺乏维生素或矿物质的人，蓝色的贴纸强调这个便当适合营养均衡的人……用彩色贴纸作为区分各种便当营养构成的小工具，是非常方便顾客挑选最适合自己的食物。

张贴顾客的建议和应对措施

日本的很多商场会把顾客的建议毫无隐藏地全部张贴出来，并且下面还会贴出应对措施。这样就会使得消费者非常贴近商家和管理人员，有助于在两者间形成信赖关系。

这些细心而人性化的服务和设施，让顾客充分享受到了购物的消费体验。在如此美好的购物环境下，人们都愿意去消费。

消费体验升级的武器：VR/AR 技术

VR/AR 技术的发展，为消费体验提供了更多的可能。可以说，VR/AR 是新零售现阶段提升消费体验的重要武器。

什么是 VR

VR（Virtual Reality）就是虚拟现实，也称灵境技术或人工环境。VR 是利

新零售机遇：任何生意都值得重做一遍

用电脑模拟产生一个三维空间的虚拟世界，提供使用者关于视觉、听觉、触觉等感官的模拟，让使用者身历其境一般，可以及时、没有限制地观察三度空间内的事物。

什么是 AR

AR（Augmented Reality）就是增强现实，也被称为混合现实。AR 通过电脑技术，将虚拟的信息应用到真实世界，真实的环境和虚拟的物体实时地叠加到同一个画面或空间，同时存在。

使用 VR 技术，可以极大地丰富新零售的场景，其主要应用领域在 BUY+ 购物、汽车试驾、旅游体验等方面。比如，人们未来躺在家里戴上 VR 头显，直接"穿越"到商场、购物街、超市、美食店、体验店等任何场景，选择心仪的商品，眨眨眼动下手指就可以下单，所看即所得，如亲临购物场景一般，省下不少精力、时间。

如果顾客想买一顶帐篷出去露营，使用 VR 可有这样场景。在一个虚拟的草地看到很多帐篷，顾客可以随意挑选颜色和面料质地，也可以拉开拉链，进入其中感受样式和大小。与此同时，顾客可能只是坐在家里的沙发上，但是体验却要比在商场更丰富，更细节化。

作为新零售的领导者，2016 年 3 月 17 日，阿里巴巴宣布成立 VR（虚拟现实）实验室，并首次对外透露集团 VR 战略。

2016 年 11 月 1 日，淘宝 BUY+ 上线，利用 VR 技术，还原购物场景，让用户有机会在家"逛"美国塔吉特公司（Target）、梅西百货（Macy's）、好市多（Costco）、Chemist Warehouse、日本松本清和东京宅等商场。

同样，使用 AR 技术，人们也可以极大地提升新零售的消费体验。

比如，线下店铺的虚拟试衣间、数字化现实交互界面的应用，都可以通过 AR 技术和设备为顾客提供更好的体验和服务，结合物联网，每件商品都将实现互联网化和智能化，顾客可以访问商品，与商品实现互动。

匡威鞋的 AR 应用

匡威开发了一个运动鞋取样器 APP，顾客可以看到在自己家里穿各种鞋子的效果，节省了很多试穿的麻烦和时间。

顾客坐在椅子或沙发上，将智能手机指向自己的脚，运动鞋取样器 APP 会提供一系列不同样式的鞋子，并可以和顾客的脚进行叠加。只需要看看手机屏幕，顾客就可以观看到穿上鞋子的实际效果。

另外，顾客还可以在 APP 中保存虚拟的试穿图片，然后分享给社交平台的朋友，询问朋友对鞋子的相关建议。这样还可以给商家带来良好的口碑传播。

宜家的 AR 应用

知名的家具制造商宜家利用 AR 技术将消费者的家打造成购物中心。家具零售商的一大困扰就是顾客在店里不清楚家具是否和自家匹配。过去，家具零售商要么让顾客测量家中空间的各种尺寸，要么雇佣室内设计师去帮忙决策。

现在，使用 AR 技术，顾客可以在家里购物，观看新家具是否合适，将家具虚拟地搁置在家中任何地方。这个 AR 应用可以呈现出家具的 3D 效果，顾客在手机屏幕上可以看到各种家具摆在家里的样子，还可以在家具周围走动，从不同的角度感受是否合适。这样顾客的购物变得容易和有趣。

总之，VR/AR 技术的使用，突破了时间和空间的限制，真正实现各种新品随意试，各类商品随便挑，这就是未来的理想购物场景。

案例一："超级物种"的逛购体验

"超级物种"是永辉旗下子公司永辉云创一手打造的新零售最新业态。永辉

新零售机遇：任何生意都值得重做一遍

云创成立于2015年6月，隶属于永辉第二集群，主要探索会员电商，负责永辉集团创新业务，助力于新业态孵化发展。2017年1月永辉超市携手今日资本共同增资云创，推出"超级物种"。2017年年底，腾讯重金入股永辉超市，获得了"超级物种"15%的股权。

永辉超市的主营商品很突出，与高鑫、华润万家、沃尔玛、家乐福等国内超市相比，其营业额将近一半是由生鲜提供的。由于其成本控制得比较好，所以，永辉超市在生鲜市场上很有优势。这就为做新零售提供了条件。

2017年初，永辉超市的"超级物种"首店温泉店在福州开业。它将超市与餐饮的融合发挥到了极致，500平方米的空间不仅销售商品，还引进了鲑鱼工坊、波龙工坊、盒牛工坊、麦子工坊、咏悦汇、生活厨房、健康生活有机馆和静候花开花艺馆8个精致美食工坊，而且这些工坊都是永辉超市的自营餐饮品牌。

传统的商超都是"逛买买"，而"超级物种"则是"吃逛买"。"超级物种"在增加餐厅业态后，从购买食材到加工再到直接就餐体验，组合出的一整套关于"吃"的场景消费体验，拉长了消费者的停留时间，增加了消费者黏性，带来更多消费。

"超级物种"温泉店布局简约时尚，整个超市是一幢落地透明玻璃小楼，坐落在一大片草坪上，门口布满了花团锦簇的鲜花，长廊上是简约休闲的座位，环境非常优美惬意。

店内设计也很考究，LED灯照明，大红灯笼点缀，开放式玻璃展架，新鲜安全看得见。现代化的布局，古朴温馨的氛围，打造出自然舒适的购物环境。

各种新技术的应用让"超级物种"更具有新零售的气质，消费体验更佳。

电子标签

"超级物种"店内的商品都采用了电子标签。这种电子标价牌用的是电子墨水，里面的内容可以随时在后台更改，实现了同步促销，减少了传统纸质标签的人力耗费。同时，电子标签的使用便利了仓储管理，和ERP系统结合使用，随时可以查看库存变动。此外，电子标签更为环保，有利于店面形象的提升。

电子叫号器

"超级物种"餐饮门店都使用了电子叫号器。顾客挑选好商品,付款之后,就会拿到一个电子叫号器,食物加工好后,电子叫号器就会发出响声,顾客直接去门店拿取。这就解决了等待食物加工的麻烦,顾客无须耗费时间原地等待,可以选择继续购物。

自助支付

在支付方面,"超级物种"店内既有人工结账窗口,还有自动收银机。特别是自动收银机,极大地缩短了结账时间,减轻了人力成本。自动收银机外观像一个"凸"字,中间是可触摸的显示器,其下方就是扫码区域。显示器两侧是用于放置商品的平台。自动结账的操作很简单,流程也很清楚,让消费者排队等候的时间大幅缩短。在使用自助收银机结账时,消费者只要将每一件商品的条形码对准自助收银机的扫码区,听到"滴"声后,就已经把价格扫入了机器。

每一件商品都重复一样的动作。完成了扫码后,顾客在显示器页面上选择付款方式,然后付款。而且,自动收银机支持永辉卡、银行卡、微信、支付宝等多种支付方式,非常便捷。

案例二:"三只松鼠"的体验营销

"三只松鼠"是一个互联网森林食品品牌,主打森林坚果、花茶、干果等系列产品。"三只松鼠"品牌 2012 年 6 月正式上线,仅仅 65 天,其销售在淘宝天猫坚果行业跃居第一名,花茶行业跃居前十名。同年"双十一"一天就卖出了 3500 多万元,2014 年销售额超过 10 亿元,2015 年销售额 25 亿元。在 2015 年"双

新零售机遇：任何生意都值得重做一遍

十一"活动中，单日全网交易额达到 2.66 亿元，其中，天猫单店 2.51 亿元，刷新了天猫时尚生活类目单天交易额纪录。2016 年营收更是达到了 44.23 亿元（见下图）。其发展速度之快堪称中国电商历史上的奇迹。

"三只松鼠"2014—2016年财务数据

单位：亿元

项目	2016年	2015年	2014年
营业收入	44.23	20.43	9.24
营业成本	30.87	14.93	7.01
净利润	2.37	0.09	-0.13
流动比率	1.5	1.22	1.09
速动比率	0.58	0.36	0.42
资产负债率（母公司）	69.28%	73.14%	79.99%

数据来源：公司招股书

相对于其他品牌，"三只松鼠"的独特之处在于用户体验。它在找准市场痛点的同时，把用户体验做到了极致。

领导层对用户体验有着非常深刻的认知

"三只松鼠"的创始人章燎原表示，互联网让消费形式更加扁平化，大幅提高了消费者的口碑传播效率。因为在互联网上，任何评价都会影响品牌的形象，因此"三只松鼠"把提高消费者满意度当作企业使命。

"三只松鼠"总监徐凯说："只要'主人'觉得不好，那一定是我们的问题，我们来承担责任。"

在"三只松鼠"，客服沟通时，称呼顾客为"主人"。这比淘宝的"亲"更能让消费者体验到尊重感。

"三只松鼠"与顾客的沟通、互动极具特色

在与顾客问候、送别的细节上，"三只松鼠"的客服就很不一样。

其他商家的客服说："您好，欢迎光临！"

"三只松鼠"的客服说："主人，你回来啦！"

其他商家的客服说："谢谢光临！"

"三只松鼠"的客服说："你吃得高兴吗？再买点呗！"

章燎原是"三只松鼠"的第一个客服。在积累了丰富的经验之后，他写了《松鼠服务秘籍》，推出客服十二招，目的是教客服做一只讨人喜欢的松鼠，将顾客与客服的关系演化成主人与宠物的关系。他不仅亲自上阵为顾客服务，而且要求全员参与客服流程，从而保证给予顾客最佳的体验。

在"三只松鼠"，销售指标只是考核的次要指标，而与客户的黏性和沟通才是考核的首要指标。

在包装方面做得非常细致、贴心和人性化

"三只松鼠"定位为现代白领休闲小食品，产品包装以原木色为主调，包装纸上印有的松鼠形象和配套的卖萌小故事保持品牌一贯的"卖萌"作风。

而且，每个包裹会附赠一个松鼠体验包，里面附赠鼠大袋、鼠小袋、鼠小夹、鼠小巾，解决顾客吃零食脏手、垃圾不方便扔、零食一次吃不完等各种问题。各处细节的设计均体现出"三只松鼠"为客户考虑的贴心，在打动顾客的同时让顾客成为产品最好的宣传媒介。

保证产品品质，给予顾客最健康安全的体验

（1）取料原产地。

非原产地不选："三只松鼠"的所有产品都选自全球的原产地农场。

非好营养不选：每种原料的健康、营养性是"三只松鼠"严格把关的重点。

非好口感不选："三只松鼠"相信好口感一定来自优质的原料。

（2）全程最新鲜。

温度就是新鲜："三只松鼠"根据产品属性在出厂前或是 0 度保鲜或 26 度恒温保鲜。

新零售机遇：任何生意都值得重做一遍

检验就是真理:"三只松鼠"坚持三道检验,原料检验,过程品控,出厂检验。

环境就是安全:"三只松鼠"建造超越 QS 标准的工厂现场环境,这些是安全的保证。

优质的服务与体验已成为企业的核心竞争武器,也是与其他同类企业形成差异化的重要手段。"三只松鼠"的成功正是抓住了这一点。

Part 3

了解新零售模式,
找准起飞的风口

新零售机遇:
任何生意都值得重做一遍

在新零售的道路上，万马奔腾，各种模式层出不穷！大家都在积极探索创新，都想在新零售这个风口腾飞起来，不愿被尘沙掩埋。跑在最前面的无疑是马云带领的阿里巴巴，紧随其后的有腾讯、京东、小米等众多"重量级选手"。另外，还有美国的亚马逊，十分强大，是中国新零售业最大的竞争对手。

Chapter 7

阿里新零售：
平台+强强联合模式

阿里巴巴是新零售的标杆。"盒马鲜生""淘咖啡""天猫小店"等都是在一定范围内具有开创性的新模式。在线上，阿里巴巴已经做到了极致，现在依靠强大的电商平台、海量的消费数据、雄厚的资金实力、先进的科学技术，极力开拓线下，促进线上线下融合，进行完整的新零售布局。这为马云的目标"世界第五大经济体"奠定了基础。

新零售机遇：任何生意都值得重做一遍

马云：新零售不是卖东西，而是服务好客户

"我们做企业到今天为止思考，五年以内电商会很好，十年以后呢，纯电商会很艰难，线下零售也会很艰难，所以新零售实际上要把线上线下物流整合一起思考，要考虑的问题，以后的零售不是思考学会怎么卖东西，而是学会怎么去服务好你的客户。其实在美国的传统零售做得不错的，绝大部分都是学会如何去服务好你的客户，而不是学会卖东西。我们在过去的十年以内，传统零售各种各样的促销的想的任何方法，就是怎么卖东西。所以从卖东西走向服务别人是巨大的变革。"

这是马云在 2017 年（深圳）IT 领袖峰会上演讲的一段话。在这里，马云非常明确地提出了新零售应该关注的重点：不要总想着怎么卖东西，而是要学会怎么去服务好你的客户。

确实，在一般人的思维观念里，零售不就是卖东西吗？要做好零售，不就是要千方百计把东西卖出去吗？而马云认为，只要服务好了你的客户，东西自然就卖出去了。

马云是这么说的，也是这么做的。从下面这几件事情，我们就可以看出马云和阿里巴巴对服务的重视。

2014 年 6 月，阿里巴巴成立一个"客户体验事业群"，年底又推出基于极致服务理念的 APASS 会员制度（Alibaba Passport），每位会员都拥有专属客户

经理。其服务规定非常严格，会员可以通过手机淘宝客户端一键召唤客户经理，客户经理必须在30秒内接通（哪怕客户经理正在洗澡或者上厕所），3分钟内迅速回拨，为会员解决所有需求。如果做不到，走人……

还有2016年的月饼事件。

中秋节为员工家人准备月饼是阿里巴巴的传统，每位员工都能分到一盒月饼。2016年的月饼因为造型可爱，受到大家欢迎，不少员工希望多买几盒送给亲朋好友。为此，公司行政决定将为数不多的余量月饼通过内网面向员工以成本价销售，并临时开发了一个内部预定页面。

当时，阿里安全部门的4位程序员和阿里云的一位员工也想抢一盒月饼，就在"秒杀"月饼的活动中利用技术手段，编写脚本代码抢购月饼，结果一下子抢到了133盒月饼。尽管他们没有去领，也没有造成外部不良影响，但最终却被开除。阿里内部通告说，他们将攻防技术应用到了错误的地方。

此事引发了网络上的一阵热议，许多网友认为这只是一个玩笑，不应该上升到道德和制度层面，不应该处罚得这么严重。

对此，阿里巴巴首席人力官蒋芳发了一份内部信予以解释。在信的最后有这么一句话："唯有学会约束自己的欲望，尊重自己的能力，敬畏手中的权力，我们才担得起亿万客户的信任和托付。"

在阿里巴巴的领导层看来，这不是一件小事。这几位员工的行为碰到了公司的红线——不诚信，违反了公司的价值观。为客户服务，最重要的就是诚信。正因如此，才给予他们严厉的处罚。

马云确实很厉害，把公司的价值观很好地灌输给了公司的领导层。这也许就是阿里巴巴能够赢得客户，快速发展的原因之一。

有一位客户在谈到阿里云的客服时这样说：

"Linode的客服回复速度是有目共睹的，现在，阿里云的客服已经很专业了，基本上回复速度非常快，而且7×24小时，即使半夜提交工单，也会有工程师联系你。更何况，我感觉阿里云的客服真是太热情了，经常提交工单之后，他

新零售机遇：任何生意都值得重做一遍

们就会给你打电话，仔细询问你的问题。"

这样的评价，应该是对阿里巴巴能够服务好客户的最大肯定。

收购银泰百货，阿里走出新零售第一步

2017年1月，阿里巴巴宣布以26亿美元的价格收购连锁百货商店运营商银泰百货。收购完成后，阿里巴巴在银泰百货的占股比例达到74%。

银泰百货成立于1998年，是以百货零售业为主营业务的百货零售集团，董事长为沈国军。

阿里巴巴与银泰百货的合作在2013的时候就开始了。当时，菜鸟网络成立，投资1000亿人民币，阿里巴巴是牵头人，也是第一大股东，而第二大股东就是银泰百货。沈国军担任菜鸟网络CEO。

2014年，阿里巴巴向银泰百货注资6.92亿美元，成为银泰百货的第二大股东。此后，银泰百货创始人沈国军不断转让股份，最终使阿里巴巴成为银泰百货的单一最大股东。2015年5月19日，阿里巴巴CEO张勇接替沈国军，出任银泰百货董事会主席。

阿里巴巴与银泰百货联手后，推出了银泰宝、喵货、喵街等一系列线上线下融合的创新产品，实现了支付和会员体系的打通，同时多个淘品牌入驻银泰百货。

阿里巴巴与银泰百货的合作形式主要体现在营销、支付、商品的线上线下打通，以及如扫码购物、AR互动游戏等新兴技术手段的应用上。

2016年1月，阿里巴巴与银泰百货合作的首个项目"银泰百货下沙工厂店"正式开业，意在推行线上线下商品同质同价的模式。银泰百货杭州下沙工厂店

的营业部经理曾表示，银泰百货下沙店开业后的 4 天时间内，商场接纳顾客超过 20 万人。而在近两年的"双十一"活动中，每次都少不了银泰百货的身影。

对于收购银泰百货的作用，张勇在出任银泰百货董事会主席的时候就已经给出了解释："银泰是阿里巴巴进行零售商业线上线下融合创新的平台，在实体经济和数字经济融合时代，如果说阿里巴巴是空军，那么我们需要寻找一个陆军伙伴形成一体化力量，这个陆军伙伴就是银泰。"

在马云新零售的战略布局上，银泰百货处于非常关键的位置。通过收购银泰百货，阿里巴巴能够更好地把握中国由互联网技术和数据驱动的新零售带来的长期发展机遇。

发力线下，入股多家线下企业

为了更好地布局新零售，马云从线上走到线下，积极寻找适合自己的强大盟友。马云选择了苏宁云商（以下简称"苏宁"）、三江购物、百联和高鑫零售，通过入股或并购的形式与其达成合作。

阿里巴巴入股苏宁

苏宁是阿里巴巴线下开拓合作的重要商家。2015 年 8 月 10 日，阿里巴巴与苏宁共同宣布达成全面战略合作。根据协议，阿里巴巴以 283.4 亿元人民币购买苏宁的股份，占增发后总股本的 19.99%，成为苏宁的第二大股东。与此同时，苏宁将以 140 亿元人民币认购不超过 2780 万股的阿里巴巴新发行股份。

在新闻发布会上，马云表示，此次阿里巴巴入股苏宁的谈判只用了 2 个月，过程中自己几乎没插手，完全由年轻的团队在操作。他对阿里巴巴与苏宁的合作期待已久，个人的感觉跟自己的婚礼似的。最后，他说："我相信阿里和苏宁

新零售机遇：任何生意都值得重做一遍

的合作，不仅仅能够帮助苏宁把原来的货卖得更好，也能够让天猫、淘宝、阿里巴巴平台上商家的货卖得更好，让商家有更好的利益，让各种各样的家电、智能产品，供应链上的伙伴共赢，以服务消费者为目的，推动整个生产制造业的转型。"

苏宁董事长张近东表示，这是苏宁第一次把股权给战略投资者，是自己深思熟虑的结果，选择阿里是考虑到线上线下的未来的趋势。他说："阿里和苏宁，一个从线上走向线下，一个从线下走向线上。双方都走到了'互联网+'的十字路口，在这个风云际会的历史关口，要么彼此冲撞，此消彼长；要么彼此融通，相得益彰。我和马总同处江浙一带，长期以来惺惺相惜。在这件事上总共也只见过两次面，但我们可谓心有灵犀，所见略同，所以很快就达成了共识。我们一致认为线上线下融合一定是未来发展的趋势，这不仅是苏宁和阿里的选择，更是用户的选择。"

对于马云和张近东而言，这是对双方都非常有利的战略合作。

首先，通过双方的优势整合，创新O2O运营模式，强大自身，占据先机。对苏宁来说，与阿里巴巴联姻的结果是获得了超过3.5亿的活跃买家；对阿里巴巴来说，除了体系的搭建，农村包围城市战术演化是O2O发展的关键，苏宁门店的资源以及服务均为商户提供丰富的展示和维修服务，这是对阿里短板的补充。双方间的合作发挥了协同效应，对于双方市场份额也有非常强的促进意义，对O2O而言有历史性的意义。

其次，打通线上线下渠道是双方的重头戏，苏宁辐射全国的1600多家线下门店、3000多家售后服务网点、5000个加盟服务商以及下沉到四五线城市的服务站，将与阿里巴巴强大的线上体系实现无缝对接。对于双方的合作，阿里巴巴集团CEO张勇说："苏宁电商能够入驻天猫一定能给天猫的消费者带来一种崭新的不一样的用户体验，另外一方面苏宁建设已久的物流体系向我们阿里平台上的商家开放，我们可以用到苏宁高质量的物流服务。苏宁的门店向我们所有的商户开放以后，能够在数据打通的基础上，在线上线下全渠道的为消费者提供最佳的体验。"

我们可以想象一下：以后消费者可以在线上看电器，看好之后，直接选择在最近的苏宁门店看货，确认之后，由苏宁物流送货到家，到家之后，再用支付宝来支付苏宁的货款，这样一来，阿里系在国内的电商生态构建环节又迈进了一大步。而消费者，也将成为阿里巴巴和苏宁这一行动的受益者。

最后，阿里和苏宁通过全面落实国家"互联网+"战略，打通线上线下全面提升效率，为中国及全球消费者提供更加完善的商业服务。

阿里巴巴入股三江购物

2016年11月18日，三江购物发布公告，披露了阿里巴巴拟向三江购物投资21.5亿元人民币的消息。股份收购完成后，阿里巴巴持有三江购物的股份比例将达到32%。

三江购物是浙江省最大的连锁超市之一。2015年，三江购物位列中国连锁业百强的第84名，年销售额50多亿元。在江浙一带，三江购物很有影响力，165家门店遍布宁波、杭州、金华、台州、丽水、湖州、嘉兴、绍兴，每天有20多万的顾客在三江购物的各连锁商场购物消费。

对三江购物而言，长久集聚的供应链优势和密集的门店网店是线上电商短时间内无法超越的壁垒，也是其最大的优势。

与此同时，三江购物的零售业务在浙江省内广泛布局，门店主要位于重要商圈和住宅小区的便利位置，大部分门店均可以改造为区域社区服务平台。这是阿里巴巴入股三江购物的原因之一。

入股三江购物，是阿里巴巴借助线下商超的优势拓展新的商业版图的开端。

阿里巴巴入股百联股份

2017年2月20日，百联股份宣布与阿里巴巴签署新零售战略合作协议，双方以上海为新零售的出发地，一起探索新零售模式和打造样本。

百联股份是百联集团有限公司旗下的核心企业，主营业务几乎涵盖了零售

新零售机遇：任何生意都值得重做一遍

业现有的各种业务模式，有百货、标准超市、大卖场、便利店、购物中心、品牌折扣店、专业专卖店。旗下还拥有一批知名企业，比如第一八佰伴百货商店、华联超市、联华超市等。截至2016年12月31日，联华超市及其附属公司的总门店数目已经达到3618家，遍布全国19个省份及直辖市。

与其他传统零售业一样，百联股份也受到了电商的巨大冲击，日子很不好过。这就给百联股份与阿里巴巴合作提供了契机。

到了2017年5月，阿里巴巴与百联股份有了实质性的合作。阿里巴巴获得了百联旗下联华超市18%的已发行股份，继百联股份之后，成为联华超市的第二大股东。

阿里巴巴与百联股份的合作，将通过大数据重构新零售智慧门店，提升消费者的消费体验以及商业运作效率，全面贯通线上线下商品、支付、物流、会员等商业生态体系。

这对阿里巴巴来说，如虎添翼，更有利于马云新零售战略的落地。

阿里巴巴入股高鑫零售

2017年11月20日，阿里巴巴、欧尚零售、润泰集团宣布达成新零售战略合作。根据战略协议，阿里巴巴将投入约224亿港币（约28.8亿美元），直接和间接持有高鑫零售36.16%的股份。

高鑫零售有限公司（由欧尚零售、润泰集团合资建立）是一家中国零售公司，在中国以大润发及欧尚作为品牌经营大卖场。高鑫是中国领先的综合大卖场营运商，截至2017年9月30日，拥有454家大卖场，其中大润发376家，欧尚78家。

对阿里巴巴而言，入股高鑫零售，可以借助其门店资源以及20年的线下供应链管理经验来进一步拓展新零售版图，实现线上线下一体化、现代物流及个性化的消费体验，通过全面数字化完成"人、货、场"的重构和升级。

另一方面，也是竞争的需要。新零售行业竞争激烈，这时正处于卡位阶段，谁先占有了市场，谁先大面积实施了新零售场景，谁才能取得先机。阿里巴巴入股高鑫零售没多久,腾讯就重金入股永辉超市。

总而言之,从线上进军线下,利用技术以及数据对线下实体零售业进行改造是一项大工程,阿里巴巴仅靠自己开店过于缓慢,利用入股并购的方式,可以将其线下新零售模式进行快速复制,从而建立起一个"线下天猫"。

阿里新零售的"1号工程"盒马鲜生

盒马鲜生是马云的新零售样本,是阿里巴巴对线下超市完全重构的新零售业态,被称为阿里巴巴新零售的"1号工程"。

盒马鲜生的创建人是原京东物流负责人侯毅。刚开始,盒马鲜生仅仅是一家开在上海的生鲜超市。在得到阿里巴巴的全情介入后(阿里巴巴投资1.5亿美元),侯毅开发了超市配送体系,打出"传统商超+外卖+盒马APP"的组合牌,提出5公里(刚开始是3公里)范围内半小时送达的零售新概念,从此盒马鲜生单店的覆盖半径和售卖效率提升了好几个档次。

盒马鲜生的品质

盒马鲜生和普通超市不同,主要是卖生鲜产品的精品超市。对生鲜产品而言,品质是生命线,顾客最为重视和关注。盒马鲜生的品质特点有四点。

(1)提供当日最新鲜的商品,不卖隔夜蔬菜、肉和牛奶。

(2)采用"生熟联动"和"熟生联动"模式。

(3)菜品全程可溯,食品安全有保障。

(4)可以无条件退款。

盒马鲜生是围绕"吃"这个场景来构建商品品类的,吃的商品品类构成远超其他超市。对盒马鲜生的模式来说,即时加工的餐饮模式和水产供应链就是

新零售机遇：任何生意都值得重做一遍

其护城河。作为阿里巴巴旗下的品牌，盒马鲜生拥有充分成熟的资源，可以依托大数据工具，在全世界范围内根据消费者的消费偏好直接采购，每天都可以从世界各地引进最优质的生鲜产品。

在商品上，盒马鲜生采用的是"高端商品多，普通商品全"的策略。同时，大力倡导"日日鲜"概念，每天提供新鲜的蔬菜、猪肉、牛奶、酸奶等，坚持不卖隔夜菜，不卖隔夜肉，不卖隔夜牛奶，而且还把所有的商品都做成小包装，力图今天买今天吃，一顿饭正好吃完。

如果消费者不想回家做饭，还可以体验盒马鲜生的"生熟联动"和"熟生联动"。前者是指，无论是俄罗斯帝王蟹、波士顿龙虾，还是清水小龙虾、科尔沁牛排，只要消费者选购好之后，都可以让人现场加工，稍做等待就可以享受美食。而且，消费者可以指定加工的方法，比如葱姜炒、蒜蓉粉丝蒸、马苏里拉奶酪焗等。后者是指，如果吃完之后觉得味道不错，还能在店内直接买到制作食物所需要的调料，自己回家加工，而相应的教学视频在盒马 APP 内就有。

盒马鲜生还引入了社交因素，创造了各种各样的场景，让消费者去拍照、去分享、去秀，让他们认为做饭不是家务活，而是玩、交流、共享。这种方式增加了对消费者的黏性，尤其是对年轻人。

食品安全问题是餐饮、生鲜行业的首要考量。消费者对这一点有着近乎严苛的要求，行业内很多企业的问题也都出在这一环节上。

对此，盒马鲜生选择用技术实现安全，采用全程追溯手段，销售的商品，从原材料采购到最终送达用户手中，每一个流通、批发、销售环节都可以完全追溯。

在售后服务方面，盒马鲜生实施无条件退款政策，只要消费者购买后觉得不满意，就可以退货退款，不需要任何举证。

盒马鲜生的布局

以大数据为支撑，实现线上线下一体化，是盒马鲜生的重要特征。也正是如此，它才被看作是新零售的样板。

（1）目标用户定位于80后、90后的年轻消费群体。

（2）以线下体验门店拉动线上销量。

（3）提供门店3公里范围内30分钟送达的配送服务。

盒马鲜生的主要目标用户人群是典型的互联网用户人群，他们喜欢使用移动支付，年龄在25岁到35岁之间，其中已婚女性约占65%。这个群体对商品的新鲜度和品质是第一要求，对服务也是非常注重的，反而对价格不是很敏感。

盒马鲜生的模式比较独特，不是超市，不是便利店，不是餐饮店，更不是菜市场，被业内人士评为"四不像"，但同时又兼具这些业态的特点。从门店组织架构来看，盒马鲜生以线上销售为主，线下销售为辅，可以说绝对不只是一家O2O的企业。

盒马鲜生是以线下体验门店为基础，并将之作为线上平台盒马APP的仓储、分拣及配送中心，通过将线上、线下业务完全一体化，来满足周边3公里范围内的消费者对生鲜食品采购、餐饮以及生活休闲的需求。

也就是说，盒马鲜生通过实体店建立消费者认知与美誉度，再把消费者引流到线上消费，成为黏性用户。毕竟逛超市是低频行为，而依托于3公里配送的网上订单则是高频消费。

>> 盒马鲜生"30分钟配送"流程

3公里配送范围内，10分钟出库，30分钟送达

配送员规划路线　　　　　　　　　　　盒马APP下单
精准送货　　　　　顾客

配送　　　　　　　　　　　　　　　分拣

货物被传送至　　　　　　　　　　按照商品信息
配送区　　　　　传送　　　　　　拣货员打包

新零售机遇：任何生意都值得重做一遍

盒马鲜生提供的商品，在线上和线下保持了同一品质、同一价格。线下重体验，线上重交易，围绕门店 3 公里范围，盒马鲜生构建起了 30 分钟送达的冷链物流配送体系。

简单来讲，就是消费者既可以在门店直接采购商品，也可以在 APP 上下单，盒马鲜生专业配送团队提供最快 30 分钟送达的配送服务，将产品直接免费送到消费者手中。

从长远的角度来看，盒马鲜生的意义不仅是当前可行的零售业态，是阿里巴巴新零售战略的破局点，它还是走向未来零售的起点：低成本快送需要对应匹配的实体业态支持。

"淘咖啡"：涉足无人便利店

无人便利店是新零售的一种业态。由于门店面积小，节省人工、租金成本等原因，无人便利店很受投资者青睐。在国外，有亚马逊推出的 Amazon Go，在国内，有缤果盒子、F5 等形式。对马云来说，当然不会放过这样一个新零售线下布局的机会。

2017 年 7 月 8 日，第二届淘宝造物节在杭州开幕，备受关注的阿里无人便利店"淘咖啡"终于公开亮相。

"淘咖啡"占地达 200 平方米左右，集商品购物、餐饮于一身，可容纳用户达 50 人以上，而且，实际容纳规模可随场地面积的增加而增加。

"淘咖啡"的购物流程

进入过程：顾客打开手机淘宝，扫描二维码便可获得进入无人零售店"淘咖啡"内的资格。然后，用得到的二维码，通过闸机完成身份识别进入商店，手机便可收起并不需要再取出来。

购物过程：在商店内，有咖啡、甜点、玩偶、笔记本等各类生活用品。顾客可以如同在商店购物一样，随意在店内选购商品。

支付过程：选好商品之后，在离店前，走进一道"支付门"，面前会出现一个屏幕，经过身份识别后，在几秒的时间里，程序会自动完成支付，购物完成，顾客就可以拿着物品离开了。

餐饮功能：店内有点餐区。如果顾客想吃饭，可以对服务员提出需要购买的东西，点餐区的电子设备会自动识别人脸完成身份确认，语音识别完成下单。服务员确认购买商品无误后，相应款项会自动从支付宝账户中扣除。

顾客可以进入等待区，在一个电视识别系统上，能看到自己的购买号码和需要等待的时间。

从"淘咖啡"的全部流程来看，购物非常便捷，顾客不需要排队等待结账。购物的过程中，顾客还可以进行餐饮，体验非常棒。

无人便利店是零售模式的一种创新，目前无论是技术还是服务，都处于探索发展阶段，仍然需要不断改进。在阿里巴巴、亚马逊等企业的推动下，无人便利店还是很有前景的。

专心服务社区的"天猫小店"

2017年8月28日，首家"天猫小店"落地杭州。这是阿里巴巴继无人便利店、盒马鲜生之后，又一个新零售大动作。

阿里巴巴的战略意图，是通过为600万家小卖部提供技术支持，帮助这些落后的小卖部全面转型，让他们也能拥抱大数据科技时代，从而实现零售渠道

新零售机遇：任何生意都值得重做一遍

的全覆盖。而且，一年内阿里巴巴要在全国开 10000 家"天猫小店"！

阿里巴巴推出"天猫小店"的背景是竞争对手都把触角伸向了小卖部、夫妻店等传统便利店，比如已经出现的京东便利店、嗖嗖快店等。

传统小店虽然单店规模小，但全国数量众多，距离消费者非常近，是深入社区和基层之中，最后一公里服务的落脚点，市场规模在千亿级别。所以，阿里巴巴、京东等巨头都想分一杯羹。

"天猫小店"的官方宣传是，"通过授权天猫品牌、门店个性改造、丰富商品结构、专业增值服务、智能门店管理等，全面赋能小店。"但是，要签约"天猫小店"，必须承诺两点。

第一，签约"天猫小店"后，每月在零售通平台实物采购金额需超过 1 万元，缴纳 1 万元保证金。

第二，自行承担店招等店铺改造费用，并在门店首选位置提供一组专属货架，用于"天猫小店"指定商品经营。

这两点非常关键。一般情况下，对一些小店来说，1 万元就差不多是全月的进货金额了。这就等于阿里巴巴控制了这些小店的货源。如此一来，那些小批发商的日子就很艰难了，而同时，小店也要完全依附阿里巴巴。

另外，一个门店，就是一个品牌宣传、零距离接触客户的渠道。对一个单店来说，意义不大，但如果数量众多，覆盖面就非常广，这就非常有价值。当"天猫小店"遍地开花之后，阿里巴巴就完全占有了市场。

可以说，马云采用品牌授权的方式，以更低的成本快速地扩充线下门店。

"天猫小店"的申请条件如下所述。

经营资质：持有营业执照和经营类目所需的相关经营许可证（食品、烟酒和卫生许可证等）。

店铺要求：自带面积 50 平方米以上小店，门店自有产权或剩余租赁期限一年以上。

正品保证：承诺店内所有商品无假货。如有违反，愿意承担因此造成的一切后果。

系统接入：同意使用并接入智能门店管理系统。

超级会员：加入零售通超级会员，获得"天猫小店"报名资格。

阿里巴巴给"天猫小店"制订了A、B、C三个改造升级套餐。

A套餐：全店装修，每平方米成本约800元，装修范围包括店招与袖招、收银区、天猫货架、休闲区、天花板和地板翻新等全店装修。

B套餐：局部重点改造，挂牌和收银区，预计投入2万~4万元，装修范围包括店招与袖招、收银区。

C套餐：天猫店招挂牌，预计投入8千~2万元（依招牌材质而定）。装修范围是店招与袖招。

阿里巴巴会为签约的"天猫小店"提供技术支持，会根据每个店铺辐射的顾客构成，结合淘系数据计算，给店主提供品类建议。比如，如果"天猫小店"周围的邻居有100条狗，阿里巴巴会推荐小店卖狗粮。如果"天猫小店"附近的邻居有100个婴儿，阿里巴巴会推荐小店卖尿片。如果"天猫小店"附近的老年人比较多，阿里巴巴会推荐售卖老人用品。

Chapter 8

腾讯新零售：
微信+小程序模式

　　由于手握"微信"，腾讯的新零售拥有先天优势。微信小程序、WeStore实体店都是腾讯在新零售领域的重磅出击。其实，腾讯更多的是通过入股不控股的方式布局新零售，而且投资的数量和范围非常广，足以媲美阿里巴巴。

马化腾的超级武器"微信"

做新零售,马化腾与马云相比,最大的优势就是拥有微信。可以说,微信是马化腾的超级武器。

微信从擅长的社交平台起步,经过几年时间的用户沉淀,截至 2017 年 6 月 30 日,其月活跃用户(包括 WeChat)达 9.63 亿。这为腾讯的新零售战略布局奠定了重要的根基。

可以说,腾讯手中最得意的就是微信这张牌了,对比阿里巴巴的支付宝,其用户在数量、活跃度上要更高,结合其产品的社交特性,基于线下的场景化电商模式框架就顺势搭建起来了。这是腾讯迈出的第一步,也是其区别于阿里最具优势的地方。

拼用户量,微信无敌,9 亿多用户,这是社交的基因优势。据调查,典型人群微信使用时长达到 12 小时以上;微信的使用人群已经由年轻人发展到全覆盖,许多 50 后甚至 40 后、30 后也已在使用微信;使用功能由简单社交、聊天,发展为商务、培训、社群等更多功能;微信公众号,已经成为大众掌握更多价值信息的主要渠道;基于微信社群,建立起的新的社会关系,逐步成为一种新的主流社会关系;每天起床后的第一件事,打开手机看微信,已成为许多人的基本生活习惯。

微信的天然优势,注定能在零售业中发挥巨大的作用。这主要分四大板块,

新零售机遇：任何生意都值得重做一遍

朋友圈、微信群、公众号以及微商。

朋友圈

朋友圈是建立信任以及信息沟通的一个桥梁。零售企业可以积极鼓励所有人员发展自己的朋友圈，特别是门店人员，要积极与顾客交朋友，发展朋友圈。要知道，在新的环境下，朋友圈可能发展成为企业、门店的新商圈。

零售从业者玩朋友圈，可先从体现个人价值方面入手，使人感觉你是一个有价值的朋友，愿意看你的信息，没有价值、强制式的广告推广，必遭屏蔽。

价值内容可以根据自己的主要朋友圈对象，做好选择。核心的是要让你的朋友，感觉你是一个有品位的人，有价值的人。

在朋友圈里面发送广告要讲策略：（1）要在合适的时间，发合适的内容，不能胡乱发；（2）一天最多发六七条，不能毫无节制；（3）内容要有多样性，为别人贡献价值，不能只是推销。

要知道，毕竟朋友圈是个社交圈，不是电视台，大家没有义务天天看你发的广告，天天发广告，必将令人生厌。

微信群

从零售业的角度来说，微信群具有很大的商业价值。特别对一些小业态门店，非常重要。一个便利店来客数每天300人左右，如果把顾客变群友，会进一步加深关系，如果能够建几个群，运作好几个群，无形中会成倍增加目标顾客。

由于微信使用范围很广，几乎人人都有，微信群建立起来相对不是很难。但是，要运作好一个微信群，非常不容易。

运作好一个微信群的核心有两点：一是价值，二是活跃度。零售企业运作微信群，要充分做好这两点。要根据群的性质，确定好群的价值。价值取向是凝聚群友的核心，是做哪一方面的传播，是传播生活、价值，还是信息交流，是经常做一点培训，还是经常发一点价值资料，可以有很多价值、手段、形式选择。群必须要有活跃度，没有活跃度，不能保持活跃度，群成员将会很快变成"僵尸"。

群成员不宜太多,如果人数太多、太活跃会给成员生活造成影响,适得其反。

公众号

在移动互联网时代,有价值的微信公众号,已经成为社会大众获取社会信息、接受新知识的重要渠道。

对零售业而言,公众号的价值体现在商品推广、新销售渠道、加深顾客关系等方面。零售企业要高度重视微信公众号,不仅要有企业的微信公众号,每一个门店也要有自己的微信公众号。

微信公众号运作的核心也是价值和活跃度。只有有价值,顾客才会关注和订阅,如果没有价值,没有人会保留。同时,微信公众号要保持活跃度,要进行持续的互动。通常而言,运作好的公众号最少每天更新一次。

对于微信公众号,零售企业、门店要有专人管理运营。这对做好营销推广、促销推广、新品推广,增加新的销售渠道,增强顾客黏性,进而提升盈利具有非常重要的意义。

微商

微商的模式有两种,一种是代理模式,一种是自营模式。做零售可以结合自己的实际情况,选择合适的模式。可以积极鼓励员工尝试微商,结合自己的采购资源优势,整合畅销大单品,给予员工足够的利润空间,鼓励员工发展微商销售。这既可以扩大销售,又可以增加员工的收入。

微信的这些重要功能,对新零售企业的发展具有非常重要的商业价值。当然,因为拥有优质的资源,这必然会使腾讯的新零售战略实施起来相对轻松了很多。

新零售机遇：任何生意都值得重做一遍

腾讯通过投资的方式布局新零售

腾讯被外国媒体称为"亚洲新兴技术领域最活跃的企业投资者"。确实，腾讯在资本市场上频频出手，投资了许多企业。在零售业，腾讯与阿里巴巴不同，大多是通过入股但不控股的方式参与的。

刚开始，腾讯做了许多电商项目，比如拍拍、易迅、好乐买、五百城3C电器网、QQ网购等，还有O2O项目高朋、F团、QQ团等，但绝大多数不成功。

好在腾讯失败后，总能第一时间反应过来，并投下巨资入股参与相应的顶级项目，比如，重金参股京东，并把易迅并入京东；在团购失败后入股大众点评，并最终成为新美大不可或缺的合作伙伴。

通过不断地入股投资，腾讯逐渐在新零售领域完成了布局。

综合电商：京东、美丽说、楚楚街、买卖宝、华南城、企鹅优品、Shopee（东南亚）、Flipkart（印度）。

垂直电商：每日优鲜、鹅漫U品、美克国际、最美花开、roseonly诺誓、珂兰钻石、好乐买、易鑫集团。

线下实体：永辉超市。

团购：美团、拼多多。

二手电商：转转、回收宝。

定制服务：锦尚志蓝盒子。

分类信息：58同城。

外卖订餐：美团、饿了么。

腾讯自己开发或经营的项目：小程序、We Store。

可以看出，虽然腾讯旗下的新零售布局大部分都是不控股的，但从布局的广度而言，只有阿里能与之相媲美。这真是不看不知道，一看吓一跳。原来腾讯已经不声不响地在新零售领域进行了充分的布局。

腾讯在新零售的布局当中，京东处于最为重要的位置。对腾讯而言，战略入股京东是一个很艰难的决定，毕竟从 2006 年腾讯就开始做自营电商，如果投资京东，则意味着承认自己在电商领域的失败。

但当时腾讯已经没有更好的选择了。自有电商业务一直在拖累业绩，QQ 网购和 C2C 拍拍业务，每年要亏掉几千万甚至上亿；易迅亏损数额更大，从 2011 年起，每年都要亏几个亿，2013 年前 9 个月就亏损 4.37 亿元。

极度重视现金流的腾讯终于难以忍受了，而且，再坚持下去也没有意义。于是，腾讯下定决心入股京东。

2014 年 3 月，腾讯收购了 351,678,637 股京东普通股，占京东上市前在外流通普通股的 15%，成为其一个重要股东。

在交易中，腾讯和京东进行资产整合，腾讯支付 2.14 亿美元，并将 QQ 网购、拍拍的电商和物流部门并入了京东。

在后来的发展中，腾讯不断增持，最终超过刘强东成为京东的第一大股东，占股比例达到 21.25%。不过，京东的控制权还牢牢地被刘强东抓在手里。这与京东的股权结构有很大的关系。

京东的股票分为 A、B 两类，公司向外部投资人公开发行的是 A 类股，每股只有 1 票的投票权；与此同时，管理层手上拥有内部的 B 类股，每股却能投 10 票。如果公司被出售，这两类股票将享有同等的派息和出售所得分配权。B 类股不公开交易，但可以按照 1∶1 的比例转换成 A 类股。这种股权结构可以让管理层放心大胆地出击，不用担心会被辞退或面临敌意收购。因此，持有约三分之一 B 类股的创办人（以及重要的内部人士），就算失去多数股权，也能继续掌控公司的命运。所以，虽然刘强东拥有的股票不是最多的，但他却拥有京东 80% 的投票权。

入股京东之后，腾讯彻底放弃了亏损的电商自营业务。这个合作让腾讯从不擅长的电商领域里抽身，有更多的精力从事更多赚钱的业务。

总之，腾讯通过入股京东、美团等众多企业，实现了其在新零售的布局。而且，由于微信的存在，腾讯新零售的未来更具想象力。

走在新零售路上的腾讯小程序

2017 年 1 月 9 日，腾讯推出的微信小程序（简称小程序）正式上线。小程序是一种不需要下载安装即可使用的应用，它实现了应用"触手可及"的梦想，用户扫一扫或搜一下即可打开应用。

"微信之父"张小龙对小程序的特点进行了总结。

无须安装

小程序的第一个特性就是免去了下载的过程，可以直接使用它，所以无须安装是小程序最基础的一个特性。

触手可及

当我们拿着智能手机接触周边的时候，我们可以通过手机直接获得周边的信息，我们获得的方式可能没有未来的眼镜时代那么智能，但是我们可以通过手机对周边一些基本的传感器，比如说它的扫描能力去和周边产生互动。

用完即走

比如到一个餐馆，我们可能想排队或者点菜，我们并不需要下载这个餐馆的应用程序，只需要在餐馆扫一下它的二维码，然后就启动了这个餐馆的小程序，可以立即在小程序里排队或者点餐。吃完饭后，我们并不需要卸载这个应用程序，当它不存在就可以，是一种真正用完即走的状态。

无须卸载

我们访问过它的服务，并不需要卸载，这里还有一个程序管理器去管理它，我们不需要卸载的过程。

通过这四个特点大家能看到，虽然小程序看起来是程序，但是它以完全不同于过去 APP 的形式出现，具有更灵活的应用组织形态。

小程序的商业应用处在不断开发完善之中。从 2017 年 3 月底开始，小程序功能开发的节奏明显加快了，两个多月的时间内就启动了 20 多项新功能。

比如，4 月 14 日，小程序开放了二维码识别功能，紧跟着"小程序码"开放，用户可直接扫码进入；4 月 20 日，公众号允许关联不同主题的小程序；22 日，公众号群发文章开始支持添加小程序。

在这些功能中，"附近的小程序"最受重视。利用这个功能，用户可以在这一选项里找到附近拥有小程序的商家，并享受相应服务。

2017 年 3 月，在"两会"媒体沟通会上，马化腾就曾谈到，希望未来微信公众号和小程序，更多用于线下实体场景；对于小程序，腾讯不希望其成为流量风口，而更关注线下实体的具体运用。马化腾认为："小程序在一些应用场景是可以极大地降低用户流失率的。"

而"附近的小程序"功能的开放无疑意味着其在连接线下场景方面的真正发力。看一下小程序不断延伸的能力边界，公众号的连接、扫一扫的上线、支付的打通、附近小程序的推出、转发功能的支持……无一不在为线下零售场景的拓展做铺垫。

新零售的形式是把线上与线下交融而且数据互通，合作物流完结交易。小程序的意图就是这个，打通线下场景，门店与门店彼此相关，进而构成微信产业链。

很显然，依仗微信9亿多的月活跃用户，小程序的功能羽翼正在逐步展开，腾讯新零售的版图又完善了一步。

腾讯的实体店"WeStore"

随着线上零售遇到瓶颈，布局线下实体店成为一种风潮。阿里巴巴的"盒马鲜生""淘咖啡""天猫小店"都是这种风潮的产物。而作为ABT三巨头之一的腾讯，也不甘落后，推出了自己的实体店。

2017年8月28日，腾讯的微信实体店WeStore在广州TIT创意园（腾讯微信总部）开业了。它不仅是微信品牌的代言人，还是小程序官方线下购物的体验店。

WeStore只售卖微信官方周边产品，开业仅几个小时，大部分商品就售罄了。

WeStore走的是极简风，文艺气息十足。商店强调购物体验，通过展示厅、周边商店和咖啡厅，带领顾客一边了解微信的发展历史和现状，一边体验购物。

在店里面，各种商品充满了微信的元素。比如，各种熟悉的大黄脸的微信表情冰箱贴、红包抱枕、红包环保袋、微信钥匙挂件等。

WeStore全程通过小程序能力实现线下选购、付款和提货。微信的便捷与广泛使用吸引了各个年龄阶段的用户，所以它的周边产品也覆盖了几乎全年龄层的人群，群众基础广泛，加上庞大的流量资源，腾讯顺势推出WeStore体验店，其发展潜力不可小觑。

其实，腾讯涉足线下实体店WeStore，重点并不在于这家店本身，更大的意图显然是为了展示小程序在新零售大潮中的使用场景。

"京腾无界零售"解决方案

2017年10月17日,京东与腾讯联合宣布推出赋能品牌商的"京腾无界零售"解决方案。

这个解决方案的最大亮点,就是基于消费者在京东上的交易习惯、腾讯对用户社交行为特征的深度洞察和品牌商的线下购物数据,为消费者定制高水平的营销活动与服务。通俗地说,就是把腾讯和京东的优势结合在一起,帮助品牌商为用户提供优质的产品和服务。

"京腾无界零售"解决方案主要包括以下内容。

(1)购物场景下,首次全面整合线上购物、线下购物、媒体社交大数据。

(2)由腾讯、京东和第三方软件开发商共同组成服务生态,为品牌方设计专属的营销活动并实现线上线下一站式营销推广服务。

(3)将品牌方、京东和腾讯给消费者的权益完美整合。

(4)开放品牌智能移动化广告投放能力,品牌商可以精准地在腾讯和京东的场景中触达潜在消费群体。

(5)实现"微信小程序+京东零售"科技模块化能力输出,不断优化去中心化的移动互联网商业体验,实现品牌方、京东和腾讯的深度融合,打造了一个权益实时互通、全场景促销、全平台交易的完整闭环。

"京腾无界零售"解决方案推出的意义在于,解决了销售过程中最重要的三个痛点。

传统的商业价值链,也就是从品牌商到用户的渠道搭建有三条途径,前两

新零售机遇：任何生意都值得重做一遍

条由内容商和零售商搭建，后一条是品牌商偶尔借助公众号等新媒体搭建。

然而，这三条途径几乎各有弊端：内容商通道走不了物流，内容无法直接转化为销售；渠道商通道的信息流又是有去无回，仅有的能够反馈回到品牌商的终端销售数据也存在失真；至于品牌商自建的新媒体通道，既无客流又没物流，势单力薄。

从品牌商到渠道商、内容商，再到用户，各个环节和渠道之间都存在着利益的零和博弈，而作为数字经济时代的核心资源同样无法共享，每个环节都成为一个个的数据"孤岛"。这就使得众商家非常难受，从而形成了三大痛点，即数据无法融合、场景无法贯通、交易无法同步。

针对这三个痛点，腾讯和京东提出了解决办法。

针对数据无法融合，它们借助自身优势，全面整合线上购物、线下购物、媒体社交大数据。

针对场景无法贯通，它们提出了"微信小程序 + 京东零售"的科技融合线上线下交易场景。

针对交易无法同步，它们将品牌方、京东和腾讯给消费者的权益进行互通，品牌商还可以精准地在腾讯和京东以及线下的场景中触达潜在消费群体，提升转化，降低成本。

对腾讯而言，联合京东推出"京腾无界零售"解决方案，更有利于实现其新零售的战略意图。

Chapter 9

京东新零售：
"物流+抱团取暖"模式

京东是新零售领域的重量级选手，而自建物流系统是其核心竞争力。京东先后推出了"京东帮""京选空间""京东之家"，以及"百万便利店"计划等新零售项目。同时，通过与腾讯、沃尔玛等巨头的合作，京东获得了强有力的战略支撑。

新零售机遇：任何生意都值得重做一遍

刘强东的"第四次零售革命"

面对纷繁变化的零售大潮，阿里巴巴的马云提出了"新零售"，而京东的刘强东则认为，零售不存在新与旧，只是发生了"第四次零售革命"。

刘强东认为，"下一个10年到20年，在大数据和人工智能技术的驱动下，零售业将迎来继百货商店、连锁商店和超级市场之后的第四次零售革命。"而且，零售的本质从来没有变，一直是成本、效率和体验。

第一次零售革命：百货商店

世界上第一家百货商店在1852年出现，打破了"前店后厂"的小作坊运作模式。百货商店带来两方面的变化，一是在生产端支持大批量生产，二是降低了商品的价格。在消费端，百货商店像博物馆一样陈列商品，减少顾客的奔波，使购物成为一种娱乐和享受。由于兼顾了成本和体验，百货商店成为一种经典的零售业态，一直延续到今天。

第二次零售革命：连锁商店

1859年后开始走向高潮的连锁商店也是一种经典业态。连锁商店建立了统一化管理和规模化运作的体系，提高了门店运营的效率，降低了成本。同时，连锁商店分布范围更广，选址贴近居民社区，使购物变得非常便捷。

第三次零售革命：超级市场

超级市场大约在 1930 年开始发展成形。超级市场开创了开架销售、自我服务的模式，创造了一种全新体验。此外，超级市场还引入了现代化 IT 系统（收银系统、订货系统、核算系统等），进一步提高了商品的流通速度和周转效率。

第四次零售革命的序幕

20 世纪 90 年代左右，电子商务开始普及。由于不受物理空间限制，商品的选择范围急剧扩大，使消费者拥有更多的选择。电商颠覆了传统多级分销体系，降低了分销成本，使商品价格进一步下降。

可以看到，从百货商店、连锁商店、超级市场，再到电子商务，零售历史的发展一直围绕着"成本、效率、体验"在做文章。每一次新业态的出现，都至少在某一方面有所创新。而经得起时间考验的业态往往能够同时满足成本、效率和体验升级的要求。

既然零售的本质没有变，那么，到底是什么变了呢？

刘强东认为，是零售的基础设施一直在升级换代，不断改变"成本、效率、体验"的价值创造与价值获取方式。

"第四次零售革命"的基础设施升级有两个驱动力，一个是技术，另一个是消费。

在技术方面，物联网、智能化等技术的变革将呈现出"3I"的趋势。感知（Instrumented），对场景的感知能力越来越强，而且场景能够数据化；互联（Interconnected），打通不同场景的数据，而且可以最大限度地实现数据共享；智能（Intelligent），智能化水平不断提升，销售预测更精准，库存计划更符合需求等。

在消费方面，将呈现出"3P"的趋势。需求个性化（Personalized），从关注性价比、产品功能到美学设计、价值标签；场景多元化（Pluralistic），购物场景变得即时化、碎片化；价值参与化（Participative），从被动接受到主动影响和

新零售机遇：任何生意都值得重做一遍

创造。

在这些技术和消费者变革的驱动下，零售的关键词将变成"无界"和"精准"，零售核心将变成"以客户为中心"和"人人市场"。在零售基础设施的变革上，呈现出了"3S"的趋势。可塑化（Scalable），需要有很强的适配能力；智能化（Smart），需要依托数据，输出智能化的解决方案；协同化（Synergetic），信息、商品和资金提供的组合可以互相强化、形成合力。

刘强东所说的"第四次零售革命"其实就是3I+3P=3S。他认为，在即将到来的第四次零售革命中，智能技术会驱动整个零售系统的资金、商品和信息流动不断优化，在供应端提高效率、降低成本，在需求端实现"比你懂你""随处随想""所见即得"的体验升级。未来零售基础设施会变得极其可塑化、智能化、协同化。而且，京东将是第四次零售革命的真正实践者。2017年"双十一"，京东的交易额达到了惊人的1271亿元。这给刘强东"第四次零售革命"的论述提供了有力的支撑。

自建物流是京东的核心武器

在京东的发展过程中，自建物流是刘强东的一步妙棋。正是因为拥有强大的物流配送体系，京东才有了向阿里巴巴叫板的底气，才有了更多的在新零售大潮中弄潮的资本。

2007年的时候，刘强东就有了自建物流的想法，并在北京开展小范围的试点工作。他认为，公司要大规模发展，必须要有坚实的物流体系和信息系统来支撑。

2008年11月，京东订单超过了生产能力，库房面积不够，发生了历史上最严重的一次爆仓，从而不得不在网站发出公告，劝阻京东的用户到别处去消费。因为，如果用户继续在京东商城下订单的话，会因为严重延误的送货时间而造成极大的口碑损失，这一损失远比因关闭下订单功能而暂时损失的销售额大得多。

这件事更加坚定了刘强东自建物流的决心。于是，他在董事会上提出了自建物流的战略规划。当时，投资人并没有给出否定意见，只是要求他先做出预算方案。刘强东做出了预算，需要花10亿美元。投资人看到这个数字，觉得这个方案不可行，投资过大，周期过长，京东很难承受得住。

但是，刘强东顶住了巨大的压力，坚持要做。投资人虽然没有彻底想通，但也没有特别激烈地反对。在当时，刘强东的决策到底对不对，还没有答案。但他们相信，凭借着刘强东敏锐的商业嗅觉，应该没有什么大问题。

2008年5月，京东北京配送部开设了5个站点，每个站点负责的配送面积非常大，例如亚运村站覆盖了北京北部大面积地区，南到北二环，北到天通苑，西到八达岭高速，东到望京，亚运村的5名配送员负责约100平方公里的地区，每天送货三四百单。2009年上半年，亚运村站分为3个站点，在天通苑和望京另设站点，公司也加快了设配送站的速度，到2010年，京东自有配送已经覆盖北京五环内。

2009年3月5日，京东投资2000万元人民币在上海成立上海圆迈快递公司。其实，在2009年春节放假前，刘强东就已经给所有员工下达了紧急任务，要求每个员工推荐家乡的亲朋好友在春节后来公司上班，当时他计划在2009年招聘1200多人，所以，还给每位高管下了一个指标，每位高管推荐10个人。

自建物流配送队伍，虽然提高了成本，但刘强东认为，这对迅速扩大规模、提高用户体验等都非常有利。而且，如果投递包裹单超过一定数量，反而是节省了成本。他曾算过一笔账，2000单是衡量京东是否在一个城市自建物流的平衡点。如果没到2000单，成本就远远高于外包第三方公司。超过5000单时，京东商城的成本就比外包第三方公司低20%。比如在北京，当时京东每单的物流成本只略高于5元，而外包则至少8元。

新零售机遇：任何生意都值得重做一遍

为了提高物流配送效率，刘强东除了大量招聘快递人员外，还大量地升级物流设备。比如增加 GPS 功能，为仓库配置 RF 条码扫描器，为快递员配备移动 POS 机等。消费者使用 POS 机刷卡消费之后，系统就能自动接收完成支付的信息，与此同时，也可以观测到物流人员的移动过程，还能更为准确地估算配送时间。

在京东的物流体系中，仓储和配送同样重要。所以，刘强东在解决"送"的问题的同时，也大力解决"存"的问题。刘强东采用的是"分布式仓储"模式。这种模式的前期投入非常巨大，但真正解决了"让商品离买家最近"的痛点。于是，京东投入巨资，在全国建立了大量的仓储中心。当时，这种模式风险极大，很少有电商敢于尝试。

刘强东赌的就是只要商品存储得离买家足够近，什么时效、服务等问题统统都会自然而然地迎刃而解，买家的购物体验就一定会比淘宝好。然后，再辅之以京东的价格优势，消费者没有理由不趋之若鹜。而一旦形成买家购物体验的良性循环，销售量上去了，前期巨额投入的风险便会迅速降低。结果，刘强东成功了。

也正是因为基于全国大范围之内的分布式仓储，有了"商品离买家最近"这一物质基础，京东后来才有了推出"211 限时达"的可能，有了喊出"一日四送、极速达"的底气，从而吸引了更多的买家。

自建物流体系，增强了京东的核心竞争力，也为京东的快速发展，以及后来的"第四次零售革命"打下了坚实的基础。

Part 3　了解新零售模式，找准起飞的风口

开设县级服务中心和"京东帮"

京东农村电商的核心有两部分，一个是县级服务中心，另一个是京东帮服务店（简称"京东帮"）。可以说，这是京东由线上向线下拓展的一种尝试。

县级服务中心

京东的县级服务中心采用公司自营的模式，房源租赁、房屋装修、家具采买、办公设备和中心人员都由公司负责。一般选址在县级城市的繁华地段，面积约在 150 平方米左右。

县级服务中心的主要功能是承担代客下单、招募乡村推广员、培训乡村推广员和营销推广等。

县级服务中心的负责人为乡村主管。乡村主管可以根据业务量自行分工，要对其负责区县的业绩负责。乡村主管要对当地乡村推广员进行培训、管理，同时，还要协调县级服务中心与"京东帮"之间的关系，让两者互相协作，共同解决好京东"最后一公里"的配送问题。

乡村推广员的主要工作是把京东购物介绍给村民，让村民了解网购的优势，培养村民网购的习惯。这些乡村推广员如同京东无数的"神经元"，活跃在全国各个村落。

"京东帮"

"京东帮"是为县域及农村消费者提供代客下单以及大件商品送货、安装、维修、退换一站式服务的京东授权服务合作商。其目的是打通农村电商"最后

一公里"的服务，从根本上解决农村消费者购买大家电价格高、品类少、不送货、安装慢、退货难等问题。

"京东帮"与县级服务中心是并列合作的关系。与县级服务中心的自营方式不同，"京东帮"采用的是加盟合作的方式。

"京东帮"的主要功能有三个：一是负责受理销售出去的所有产品的服务问题；二是帮助用户下单与培训客户注册购买；三是针对农村市场，协同厂家做一些适合农村消费者的商品，并最终推荐给消费者。

但是，从后来发展的结果来看，"京东帮"似乎没有达到京东的预期。2017年六七月的时候，今日头条、网易等网络媒体上出现了"京东帮线下服务店大面积关停"的消息。

为什么会出现这种情况呢？

原来，这与"京东帮"的模式有很大的关系。"京东帮"采取的是授权合作的方式，"帮主"只是京东的合作者，是兼职。对他们来说，只能是有一单算一单，没有单量也没法强求。另外，京东给这些"帮主"的返点低，只有1%~2%，无法调动他们的积极性。

看来，京东想要实现真正的渠道下沉，在线下三四线城市和农村取得突破，还需要做更多的努力。

联手永辉超市，布局"京选空间"

"京选空间"是京东依托永辉线下实体店开设的实体体验店。其主要目的是借助永辉超市的聚客能力，将"京选空间"作为线下的展示和体验平台，消费者的购买行为还是需要通过线上平台进行。

2015年8月，京东以43.1亿元人民币入股永辉超市，获得了永辉超市10%的股份，并可以任命两个独立董事。

永辉超市是中国零售业龙头之一，属于中国500强企业，截至2018年5月在全国拥有611家连锁超市。京东入股永辉超市，主要是"在联合采购、仓储物流、打通线上线下O2O、金融、信息技术等方面探索合作"。当然，无论多么高调的投资、入股、战略合作，都必须建立在扎实的落地环节中，而"京选空间"就是落地项目之一。

从2016年下半年开始，京东先后开设了3家"京选空间"。其中两家在北京，分别位于朝阳爱琴海和通州万达，均位于购物中心的永辉超市卖场内；另外一家则落户在重庆。

以爱琴海的"京选空间"为例。它位于永辉超市中部，所展出的商品主打3C、数码类产品，这与京东整体的竞争优势相符合。京东最擅长、供应链最优化的3C类产品试水，最能看出实验效果。从展示柜台看，整个店铺面积不大，约有20平方米左右，大约有3~4名工作人员做商品展示和用户引导。

此外，店内还有不少京东"全球购"主推的国际商品，如化妆品、个护产品等。作为尝试性质的体验店，"京选空间"的商品并不是很丰富。曾有消费者在网上评论说："路过见过，感觉里面的货物太少，也没有太大的吸引力。"

"京选空间"的购物流程分为店内陈列商品和非店内陈列商品两类，其货品售价基本与京东商城一致。货品都可以通过线上扫码支付的方式下单，店员可以帮助完成操作。

从"京选空间"的操作流程来看，其明显地植入了京东自身强大的自建物流体系，努力培养消费者"到店"消费，然后回家等货上门这种消费模式。

不过，正因为如此，"京选空间"里都是高客单价商品，消费者购物高于99元才能免运费配送。这让消费者的购物体验打了折扣。

对京东而言，"京选空间"是探索线下新零售模式的尝试，是为了"让京东更贴近用户，更好服务线下用户，扩大消费群体，增强京东的品牌影响力和口碑"。由此可见，京选空间的重要性不在于规模，而是数据。京东能够借此分析线下受众并为其画像，为下一步拓展做充分的准备。

线下布局的重要拼图"京东之家"

"京东之家"是京东3C事业部（后更名为3C文旅事业部）的线下门店，主营京东3C类产品，主打京东线上线下同价，以线上的价格可以买到线下的产品，提供了包含手机、数码、IT等电子设备的线下销售。

第一家"京东之家"2016年11月11日在长沙建成。京东非常重视"京东之家"，开店速度非常快，到2017年11月11日，一年时间开了160家。

"京东之家"的销售情况非常不错。

2017年"618"当天，河北保定"京东之家"万博店开业，消费者排队的队长超过200米，日销售额118万元人民币。北京昌平永旺店甚至创造了线下市场罕见的单日下单1096单、成交额123万元人民币的纪录。

"京东之家"作为京东线下布局的重要组成部分，其价值主要体现在以下几个层面。

一个是流量。

门店本身就是一个流量平台，具有广告、聚客能力，能辐射门店周边人群。现在，线上获取流量的成本已经非常高了，想要低成本转化成为网上购物的消费者，基本已经快被转化完了。因此，向线下发展是必然的选择。

根据"京东之家"已开店的情况来看，在店里购物的用户中，有相当一批是首次在京东购物。这些都是新用户，极大地丰富了京东的客户群体。

另一个是竞争。

Part 3　了解新零售模式，找准起飞的风口

为了在线下布局，阿里巴巴先后推出"盒马鲜生""淘咖啡""天猫小店"等实体店，还有大型购物中心"猫茂"。

阿里巴巴是京东主要的竞争对手之一，京东必须做出积极跟进、应对，否则市场空间就会被挤占。

而且，通过"京东之家"，京东还能填补空白，弥补弱势。比如，在全国的区域分布上，"京东之家"云南省的拓店数量明显偏多。

这样做的逻辑在于，西南市场是京东仓储物流布局相对其他区域市场较弱的一块区域，因为这一地区的人口密度相对较低，没有必要建立太强大的仓储物流。但是，云南人口规模较大，将实体店布局云南会帮助京东获得许多新用户。

"京东之家"采用的是加盟的模式，而不是直营的模式。

京东对于加盟店的面积、位置、固定成本、商品数量、盈亏平衡数量等都有苛刻的要求。

"京东之家"加盟店的面积要在 200 平方米以上，位置要在一二线城市核心商圈，需要交纳 40 万元保障金，售卖商品全部为京东自营，有多达 1.48 万支 SKU（库存进出计量的基本单元，可以是以件、盒、托盘等为单位）可供门店选择。

京东对加盟店的政策是，特许授权，单店加盟，统一形象，统一管理。重点在于输出品牌、设计理念和零售基础设施。

京东主要为加盟商提供产品链、供应链、影响平台等基础设施。加盟商则承担房租、装修、人工、运营、库存的基础开销。

除了"京东之家"，京东还提供了另一个模式——京东专卖店。

京东专卖店也是加盟店，但规模要比"京东之家"小很多，开店位置为次商业圈，或者三四线城市。"京东之家"定位为第三生活空间，更多的是给消费者一种场景化体验，而京东专卖店，则定位于次商圈。

京东能够吸引人们加盟的主要因素有三个。

一是大数据。

京东有强大的数据基础，能为几亿用户画像，同时，还有各个商圈的消费

数据、上千万个商品购买数据，上述数据给精准运营打下非常好的基础。

二是物流体系。

京东物流从各个层面支撑线下零售，第一个是端到端的解决方案，从生产产品的工厂一直到为消费者提供运输、仓储的服务，以及提供到门店的配送和到消费者的配送，同时提供最后一公里的从门店到消费者的配送，全链条的解决方案。这极大地降低了加盟店的物流费用。

三是丰富的产品。

目前"京东之家"的长尾商品有 1.48 万 SKU，现货 1000 款，而京东专卖店的长尾商品有 1.48 万款，现货自定。"我们有一个商品池，可以让商家选择。"而且，这些商品全部是京东自营，质量有保证。

2017 年 11 月 1 日，京东推出了京东之家智慧平台，促进线下零售体系的进一步升级。京东之家智慧平台是以京东大数据、人工智能和履约体系为基础，搭配京东之家实体店而打造的精准化、智能化、多场景应用的"无人移动商店"，能够为消费者带来更加智能和高效的消费体验。

实施"百万便利店"计划

2017 年 4 月 10 日，刘强东通过个人头条号宣布："百万京东便利店计划正式出炉！未来 5 年，京东将在全国开设超过 100 万家京东便利店，其中一半在农村。"

"百万便利店"计划的推出，也从侧面说明京东已经逐渐放弃了"京东帮"模式。刘强东要用百万便利店来落实京东的"第四次零售革命"。

其实，早在 2015 年 12 月 16 日京东就成立了新通路事业部，负责打造京东便利店，随后经过一年多时间的探索才提出了"百万便利店"计划。2016年底的时候，京东新通路已经发展了5万家便利店。

京东便利店采用加盟制，统一使用"京东便利店"的形象标识，已有的实体店店主只要具备营业执照，都能申请加盟，而京东会为店主提供货源和配送服务。

京东便利店加盟条件如下所述。

本人身体健康，有从事京东便利店的信心和热情。

认可并接受京东便利店的发展策略，有志于创业投资的人。

提供合法身份证，以便京东便利店总部建立真实的档案。

具有独立法人资格或经济实力较强的自然人。

具有良好的合作意识、良好的商业信誉。

具备一定的市场敏感度，且能够全身心投入到京东便利店经营中。

加盟京东便利店，京东不收取加盟费、管理费、培训费，只收取质保金，店主必须承诺店中经营的商品100%保真，假一罚十。门店经营所需的房租、水电、装修和进货等费用由店主自行承担。

京东便利店并非传统意义上的便利店形态，而是京东线下版本的创新综合体。京东会用其商业理念赋能线下门店，除了提供优质货源外，京东还将输出品牌、模式和管理。京东已经拥有能够覆盖中国92%的区县的物流配送体系、能够为品牌方做出实时经营诊断的"慧眼"大数据系统、囊括国内外众多优质品牌的商品供应链。这些都能为便利店提供强大的支持。

京东便利店推出的背景是中国零售业大环境的变化。

从2016年9月份开始，中国线下零售整体销售额已经有所回暖。根据中华全国商业信息中心的监测数据，2017年1~2月份全国50家重点大型零售企业零售额同比增长1.6%，增速高于上年同期7.8个百分点。与此同时，中国网络零售市场的增速却持续下滑。所以，对电商出身的京东来说，抓住线上线下融合，实现优势互补是非常好的升级转型机会。

新零售机遇：任何生意都值得重做一遍

另外，农村的市场消费潜力的释放，为京东将一半的便利店开在农村的计划奠定了基石。

据国家统计局资料显示，经过长时间的上升之后，全国流动人口数从2015年开始已连续两年出现下滑，到2017年，一二线大城市的人口数量已经趋近饱和，人口继续向大城市流动的阻力在逐渐加大，流动人口流向中心城市的比例开始下降，但流向非中心城市地区的比例有所上升。随着中小城镇经济的快速发展、基础设施的完善和就业机会的增多，未来三四线城市有望成为城镇人口增长的主力，人口的增长能拉动三四线城市的消费结构升级。另一方面，虽然农村电商发展迅速，2016年农村网络零售额达到8945亿元，约占全国网络零售额的17%，但相对于城市来说，其物流效率还是比较低，而且整体成本较高。但对京东来说，物流是强项，这是非常有利的因素。

补齐短板，收购1号店

2016年6月18日，有一条消息震惊了电商界——京东要从沃尔玛手中收购1号店。要知道，沃尔玛完全收购1号店还不到一年时间。

1号店由于刚和刘峻岭2008年联合创建，是定位于B2C模式的网上超市，主营日化、食品、快消等品类。第一年其销售额只有417万元，第二年就增长了11倍，销售额达到了4600万元。

2010年5月，中国平安集团出资8000万元收购1号店80%股权，成为最大股东。但是，中国平安集团对1号店的整合很不顺利，于是逐步将1号店控股权转让给了急于进入中国电商领域的沃尔玛。2015年，沃尔玛全资收购了1号店。

为什么沃尔玛要卖掉 1 号店呢？

当初沃尔玛收购 1 号店，涉足中国电商，意在打通线上线下 O2O，借助沃尔玛强大的线下零售网络，与线上最大的快消品电商平台结合，拿下中国最大的 O2O 的商机。结果，理想很丰满，现实很骨感。沃尔玛在运营 1 号店的时候，由于缺乏互联网基因，线上和线下无法融合协同，最终导致失败。于是，1 号店成为沃尔玛的一个包袱。

为什么京东要收购 1 号店呢？主要有以下几个原因。

第一，京东需要强化百货品类

京东作为 3C 起家的电商平台，自营是非常成功的，在图书上能与当当叫板，家电上跟苏宁也拼得不错的格局，但在百货上却是个短板。

京东实行的是全品类战略，所以需要拿下百货大品类。百货是 1 号店的优势，恰好是京东急缺的。

第二，京东需要华东市场

京东雄居北京，但华东市场其实是京东急需巩固的市场，刚好 1 号店在华东地区深耕多年。

第三，京东需要更大的流量

电商的前台是用户之争和流量之争，后台是供应链之争。日用百货是高频刚需领域，会带来巨大的流量。所以，拿下日用百货大市场，对京东有巨大的战略意义。

第四，京东看中了沃尔玛的全球采购能力

从长远来说，这一点应该是京东最为看中的。京东收购 1 号店不是用资金，而是通过股权置换的方式实现的。沃尔玛让出 1 号店，获得了京东 5% 的股权。这就等于沃尔玛入股京东，成为京东的股东。

"仓储 + 物流"是京东的核心战略，刘强东多次说过，京东比顺丰更有资格

新零售机遇：任何生意都值得重做一遍

称为物流公司，而他要做的就是真正意义上的大物流。

京东自己全力着手做的是重资产的全国布局，在各地的枢纽位置，比如北京、上海、广州、深圳、武汉、成都、郑州、西安等地大力建设自己的仓储基地，目的就是尽量压缩商品送到用户手中的时间，提升消费体验。

同时，与沃尔玛这种全球性的大企业合作，能给京东带来丰富的商品来源和采购渠道。在越来越完善的物流、仓储体系配合下，再把沃尔玛的全球采购资源利用起来，京东就能做成中国网民对全球商品随订随到的"同城速递"模式。也就是说，京东要的是沃尔玛的全球采购能力。这就是京东大战略的需求。

Chapter 10

小米新零售：
"生态链＋小米之家"模式

小米董事长雷军认为，新零售，就是用互联网方式做线下零售，改善用户体验，提升流通效率。小米通过多元化，构建生态链，推出高性价比的产品；通过开设"小米之家"，完成线下布局；通过提高坪效，解决线上线下融合问题，从而形成了新零售闭环。

新零售机遇：任何生意都值得重做一遍

雷军：新零售的本质就是高效

小米公司成立于 2010 年 4 月，创始人、董事长为雷军。小米的主要产品有智能手机、互联网电视，以及智能家居生态链产品。

关于新零售，雷军给出了自己的答案。他认为，新零售的本质就是高效。如果传统行业做到互联网的高效，世界将会更美好。在他看来，只要效率提高了，任何方式都会赚钱。

"小米是一家极其追求创新和性价比的公司。"雷军说，"性价比的背后是推动中国的效率革命。"

雷军认为，中国经济的核心问题是效率太低。产品销售过程中，"市场、销售、渠道费用一样省不了，而且越来越贵"，租金的不断上涨就是一个例子。

企业想要挣钱怎么办？"只有砍成本，所以产品越来越差，就得靠忽悠卖产品。"

"衬衫的成本是 15 ~ 120 元之间，但是进到商场就会加价 10 倍以上。"这种问题出现在各个行业当中，之前却并没有人能够提出合理的解决方案，显然，只靠产品的生产厂家或渠道乃至电商某一环节的革命不能完成，于是从产品、渠道到整个商业系统的变革就成为新的命题。

如何解决这个问题？雷军给出的答案就是新零售，用互联网的高效来做传统行业。

雷军认为，对需求饱和，只能靠广告、促销和渠道来催肥的线下模式来说，互联网带来的效率提升，能够使更多人用上更好的产品，这既符合"消费升级"的风口，实际上更是真正意义上的"供给侧改革"。

雷军用互联网的高效来做传统行业的载体就是小米之家（关于小米之家，后面有详细讲述）。如果只是增加渠道本身并不能带来企业效率的提升，只能在短时间内提升产品的销售规模。雷军的目标是效率，而不仅仅是提高销量。所以，雷军非常重视小米之家的坪效。

坪效是指每坪贡献的销售额（1坪 =3.3057平方米），其实也就是指卖场中单位面积所创造的效益。很多时候，我们常常用每平方米销售额来替代，这样在统计分析时也更方便、更符合我们的习惯。对零售企业的门店来说，坪效是一个非常关键的指标。

在2017上海国际商业年会中国消费经济转型升级高峰论坛上，雷军在主题演讲中透露，截至8月28日，小米之家线下店累计客流已经超过1570万人次，单店月均销售519万元，年坪效达27万元，年坪效仅次于苹果零售店。苹果零售店的年坪效达到了40万元。

采用"舰队模式"，构建小米生态链

在新零售的道路上，雷军采用了"舰队模式"，实行多元化，联合众多企业，共同构建小米生态链。2013年小米就开始了横向多元化拓展，包括小米盒子、电视、耳机、手环、充电器、路由器、空气净化器、电饭煲等众多产品。

雷军打造的小米生态链有两个特点。

（1）小米在网络端与用户之间建立了一种紧密的连接。

新零售机遇：任何生意都值得重做一遍

通过网络，小米的品牌和影响力渗透到年轻人中，然后通过他们的微博、微信以及论坛与用户之间建立了一种紧密的连接，这是传统企业很难实现的。由于已经与用户建立了连接，小米在推广产品的时候成本非常低，这些成本不仅包括渠道的拓展成本、宣传成本，还包括企业内部的管理和组织成本。而对于传统企业，其多元化失败的主要原因就在于成本难以有效控制。

（2）小米通过投资非控股的方式，实现了商品的定制化。

投资非控股的模式，可以让企业不依赖小米公司而存在。我们看小米充电宝的那个公司就已经开始做自己的品牌，小米手环的公司也是。小米只是将其制造的理念、互联网的思维、渠道的流量、品牌的影响力赋予这些公司，然后定制商品。我们都知道沃尔玛、麦德龙、家乐福，其主要盈利都在于定制商品的盈利，35%的商品是其定制的，这可以保证商品的品质、全流程的控制以及成本的降低，从而让企业获得利润。

小米生态链主要包括多种产品和企业。

手机

在雷军打造的小米生态链中，小米手机是核心。

小米生态链是围绕小米手机展开和延伸的。手机是入口，只要把入口掌控了，拥有足够多的用户，整个生态链就全部盘活了。

小米公司成立后，经过一年多的研发和准备，于2011年8月16日正式发布了其手机产品小米1，主要目标用户为手机发烧友。

由于性价比很高，而且采用了网上预售、粉丝经济等营销方式，小米手机迅速火爆起来。2011年9月5日小米1首次网上预售，30万部手机很快售罄。第二次预售，3小时预订出10万部。第三次预售，8个半小时预订出了30万部。

2012年11月30日，小米2第一次限量发售。5万部手机2分51秒被抢购一空。再到后来的小米3、小米4、红米等系列，每次都能掀起抢购热潮，出现一"机"难求的情况，很多人加价购买。

小米手机的销量逐年大幅增加，2012年719万部，2013年1870万部，

2014 年 6112 万部，达到了巅峰，创造了奇迹，成为中国互联网手机第一品牌。

从 2015 年开始，小米手机遭遇了发展瓶颈，2016 年更是跌入了谷底，直到 2017 年第二季度才有了起色，单季度销售了 2316 万部，全年销售了 9240 万部。

电视（盒子）

2013 年 9 月，小米推出第一款智能电视产品。随后小米基本上是一年推出一款电视。2014 年 5 月推出了小米电视 2，2015 年 7 月 16 日，小米在北京举办新品沟通会，正式推出了小米电视 2S，10 月 19 日发布了小米电视 3。2016 年 3 月 23 日，小米电视 3S 发布。2017 年 3 月 21 日，小米电视 4 发布。

小米电视本着"为发烧而生"的初心，给用户带来了很多科技体验。小米电视的性价比很高，虽然属于智能电视行业的后起之秀，但很快成为著名电视品牌，深受用户的喜爱。

2014 年的"双十一"，小米电视 2 以 3.7 万台的销量位列大家电平板电视单品销量第一，在天猫"双十一"活动 24 小时内，销售总金额达 1.43 亿元人民币。虽然是首次参加天猫"双十一"的活动，但小米电视独占四项第一：大家电类平板电视单品销量第一；大家电类平板电视单品成交额第一；大家电类平板电视销量破万台最快；大家电类平板电视总成交额破亿最快。

刚开始，小米电视定位为"年轻人的第一台电视"，后来，随着市场情况的发展变化，小米电视的战略定位进行了调整，确定为"只做高端旗舰电视"以及"让每个人都买得起"的电视。

小米电视里面内置了小米盒子。小米盒子是一款高清互联网电视盒，是小米手机最发烧配件。

小米盒子的功能非常强大，主要体现在四个方面。

（1）可以通过电视免费观看电影、电视剧。

小米盒子通过未来电视有限公司（ICNTV）运营的"中国互联网电视"集成播控平台，为用户全面提供大量的正版授权的电影、电视剧、综艺、动漫和纪录片。

新零售机遇：任何生意都值得重做一遍

播放能力：几乎支持所有视频格式，包括 RM/RMVB、MKV、TS、FLV、AVI、VOB、MOV、WMV、MP4 等。可播放 1080p 高清内容。

智能测速：可以根据网络环境，智能选择高速视频来源，保证最佳观看体验。

追剧功能：具有追剧功能，可收藏关注的热播剧集，不会错过任何最新动态。

（2）可以把手机等终端上的照片、视频投射到电视上。

利用小米盒子，在电视上可以给朋友和家人展示移动终端（手机、平板等）上的旅游照片、精彩视频或音乐。只要移动终端与小米盒子在同一局域网内，在相应的图片、音乐、视频等应用程序上会自动出现"米联"图标。点击图标后，就可以将移动终端上的内容，用大屏幕、最佳音响来展示。还可以使用小米手机直接作为遥控器操作小米盒子。

（3）拥有丰富的 Android 游戏及应用。

小米盒子内预置了丰富的游戏及应用，如豆瓣音乐、植物大战僵尸、宝石迷阵、多米音乐等，并将对开发者开放 API 接口，更多游戏与应用将随系统更新不断增加。

（4）其软件、节目片等会不断更新。

小米盒子为互联网开发模式，系统每周升级，不断更新功能及玩法；节目片源每日更新，不会错过任何最新影片及电视剧。

小米盒子与小米电视、小米手机等配套使用,给用户带来了极佳的使用体验。

路由器

2013 年 11 月 20 日，小米路由器正式发布。路由器是小米核心产品之一。

如果说 Google、Facebook 是软件的门，AppStore 是 APP 的门，那路由器就是所有家庭智能终端的门，因为这些智能终端都要通过路由器产生连接。正因为如此，要建立生态链的雷军非常重视路由器的研发生产，把它作为小米的核心产品。

小米路由器总共有 4 款，分别为全新小米路由器、小米路由器 3、小米路由器 mini、小米路由器青春版。此外，还有一款附件产品，即小米 WiFi 放大器。

小米路由器的销量增长很快，到 2016 年 6 月突破了 600 万台。

移动电源

2013 年 12 月 3 日，小米发布了第一款 10400mAh 版的移动电源，售价只有 69 元。2014 年 12 月，小米官方宣布销售数量达到 1000 万台。

小米移动电源的生产商为江苏紫米电子技术有限公司（以下简称"紫米"）。紫米 2012 年 5 月成立于无锡，为小米投资的公司。紫米的经营范围为电子产品、通信设备的技术服务、技术转让、设计、研究、开发；电子产品、通信设备的销售；自营和代理各类商品及技术的进出口业务，但国家限定企业经营或禁止进出口的商品和技术除外。主要产品为小米移动电源、蓝牙音箱、蓝牙路由器。

手环

2014 年 7 月 22 日，小米手环发布。小米手环延续了小米产品一贯的高性价比，定价仅为 79 元。小米手环主要是解决人们运动时能量计算的问题，成为年轻人喜爱的产品之一。3 个月的销量达到 100 万个。

小米手环的腕带有黑、橙、红、绿、蓝、青 6 种配色可选。其主要功能包括查看运动量、监测睡眠质量、智能闹钟唤醒等。使用者可以通过手机应用实时查看运动量，监测走路和跑步的效果，还可以通过云端识别更多的运动项目。

小米手环能够自动判断用户是否进入睡眠状态，分别记录深睡及浅睡时间并汇总睡眠时间，帮助用户监测自己的睡眠质量。

小米手环配备了低功耗蓝牙芯片及加速传感器，待机可达 30 天。另外，它支持 IP67 级别防水防尘，意味着日常生活中，甚至是洗澡时都无须摘下。

小米手环的生产企业为安徽华米信息科技有限公司（以下简称"华米"）。华米是小米和华恒一起成立的合资公司。华米脱胎于原本在国产平板电脑和可穿戴设备上有一席之地的"智器"，小米投资"智器"后，主攻可穿戴设备的华米科技独立出来。小米手环是小米推出的第一款可穿戴设备，其生产商华米在小米生态链中的地位逐渐凸显出来。

新零售机遇：任何生意都值得重做一遍

空气净化器

2014年12月9日，小米发布了新产品——空气净化器，售价为899元，滤芯价格为149元。

由于性价比很高，小米空气净化器的销售速度非常快。2017年1月，小米生态链负责人刘德说其年销量达到200万台。

小米空气净化器的生产商是北京智米科技有限公司（以下简称"智米"）。智米是由小米科技2014年3月投资成立的子公司，其负责人为苏峻和大本雄也。苏峻为清华大学博士和华盛顿大学西雅图分校访问学者，曾担任北方工业大学设计系系主任，拥有14年教龄，2014年6月加盟小米任艺术设计总监。而研发经理大本雄也，曾任巴慕达（Balmuda）研发总监，巴慕达是一家以设计著称的日本家电厂商。大本雄也曾经为无印良品（MUJI）设计空气净化器。

电饭煲

2016年3月29日，小米电饭煲发布。人们戏称小米终于发布了与"米"有关的产品。

小米电饭煲采用的是IH（Induction Heating）电磁加热技术，精准控制在1.2倍大气压+105℃沸点，让米饭晶莹剔透、口感好，并独创了磁力泄压阀，易清洗，可靠。

小米电饭煲的生产商是上海纯米电子科技有限公司（以下简称"纯米"）。2014年，纯米获得小米及顺为资本等多方投资，加入小米生态链。

小米生态链构建的速度非常快，除了上面介绍的，其产品还包括耳机、插线板、摄像机、灯具、血压仪、旅行箱、平衡车、智能家居、无人机等。

雷军在2016年中国移动全球合作伙伴大会上透露了一组数据：
3年时间，小米生态链孵化了77家公司，大部分公司是从零开始的。
77家公司中，有30家生态链企业发布了产品，另外47家的产品正在研发中。
77家公司中，有4家估值超过10亿美元，成为独角兽；有3家年收入超过 10 亿元人民币；有 16 家年收入超过 1 亿元人民币。

线上：从小米商城到米家有品

2017 年 4 月 5 日，米家商城独立 APP 上线，并更名为"米家有品"。这是小米的又一个电商平台，主要是依托小米生态链体系，延续米家"做生活中的艺术品"理念，同时引入第三方优质品牌商，力求为用户提供有品质的好物，共同打造有品质的生活。

在雷军的眼中，米家有品就是中国的 COSTCO（好士多），是美国一家著名的商超。与普通超市一类商品需要高中低几十种品牌不同，COSTCO 每类产品只需两三个品牌，并且每种商品都经过 CEO 亲自挑选或者使用，选择他们认为最有"爆款"潜质的精品上架，给用户惊喜。COSTCO 模式的核心在于，在广告和促销上花钱少，但在挑选商品、陈列商品等环节下大力气，让用户体验环节与服务环节增值。所以，米家有品走的是精品路线，同时，新品众筹也是平台的一大特色。

传统电商的突出特点是海量的 SKU，讲究大而全，用户需要自己花大量的时间去筛选、辨别，品质无法保证。而米家有品则是精品电商，用户不用过多挑选，小米替消费者把第一道关，有专业的选品、品控团队进行各方面的评估，每个品类下面限制产品数量而且尽量差异化。而且，小米认为，相对少的 SKU，覆盖生活的方方面面，满足大部分用户的需求，这是未来垂直类电商发展的趋势。米家有品现有 13 大品类，覆盖家电、家居、手机、智能、影音、服饰、日用、餐厨、食品、出行、配件、婴童、文创等方面。

作为小米旗下的精品电商平台，米家有品延续了其做产品的重要价值观——

新零售机遇：任何生意都值得重做一遍

高性价比、科技感和高品质。

首先，米家有品平台上的产品有很高的性价比。比如，米家有品平台众筹的米家激光投影电视，超短焦、150英寸巨幕、5000流明、3000:1原生对比度，这些参数是对标市面上10万左右、最少也是三四万价位投影电视的，但小米做到了只卖9999元，而且上线不到两个小时销售额就达到1000万元，一天2000多台售罄。

其次，米家有品平台上的产品具有非常强大的科技基因。哪怕是床垫，都是用最新的科技，最新的材质，"0胶水"环保材质，医用级物理防螨；内裤也采用了微型窗技术，单向导湿，穿着干爽不粘身。

最后，米家有品平台上的产品具有高品质。小米的产品从供应链到设计都有专业完整的团队在把控，对品质有非常严格的要求。比如毛巾，国标优等品的吸水性不超过10秒就达标，而小米的则不超过1.6秒；普通毛巾的棉纤维不会超过27mm，而小米的则不低于38mm，从而保证毛巾的掉毛率近乎零。

米家有品的上线，不禁让人们产生疑问：在线上，小米现在已经有小米商城、米家商城，为什么还要再做一个新的电商平台呢？

原来，米家有品一直是小米智能硬件控制中心米家APP中的一个子频道。用户购买智能硬件几乎都是从这个频道来进行。

其实，米家APP实际上是一个"家庭管家"，它打通了小米生态链内大大小小的智能硬件。

用户可以在手机上，用一个米家APP同时控制家里的电视机、智能摄像机、体重秤、台灯、空气净化器甚至电动牙刷、智能花盆等一系列产品，而不再需要为每一个智能设备单独安装APP。因此，从米家APP诞生到现在，用户数量持续增加，很快达到了6000万台~8000万台设备联网，日活跃量达到1000万。这是一个非常可观的数字。

随着用户的增加，在米家APP中，米家有品的成交额也在迅速增加，很快达到了10亿元人民币。而用户需求也从最初的耗材购买，发展到参与新品众筹，再到后来购买各种非智能硬件相关产品,于是米家有品产品种类越来越广,承担起更重要的"电商"职能,这时米家有品就很有必要独立出来,成为专门的电商平台,并尝试连接更多非智能硬件发烧友群体。

可以说,米家有品是小米扩展边界的开始。由于小米和米家品牌更聚焦于科技电子产品,要想向外延伸,就需要引入更多的供应商,而不仅仅是小米生态链企业。利用米家有品就能逐渐达到目的,引入更多优质的供应商。

2017年8月14日,米家有品上线4个多月后,更名为"有品"。很显然,雷军想打造独立于小米之外的电商平台。他要把小米这个品牌与电商区别开,以达到保护小米的目的。

雷军打造的生态链产品大多采用了小米的品牌,诸如小米手环、小米移动电源、小米空气净化器、小米净水器等,在短时间内迅速丰富了小米的产品品类。

但是,这样做的弊端在于:小米的品牌定位逐渐模糊,成为"杂货铺",被人们质疑为盲目扩张。而且,由于小米生态链品类繁多,只要一个产品出了问题,就会对小米的品牌造成伤害。比如小米空气净化器,出了"质量门"事件,人们不只是认为空气净化器本身有问题,而是对小米这个品牌,以及小米系列产品都产生了怀疑。

所以,雷军刻意去小米化,让米家有品独立定位,独立发展,走精品路线。

从整体来说,米家有品是雷军对小米线上布局的进一步完善。雷军是线下线上两手抓,齐头并进,从而打造其完美的新零售模式。

线下:加速发展"小米之家"

2017年5月28日,小米之家上海怡丰城店正式开业。这是第100家小米

新零售机遇：任何生意都值得重做一遍

线下实体店，被称为小米新零售道路上一个新的里程碑。

事实上，随着线上渠道的销量遭遇天花板，线上线下两条腿走路已成为手机厂商的共识，小米也不例外。

但是，小米到底该如何做线下渠道呢？以小米现有的价格体系，是很难支撑线下渠道的。

通常手机厂商在线下渠道上的合作方式主要有两种：一种是以华为为代表，与渠道商和分销商合作；另一种是OPPO、vivo等手机厂商采用的合伙人制度。简单来说，它们在每个省都会有一个或几个渠道代理商，代理商通常与集团总部交叉持股，相比于前者，后者在利益上的绑定更为紧密。

但是，不管是哪一种，都要给渠道留足了利润，这与小米"去掉一切中间环节"的理念背道而驰。雷军不想妥协，妥协意味着小米要改变坚持了几年的信念。雷军认为，"你要做小米的产品，就得接受这种商业模式。"

经过不断思考和长期调研，雷军认为小米之家是解决线下问题的关键。这是一种COSTCO和无印良品的结合体，所有的产品都来自小米和米家，SKU保持在20个左右，雷军希望小米之家能成为中国的COSTCO，"只要里面的东西是需要的，就不用考虑价钱，因为一定是性价比最高的"。

雷军表示，小米的商业模式用通俗的话讲就是，小米要做科技界的无印良品，用互联网的技术和方法做线下零售，去掉销售的一切中间环节，保持高品质、高颜值、高性价比的产品特性。

小米之家承载着雷军拓展线下渠道的希望，它的主要特点是高效。曾经有人问雷军是否研究过OPPO和vivo的模式，雷军回答说不需要研究，因为他非常了解这种模式。他认为这与小米模式"是两个极端""它们在追求极高的毛利，而小米是追求极高的效率"。

客流量是线下实体店的立足之本，而小米之家不仅卖手机、电视，还卖生态链的产品，并且这些产品的性价比都很高，这样就能吸引用户，从而保证了小米之家的客流量。小米之家每个月都会有新品，这会提高用户来小米之家的频率，也就提高了小米之家的效率。

小米之家都是自营店，这种运营方式虽然成本高、模式重，但是可控性高。在雷军的心中，用户的体验才最为重要。如果对店铺的控制降低，就很难保证服务的质量。

对小米之家，雷军充满了信心。截至2017年7月底，小米之家已经开了149家，覆盖四五十个城市。雷军表示，未来三年，要在全国开1000家小米之家。

"我算了一下，1000家小米之家的年营业额有可能达到700亿，这又将是一个强大的新零售模式的诞生。"雷军说，小米2017年的年营收目标是1000亿元人民币，结果实际营收达到1146亿元人民币。

对于小米之家的销售情况雷军很满意，他不无骄傲地说："星期天我都建议我的朋友别去逛小米之家，因为人实在是太多了，周一到周五去可能好点儿。"

在微博上，他为小米之家做宣传："我们不是在开店，就是在开店路上。"

Chapter 11

亚马逊新零售：
"高科技+"模式

　　作为世界最大的网络零售商，亚马逊一直走在行业的最前沿。通过开设线下书店，亚马逊开始了新零售的尝试。随后的实体店 Amazon Go、收购全食超市，都是其新零售战略的重要举措。同时，通过高科技的应用，亚马逊的新零售更具超前性。

Part 3　了解新零售模式，找准起飞的风口

亚马逊书店：迈出新零售第一步

亚马逊公司是美国全球最大的网络零售商，由杰夫·贝佐斯（Jeff Bezos）在1995年创建。在新零售时代，亚马逊积极行动，也开始了线下布局，以巩固自身的优势。

亚马逊以网上卖图书起家，在线下布局也是以图书开始。2015年11月，亚马逊第一家实体店Amazon Books在西雅图开业。这让人们感到惊讶：这家几乎快把实体书店逼死的互联网巨头，自己似乎站到了自己的对立面。

其实，亚马逊的实体书店与传统意义上的实体书店很不一样。它是具有互联网基因的实体书店。它的消费体验更佳，也更吸引消费者。

具体来说，亚马逊的Amazon Books有几个特点。

线上线下同价

一直以来人们都说网上买书便宜是消费者放弃逛书店的一个主要理由，哪怕在书店看好了也会去网上购买。而在亚马逊的实体书店里，图书的售价与网上的价格一致。

陈列方式独特

传统书店为了扩大图书放置的空间，往往是书脊对着消费者，而亚马逊的图书则是封面对着消费者。能看见每本书的封面给了消费者不同的体验。

新零售机遇：任何生意都值得重做一遍

亚马逊实体书店里的书籍没有按政治、文学、经济等方式分类，而是更为贴合消费者需求。比如在店里设置"Amazon.com 评论过万的图书""Amazon.com 被加入心愿单最多的图书""Amazon.com 月度图书""读者高分评价图书，4.8 星及以上（满分 5 星）""Kindle 用户买来 3 天读完的书"等图书推荐板块。这极大地简化了消费者筛选图书的流程。

为消费者提供书评

亚马逊书店的每本书下面放有黑色卡片，卡片上附有亚马逊网站客户的评分及书评。店内出售的书籍均按照读者点评和网站预订书单选出，只有评分在 4 星以上的图书才有资格在实体书店上架。

传统书店往往很难把线上与线下的信息打通，使读者不能在短时间内对所选图书做出有效的判断。亚马逊针对这一点，为消费者提供了书评。要知道，亚马逊积累了海量的网上书评信息，这对消费者做出购买决策很有意义。

提供咖啡、软饮、沙龙

亚马逊书店内开辟了一个小小的餐饮区，不但销售咖啡和茶点，也提供桌椅、电源插座，供读者坐下来阅读或在电脑上工作。把餐饮与读书结合起来，极大地丰富了线下读书的体验。

亚马逊的西雅图实体书店刚开业的时候，每到周末，读者需要排队才能进入店内。截至 2017 年 9 月，亚马逊的实体书店已经开了 12 家。

开设线下实体店 Amazon Go

2016 年 12 月 5 日，亚马逊宣布推出革命性线下实体商店 Amazon Go。

Amazon Go 颠覆了传统便利店、超市的运营模式，它所使用的计算机视觉、深度学习以及传感器融合等技术，彻底跳过了传统收银结账的过程。

开设 Amazon Go 标志着亚马逊向食品杂货行业发起新的冲击，而这也正是该公司尚未征服的最大零售产品类别。

Amazon Go 的核心是"即买即走"。在 Amazon Go 购物，顾客只要进行简单的操作之后，拿起商品就可以走人，不需要排队结账，一切都会自动完成。

Amazon Go 的具体购物流程如下所述。

首先，顾客需要下载 Amazon Go 的 APP，进入店铺时打开手机上的 APP，用类似刷卡的方式通过闸机，与此同时，入口上方的摄像头会进行人脸识别。

其次，在顾客挑选商品的过程中，店里的各种先进技术会对顾客的行为进行识别。

如果顾客在货架附近停了下来，货架及周边的摄像头会立刻捕捉他的位置与动作。

放置在货架上的摄像头会通过图像识别，判断顾客是拿起了一件商品（购买），还是只看了看又放回货架（不购买）。

店内的麦克风会根据环境声进行声源定位，辅助判断顾客的位置。

货架上的红外传感器、压力传感器、荷载传感器会记录顾客取走了哪些商品以及放回了哪些商品。同时，这些数据会实时传输到店铺的数据中心，从而能对顾客的购物清单进行实时更新。

最后，顾客离店时，购物清单上的商品会自动在顾客的账户上结算。

整个购物过程不需要店员的参与，不需要使用收银机，不需要顾客排队结账，真正实现了无人零售。

可以说，亚马逊的 Amazon Go 给了消费者最棒的购物体验。但是，当亚马逊宣布推出 Amazon Go 之后，很长一段时间之内都是体验店，只对内部人员开放，无法真正落地。当时计划 2017 年 3 月正式开业，最后不得不一再推迟。其主要问题出在了"店内人数上限"上了。

新零售机遇：任何生意都值得重做一遍

Amazon Go 是以提高客户购物体验、支付不排队的"自由购物"模式设计，所以，不限制店内人数，不用走支付通道或扫码购物，真正实现拿着就走。但是，由于实现技术很复杂，在实际操作中常常出现问题。当入场超过 20 人，或者两个距离很近的人同时拿商品时，Amazon Go 就无法精准识别匹配。由此可见，Amazon Go 要真正落地，亚马逊还需要在技术方面做出更大的努力。

收购"全食超市"，打通线上线下

2017 年 6 月，亚马逊宣布，将以每股 42 美元的现金收购美国全食超市（Whole Foods Market），交易规模高达 137 亿美元。8 月收购完成。

全食超市是美国最大的天然食品和有机食品零售商，被亚马逊收购前拥有 468 家门店，其中美国本土 447 家，英国 9 家，加拿大 12 家。

对全食超市的收购，标志着亚马逊正式进入生鲜市场。同时，也说明亚马逊打通线上线下，推进新零售的步伐加快了。

全食超市被收购后，超市标志由此前的"全食"改为"全食 + 亚马逊"，很多商品出现了降价，部分商品的降幅甚至高达 40%。

在全食超市杂货柜台上，开始出售亚马逊的智能音箱 Echo 和智能居家机器人 Echo Dot。而且，全食超市将不再允许其他品牌的销售人员在超市里面进行促销活动，并禁止他们在超市里探访其产品是如何储藏和展示的。

全食超市设置了亚马逊包裹储物柜，消费者自提购物产品或进行退货非常方便，这进一步降低了物流成本。

同时，全食超市的商品在亚马逊网站上出售。但是，要想在亚马逊上购买部分品种的全食商品，消费者必须首先成为亚马逊配送服务 Amazon Fresh 的会员。亚马逊会员需要每月再多付 14.99 美元来成为该配送服务的会员。

Part 3　了解新零售模式，找准起飞的风口

对亚马逊会员来说，以后可以用亚马逊的会员卡在全食超市享受会员折扣优惠。而且，亚马逊的会员将逐渐取代全食的会员和积分奖励计划。

亚马逊收购全食超市为其在很多方面带来回报，无论是线上还是线下，日常食品的销量都有所增加。

收购完成后，亚马逊线上商城立刻上架了大约2000款全食超市的商品，而最畅销的商品几乎全部售罄。全食自有品牌商品在亚马逊商家第一周总销售额为50万美元。

更令人惊奇的是亚马逊销售全食超市商品的速度。如果是在传统实体店，这通常需要耗费几个月的时间。

而线下的全食超市门店，其客流量增长了25%。

同时，亚马逊收购全食超市，给美国的零售市场带来了巨大的冲击。就在完成收购的声明发布后，美国六家主要食品零售商的股价大幅下挫，市值一天内蒸发近120亿美元。

其实，美国那些传统零售巨头，一直在密切关注亚马逊的战略动态。传统零售与线上零售的竞争从未停歇，不同零售巨头都在寻求各自的竞争优势，以求比对手高出一筹。

就在早些时候，美国传统零售业巨头沃尔玛电商部门负责人马克·洛尔宣布，沃尔玛将联手互联网巨头谷歌公司推出语音购物服务，这其实就是两大巨头联合挑战亚马逊的一项重要策略。

传统零售联合互联网巨头开打"科技牌"，电商巨头收购线下超市开打"价格战"。美国零售领域的竞争日趋激烈。

新零售机遇：任何生意都值得重做一遍

亚马逊的"超级智能物流体系"

对电商而言，物流配送至关重要，甚至毫不夸张地说，"得物流者得天下"。在实际操作中，物流服务绝对是一件让电商"头疼"的事情，尤其是在传统的购物旺季，物流成为电商发展的"拦路虎"。亚马逊能成为世界第一的电商巨头，得益于其在清除这头"拦路虎"时做得很好。

从成立之初，亚马逊就注重物流中心的建立和配套基础设施的组建。同时，加大对物流技术的科研投入，这就使得亚马逊在物流领域建立了竞争对手很难逾越的技术壁垒。亚马逊的"超级智能物流体系"非常完善和先进，而且，各种新技术的应用，其对未来的设计构想让人震惊。

在交付方面，使用 Prime Air 无人机

2016 年 12 月，亚马逊的无人机 Prime Air 实现了向顾客的首次交付。物流的"最后一公里"是整个流程中成本最高的一个环节，需要耗费大量的时间与人力，而使用无人机实现快递无人化交付，无疑能节省不少物流开支，同时也能为消费者提供更多便利。

其实，早在 2013 年年底，贝佐斯就宣布了公司准备推出面向消费者的无人机快递服务 Prime Air，旨在半小时内将重量低于 5 磅（1 磅 ≈ 0.45 公斤）的货物，用无人机投递到客户家中。然而，由于安全、续航、速度、天气等因素的影响，经过 3 年的升级完善，亚马逊才让无人机送货真正落地。

同时，为了给无人机送货保驾护航，亚马逊提交了空中货运航母、路灯充电站等多项专利。

在运输方面，使用自动驾驶货车

2017年1月，亚马逊获得了一项关于自动驾驶车辆的专利。这项专利描述了一种使自动驾驶车辆通过车联网与交通管理中心进行数据交换的技术。通过这种技术，自动驾驶车辆可以从交管中心获知潮汐车道的车流方向变化，从而提前规划好最高效的行车路径，避免交通事故和配送时间的延误，也为亚马逊节省司机费用，降低成本。

在仓储方面，使用机器人

亚马逊仓储的智能化脚步迈得最早，2012年，亚马逊就以8亿美元收购了机器人公司Kiva，获得其智能仓库机器人系统Kiva System。这一系统使用大量运货机器人，它们可以举起重达700磅（约合320公斤）的货物，而且无须人类操作。这套系统比传统的人工方式效率提升了2~4倍。

在这套系统的帮助下，仓库工人需要做的只是产品分类与包装，省去了大量烦琐的找货步骤。也正是得益于该系统，亚马逊在半小时内就可以完成一个订单的处理。

众多高科技的使用，使得亚马逊的智能物流体系更加高效，公司的竞争力更加突出。

Part 4

拥抱新零售，
抓住传统行业升级转型的机遇

新零售带来的影响渗透到了各行各业。面对新零售的汹涌大潮，如何拥抱变化、拥抱未来成为每一家传统企业需要面对的核心问题。其实，只要积极推进线下线上融合，提升效率，关注"人"，重视"体验"，创造新的客户价值，企业就能成为所在行业的赢家。

Chapter 12

如何做好百货行业的新零售

不管是购物中心、百货商场、大型超市,还是小超市、小商店,面对电商的冲击、友商的竞争,都必须积极拥抱新零售,围绕"消费体验",努力升级转型。

新零售机遇：任何生意都值得重做一遍

购物中心的痛点怎么破

在新零售时代，作为传统零售业重要形态的购物中心，面临着严峻的考验。数据显示，2016年上半年，在单体百货、购物中心以及2000平方米以上的大型超市业态中，22家公司共关闭了41家店铺。

为什么以前风光无限的大型购物中心会没落呢？一切改变都源于消费需求。

随着社会的发展变化，新消费者更加精明和自我，他们要求个性化，要求独特。对品牌而言，以前的消费者希望通过品牌的外显表达"我是一个成功人士"，而新消费者则希望通过消费的品牌来表达"我是谁"。新消费者更希望突出自我，通过品牌彰显个性。而购物中心最大的痛点就在于新消费者有新的需求，而商场却没有跟上，完成品牌的更迭。

而且，新消费者对购物体验的要求也在提高。他们希望购物场所、环境、流程等更加舒适、便捷、有趣。他们的时间越来越紧，所以，希望能够在一个场所完成更多的活动和体验，但在这方面，购物中心在功能的承载上是不够的。很多购物中心整体上比较粗糙，很难给予消费者良好的购物体验。

更为重要的一点是，由于租金、人力等成本高昂，使得购物中心的商品价格丧失了优势。在巨大的挑战面前，购物中心该如何做才能突破痛点，真正拥抱新零售时代？

具体来说，购物中心需做好以下两点。

实施差异化服务，提升购物体验和消费便利

（1）引入增值元素。这些元素包括音乐会、艺术中心、水疗中心、健身中心和小型农庄等。它们提供网上购物无法满足的实体休闲娱乐体验。对消费者而言，引入增值元素的购物中心将更有吸引力。比如，在西班牙的马德里，有一个距离市区30公里的购物中心仙纳度（Xanadu）。这家购物中心创造性地为父母提供了与子女共度美好时光的新方式，包括滑雪、卡丁车、热气球、保龄球和台球等。

（2）结合餐厅，增强"享受美食"的功能。现在的消费者更喜欢一边购物，一边享受美食。一些购物中心很好地满足了消费者的需求。比如，位于美国加州纽波特海滩的水井湾购物中心，拥有十几家高档餐厅，包括 Tamarind of London 和 Mastro's Ocean Club 等。

（3）为特定消费者设定特定区域。一些购物中心为特定消费群体设计了特定区域，以迎合他们的消费偏好。例如，在迪拜购物中心，"时尚大道"是一个致力于向高端客户提供奢侈品和定制服务的区域，还特别配置了一个独立的外部入口和停车场。有些购物中心还设置了儿童游乐区，满足儿童吃喝玩的需求。吸引了儿童，大人必然也会跟着过来，这就极大地增加了客流和购物的可能。

运用高科技和多渠道手段改善购物体验

对购物中心而言，零售业的数字化转型并非都是坏消息。相反，它们在顾客长长的"购物决策之旅"中提供了新触点。购物中心主要有3种运用高科技吸引顾客的方式。

首先，购物中心与消费者的关系可以延伸到购物前和购物后。比如，通过社交网络、官方网站、APP应用、会员中心等手段，购物中心可以随时随地向消费者推送商品资讯，由此建立强黏性。同时，还通过提供定制服务、创意点子或其他目标广告贴近消费者。

其次，购物中心可以运用科技手段提高商场可用性，提高顾客满意度，降

新零售机遇：任何生意都值得重做一遍

低购物过程的不适感。比如，技术可以解决一个最令消费者头疼的问题——寻找停车位。

最后，购物中心可以加强与线上公司的合作，为商场引入电子商务元素，比如对大数据的运用。

要知道，一座购物中心远远不是"商铺的组合"那么简单。新零售时代的购物中心，应该是一个为消费者提供购物、饮食、玩乐的综合服务体。

商超转型新零售的5大样本

对传统商超而言，最大的主题是"转型新零售"，同时也是最大的压力。电商巨头不仅在线上抢生意，比如天猫超市、京东超市，而且还把触角伸到了线下，比如盒马鲜生、掌鱼生鲜等。面对严峻的现实，传统商超也加快了转型新零售的步伐。

大润发、华润万家、世纪华联、物美、百联等传统商超纷纷推出自己的新零售样本。它们表面上看起来都是餐饮和超市"混搭"，或者多种消费场景的跨界组合，但背后却体现了各家对超市、大卖场等业态进行改造和重组的不同逻辑。

样本一：大润发优鲜

"大润发优鲜"（原名"飞牛优鲜"）是由大润发飞牛网打造的生鲜O2O项目，首家店是2017年7月在大润发杨浦店内改建上线的。它有自己独立的APP，但可以使用飞牛网账号登录，顾客既可以在线购买等待送货上门，也可以线下直接购买。如果是送货上门，门店3公里范围内1小时送达，最快可做到30分钟送达，可配送热食、常温和冷链等全温区商品。

"大润发优鲜"经营的品类涵盖生鲜、进口食品、日用百货、快消品等，其中主要以生鲜食品为主。在商品选择上，引进了更多进口、中高端商品。

样本二：世纪联华·鲸选未来店

世纪联华的鲸选未来店 2017 年 8 月首次开业，位于杭州西湖文化广场。这是一家融黑科技、美食娱乐、次世代购物于一体，线下体验线上服务的体验式新零售实体超市。它对品类和品牌进行重组，将数十个品类专业店以"精品馆"的形式在大卖场中组合呈现。同时，也基于门店提供线上订单 1 小时送达服务（周边 3 公里范围内）。

鲸选未来店淘汰了过往大卖场滞销的商品，引入了年轻客群喜欢的潮流品牌、网红品牌。比如，美妆精品馆所售品牌选自天猫销量排名前十、海淘热门的品牌，零嘴工坊从糖果、薯片到饼干均以进口产品为主。

样本三：物美的新零售门店

物美的首家新零售门店 2017 年 6 月在北京开业，8 月在杭州开了第三家店。店里增加了大面积的餐饮堂食区，新增餐饮体验业态，各色小炒、中式套餐、法式牛排、寿司、蔬菜沙拉等都可以现场加工。同时，门店陈列也更加精细化、场景化。

此外，物美与多点合作，用户用多点 APP 扫描购物非常便捷。具体就是消费者在物美超市购物时，看上什么商品，打开多点 APP 选择自由购的页面对商品进行扫码，然后支付，购物就算完成，节省了在收银台前排队结账的时间。

样本四：百联的 RISO

RISO 被百联称为"新零售发现店"，是百联全渠道电子商务有限公司孵化的项目。RISO 首家店 2017 年 6 月在上海陆家嘴商圈开业。它像超市，消费者在里面可以购买食品、生鲜、日用品；它像咖啡吧，消费者可以在里面喝下午茶；它像餐厅，消费者在里面可以搞定一日三餐；它也像花店、书吧……这个总面积 3200 平方米的 RISO 店分为上下两层，一层为生鲜商品超市，包括海鲜水产、

新零售机遇：任何生意都值得重做一遍

肉食、蔬菜、冻品等品类，二层为特色意大利餐饮档口、进口商品货柜以及漂流书吧。

百联的 RISO 融合了超市、餐厅、音乐吧、书吧等多个空间和场景，为消费者提供最佳的购物体验。

另外，RISO 线下门店是向消费者提供体验服务的支撑点，RISO 手机端 APP 同步上线。门店和线上商品库存打通、会员打通（原百联集团会员不用重新注册即可登录 RISO 手机 APP），提供基于门店周边 3 公里的到家配送服务以及 RISO 手机 APP 所有商品到家服务。

样本五：华润万家的"品质食品专区"

为了搭上新零售的快车，华润万家做出了积极的改变。从 2017 年 4 月开始，华润万家开始着手打造品质食品专区。

通常情况下，消费者不容易在商场中直接购买到接轨国际"高标化"的品质食品。为了满足消费升级，华润万家将"三同"（同线、同标、同质）、"三品一标"（无公害食品、绿色食品、有机食品、地理标志）等高标准食品特地设置了专区——品质食品专区。

在华润万家的这个专区，食品安全能从源头把控，华润万家可对食品进行全链条的追踪生产。通过商品的二维码，消费者就可达到食品安全的全链条可追溯。消费者的食品安全体验有了很大的提升。

面对新零售，各大传统商超企业各显神通，积极改变调整，探索最适合自己的经营模式。这让中国的零售业更具活力。

Part 4　拥抱新零售，抓住传统行业升级转型的机遇

百货商需玩转"体验"和"年轻化"

2017年7月，中国百货商业协会发布了《2016年中国百货行业经营状况统计报告》（以下简称《报告》）。

《报告》显示，占主导地位的201家百货企业中，销售额超过100亿元的大型企业集团有30家，销售额超过10亿元的企业有97家，这些企业销售总额所占比重高达96.92%，但其销售增长继续下滑，增速放缓。

根据中国连锁经营协会调查显示，2000年前，中国零售企业的门店数年均翻倍。然而，自2010年开始，实体店拐点出现，零售业进入"销售下降、利润下滑"的区间。2010~2016年，连锁百强销售增幅持续回落，年销售增速分别为21%、12%、10.8%、9.9%、5.1%、4.3%和3.5%（见下图）。

连锁百强销售增幅情况统计（%）

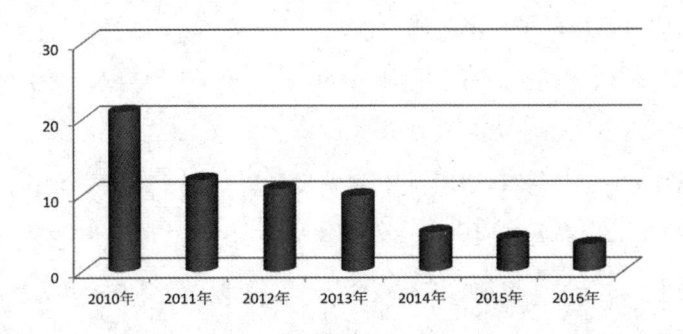

根据2017年中报来看，百货业中有些企业亏损非常严重。比如津劝业，属

新零售机遇：任何生意都值得重做一遍

于传统百货业，利润降幅达 -3938.7%，2017 年上半年净亏损近 8000 万元。

津劝业面临的窘境是当下传统百货行业的一个缩影。2017 年，上海南京路步行街的两大地标上海第一百货商场和东方商厦相继闭店调整，上海太平洋百货淮海路店也在开设 20 年后落幕。

在电商的冲击下，线下百货商面临商业变革的挑战，需要向新零售转型升级。在这个过程中，有两个关键必须抓住，那就是"体验"和"年轻化"。

百货商如何创造更好的消费体验呢？

首先需要"创新"，注重为客户研发自有品牌，提供定制化服务，提供更好的、"正确"的体验。

其次需要回归零售本质——解决效率的问题，注重"以人为本"。对百货商而言，被打败的原因不是外部环境，也不是电商，而是自我准备不足。如果能够做好充分的准备，重新定位新零售时代给予消费者的"价值"，围绕消费者提升效率，强化体验，必然能够做好零售业。

最后是处理好"逛"和"买"的关系。现在，"商业混合体"越来越流行，单一的业态很难存活。这就需要百货商像我们前面讲述的那样，将"买"与"玩""逛""吃"等结合起来。罗振宇曾说："未来的商业，一个是提供服务，优化他的时间；一个是让他上瘾，拖住他的时间。"如果能让消费者觉得舒适、便捷、有趣，那么，他们就愿意掏钱购买。

百货商如何抓住"年轻化"呢？

百货商必须要重视年轻化，特别是 80 后、90 后、00 后，新生代的消费人群正在崛起，逐渐成为消费的主力群体。

要想抓住年轻人，关键要看能不能满足年轻消费者的需求。比如，在追求"颜值"的时代，年轻人更加挑剔购物环境的美观、舒适性。很多百货商场由于公共空间较少，布局过于紧凑，感觉有些压抑。所以，就要在这些方面做出调整。

另外，要把握准年轻消费者的消费需求，即使商场不能做一站式全覆盖，也可以专注某些品类，打造时尚潮流的氛围，把深度做出来，给予消费者丰富的选择。

同时，要从硬件到软性服务全方位提升年轻消费者对商场的印象，比如设施的维护、服务人员的态度、洗手间干净与否、母婴设施建设等。

小商店的"特+精+薄"策略

在许多人的人生规划中，都有一个自己开店当老板的梦想。开一家属于自己的店，店铺不用太大，但也算自己的一番事业，好歹是自己挣钱自己花，不用再给人打工，也是人生一大幸事。

但是，实际操作起来，各种问题接踵而来，小商店也并不是那么好开的。

小商店的实力相对来说比较弱，风险承担能力也小。但同时，小商店也有优势，那就是船小好调头，可以在新零售的大潮中，灵活选择最适合自己的经营方式。

选择一，加盟是一个不错的选择。比如我们前面讲述过的天猫小店、京东便利店。背靠大树好乘凉，借助阿里巴巴和京东的大平台，小商店的生意相对来说应该好做一些。

选择二，自主经营。这种小商店的自由度非常大，完全自己做主，但相对风险也大。需要小商店的店主谨慎行动，采取"特+精+薄"的策略。

特色服务

在当前情况下，对小商店来说，若要生存，最重要的是要明确自己的客户群，注重特色服务。大型超市的优点是商品齐全、物美价廉、提供一站式服务，而小商店的优势在于灵活，可以根据周边消费者的实际需求提供具有特色、非常便利的服务。比如缴费、办卡、代收包裹及邮件等特色服务都可以尝试。

新零售机遇：任何生意都值得重做一遍

精耕细作

小商店正是因为资源较少，浪费不起，因此，它们的"活法"就是在市场上做精做细。比如营业时间，小商店的营业时间可以自己把握，每天早上可以提前营业，晚上还可以延长营业时间，把大超市营业前和闭店后的时间看成是小商店的黄金时间，是小商店独家经营时段。做生意不能懒，要早起晚睡，跟大超市打好时间差，从大超市所表现的不足之处着手，错时经营、延时经营。这样资源虽少，但得到了充分的利用，小商店也能持续健康发展。

薄利多销

现在的消费者确实非常喜欢在上千平方米的大型超市里，推着购物车轻松惬意地挑选琳琅满目的商品，但有些人也对小商店"情有独钟"。因为与大超市相比，小商店多数都是夫妻店或和家人一起经营，一些商品的价格自己说了算，而大超市则不同，其营业员多是聘用的，不管买多还是买少，不可能在价格方面给予让利。对于喜欢讨价还价的顾客而言，小商店更有吸引力。

为了不让消费者转移"战场"，聪明的零售商要学会做到薄利多销，要学会在明码实价的基础上算完账后，推行"赠物""赠量"的方法，让顾客认为得到了很大的实惠。这样才会吸引消费者。

Chapter 13

如何在服装业实现新零售突破

服装业是新零售领域竞争最激烈的行业之一。服装零售的各种模式层出不穷，比如O2O模式、B2C模式、C2M模式等。特别是C2M模式，也就是定制模式，会随着社会经济的发展、消费习惯的变化，越来越重要。

服装新零售的 5 大趋势

衣食住行是人的基本需求，也是零售业的主阵地，同时也是竞争最激烈的商业市场。排在首位的"衣"，也就是服装业，往往成为人们投资创业的热门项目。当然，要想进入一个行业，就必须对这个行业有详细的了解，要能把握行业发展的大趋势。

那么，在新零售来临之时，服装业会有什么样的发展趋势呢？

趋势一：消费数据越来越重要

马云说，未来最重要的资源不是石油，而是数据。确实，随着互联网、云技术的发展，大规模而详细地分析数据变得容易了许多。于是，经济实力、个人习惯、爱好和消费习惯等相关数据，对零售商来说愈加重要。

以前，服装零售商一般关注人口统计数据，例如年龄和性别。但是，如果再加上心理因素，包括顾客态度、生活方式、政治倾向、个性等，并对这些数据进行分析，服装零售商将更容易细分客户，创建高效、有针对性的广告，推广个性化营销信息，设计新产品，并探索新的发展机会。

比如，著名的服装品牌 ZARA，就通过大数据分析，获得了很大的成功。

通过以数据为核心打造的极速供应链系统，ZARA 实现了新产品的柔性化生产。相对竞争对手而言，ZARA 的效率更高，可以通过数据的联通和协同更快更好地控制从市场调研到设计、打版、制作样衣、批量生产、运输和零售整个环节。

ZARA 有一个全天候的"数据处理中心"。其所有零售网点都可以通过这一系统追踪销售数据，同时，这个系统还能对顾客的消费特性进行深入洞察。比如，通过分析，公司能够在商品上市后初期及时发现畅销款与滞销款，迅速做出决策，从而保持很高的售罄率。

趋势二：线上与线下融合

前面我们已经讲过，不管是线上的电商，还是线下的实体店，都面临发展的困境，而出路就是把双方相互融合，实现线上线下打通。在未来，只有全渠道的服装企业与零售商才会成为真正的赢家。

线上线下高度融合已成为一种趋势。无论是本土的老牌服装企业还是新兴的淘品牌，它们已然认识到线上线下打通的必要性。比如海澜之家，2016年实现营业收入170亿万元，较上年同期增长7.39%。在服装业整体萎靡的情况下，还能实现不错的增长，实在难能可贵。海澜之家的策略就是用高性价比抓准了消费者的心理，并加快了线上线下的高度融合，整合了产业链的优势，实现了线上与线下的优势互补。

还有森马，2016年实现营业总收入约为106.67亿万元，较上年同期增长13.21%；实现营业利润185628.83万元，同比增长3.37%。原因在于互联网业务投入、推动商品体系及零售体系变革、提升供应链品质及效率、线上电子商务业务。

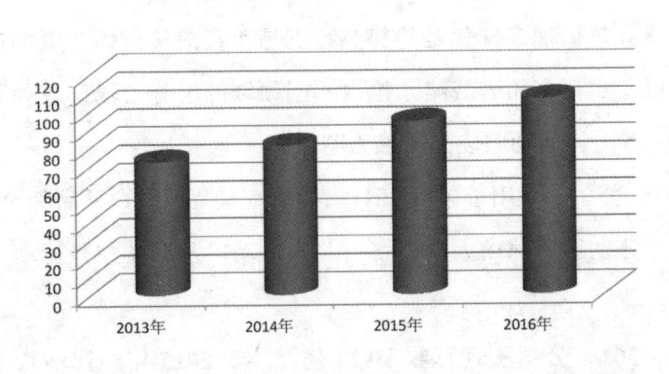

森马服饰营收增长统计（亿元）

2013年	~80
2014年	~90
2015年	~105
2016年	~115

新零售机遇：任何生意都值得重做一遍

同时，线上著名服饰品牌在积极开拓线下市场。2017年初，银泰下沙工厂店开业，茵曼、七格格、妖精的口袋、鹿与飞鸟、日着等40余家服饰淘品牌入驻。

趋势三：渠道下沉，"时尚下乡"

在中国，随着一二线城市市场的逐渐饱和，商家都把目光投向了三四线城市和广阔的农村市场。那些行动比较快、布局力度比较大的服装企业及商家，已经获得了不错的回报。

比如安踏、都市丽人等企业的服装业务收入增速都优于同行业的其他公司。安踏主品牌及童装品牌专注二三线城市市场，其低层级城市的门店占比高达85%，2016年四季度的线下零售额实现15%~20%的高位增速；都市丽人网点集中于低层级城市，门店占比更是高达约90%，在经历2016年的销售挫折后积极推进渠道变革、门店升级后，业绩回升明显。

另外，三四线城市和农村居民收入的稳步提升，也是服装品牌向其倾斜的重要因素。过去，三四线城市和农村的服装市场以无品牌的散货为主，但随着这些区域居民的可支配收入增加，消费者将越来越青睐有品牌的产品，逐渐从满足数量转向追求品质，从满足基本功能转向追求时尚和品牌。

同时，扶持农村发展是国家政策的大方向。这些因素都注定三四线城市和农村是服装业未来发展的重要方向之一。

趋势四：市场将越来越细分

服装消费群体呈现多样化是趋势。特别是年轻消费群体，更加追求个性和差异化。所以，实行多品牌战略，抢占不同领域的细分市场，成为服装品牌的共识。在这一点上，运动服装品牌最为明显。

比如361°公司，采用了包括361°、361°童装以及户外品牌ONEWAY的多品牌策略，分别针对国内大众市场、儿童运动以及高端户外运动市场的不同细分领域。

2016年，361°公司实现营收50.23亿元，较2015年同比增长12.6%；毛利率同比增长 1.1%，达到了 42%。

趋势五：跨界将成为潮流

现在，跨界已成为常态，谋求多领域发展所带来的全方位改变也成为一种自我突破的方式。

在服装行业，众多服装商家选择了跨界多元化，或者瘦身变更主业，同时也有不少服装企业围绕服装主业，以资本为纽带，向产业链的上下游，特别是向下游的物流、渠道、零售、服务等产业链环节延伸，向多品牌、多品类、产品＋服务式的生活方式品牌转化。

比如，朗姿收购了两大医美品牌，涉足医疗整形美容产业领域；杉杉做起了能源锂电池；七匹狼不仅把地产搞得风生水起，还涉足再保险；步森则是开发起"企业金融科技"这个新的业务方向。除了传统老牌服装企业，年轻品牌同样也在尝试跨界。美特斯邦威尝试在旗舰店开设书吧和咖啡吧，拉夏贝尔重金投资咖啡品牌。

总而言之，要做好服装零售业，就要把眼光放长远，看准未来行业发展的趋势。走在正确的道路上，所有的改变、调整、努力才有意义。

服装最流行的"O2O 模式"

O2O（Online-to-Offline）模式，又称离线商务模式，是指线上营销线下购买或预订（预约）带动线下经营和线下消费。O2O 通过打折、提供信息、服务预订等方式，把线下商店的消息推送给互联网用户，从而将他们转换为自己的线下客户。

这种模式是互联网浪潮中的热点。服装业与时代发展密切相关，是最早应

新零售机遇：任何生意都值得重做一遍

用 O2O 模式的产业之一。国内外已经有许多知名服装企业试水 O2O 模式，不同服装品牌根据自身的品牌定位和经营模式的不同，形成了多种类别的 O2O 模式。目前服装品牌 O2O 模式主要有四种，新型门店模式、粉丝模式、私人定制模式和生活体验店模式。

新型门店模式

服装的新型门店模式是传统的门店加互联网销售的组合。只做线下的服装店是没有出路的，只有结合线上的线下实体服装店才能更好地适应新零售时代。线上引流，线下制造口碑，这才是新型服装店的最佳策略。

O2O 模式的核心价值是提升消费体验。现在，消费者对服装的消费观念已经从传统的物质消费逐渐转向体验消费。要树立良好的口碑，必须把服装店的消费体验做好。比如便捷、舒适、有趣、个性化都是提升体验的关键点。

粉丝模式

服装的粉丝模式是指商家利用品牌知名度和优质的服务拉拢庞大的消费者群体作为粉丝，利用粉丝相互传导的方式，达到营销目的的商业理念。这种模式的关键是如何扩大粉丝群体，并持续保持粉丝的黏性。比如，广州茵曼服饰在服装线上销售时专门雇佣"网络红人"从事促销，通过"网络红人"对粉丝的强大吸引力进行服装销售。

私人定制模式

这是由高级定制和网店销售相结合的一种主要根据客户的具体要求，完成一对一的个性化服装定制的服务模式。私人定制目标主要针对高端服装消费群体。私人定制服务是通过线上和线下同时进行运行的服装经营模式。因为这个模式是未来发展的重要方向，所以后面会有详细讲述。

生活体验店模式

这是一种服装销售与休闲娱乐结合的模式。其实，购买服装是一件非常累人的事情，尤其是女消费者，会不停地挑选试穿。这种模式就是在消费者购买服装疲劳时，为他们设置一定的休闲娱乐设施，同时配有专门的时尚顾问指导他们通过网络、手机 APP 等工具选购服装，让消费者在休闲娱乐中完成服装购买行为。比如，美特斯邦威就在重庆开了多家服装生活体验店。

韩都衣舍的"B2C 模式"

韩都衣舍是中国时尚服饰品牌。韩都衣舍凭借"款式多,更新快,性价比高"的产品理念深得全国消费者的喜爱和信赖。

从大的角度来看，韩都衣舍属于"B2C 模式"。B2C（Business-to-Customer）模式就是"商对客"的模式，也就是通常说的直接面向消费者销售产品和服务的商业零售模式。

韩都衣舍的"B2C 模式"有其独特的地方。一款产品从设计到上架，在传统时装界需要 6 到 9 个月，而互联网品牌每天都上新款，韩都衣舍每天的新款产品达七八十种。

一般的传统品牌，会把大量的精力放在渠道建设和扩张上，而韩都衣舍则把精力都集中在产品上，包括产品本身的设计、网站的视觉传达以及服务。

韩都衣舍为什么能够做到这些呢？

在运营方面，采用"小组制"

在传统服装加工厂，一件衣服的生成由若干生产线组成，包括打版、裁剪、缝制、后整等工序。而韩都衣舍采用的是"以产品小组为核心的单品全程运营体系（IOSSP）"，简称"小组制"。这种模式最大的一个特点就是将企业划分为"小集体"，每个"小集体"自行制订计划，独立核算，持续自主成长。这就让

新零售机遇：任何生意都值得重做一遍

每一位员工都成为主角，全员参与经营，依靠全体智慧和努力完成企业经营目标，实现企业的飞速发展。

比如一个三人小组，通常由设计师、页面制作、库存管理员构成。这三人全权负责某一单品的页面制作、款式设计、尺码以及库存深度的预估等工作。在考核方面，公司会以各小组的毛利率和库存周转率为标准。而小组的奖金，则是用销售额减去相关费用，再乘以毛利率、提成系数与库存周转系数来计算。

这种小组制的优势有两点：一是提高了效率，因为小组团队得到充分授权，能自行权衡销售量和上新等环节，减少了各种因不必要的请示、汇报、沟通、扯皮而产生的损耗；二是实现了小组利润最大化，降低了库存风险，因为每个小组的销售额、库存周转率等指标的考核非常细，而且与奖金紧密相关。

这些能动性极强的小组就像一个个强力运转的发动机，支撑着韩都衣舍的高速成长。

在生产供应方面，采用柔性供应链体系

由于传统服装企业的产品开发周期比较长，所以一般会实行反季节生产的模式，夏季生产冬季服装，冬季生产夏季服装。这种模式会降低企业对市场的敏感度，极易因为市场需求变化而造成库存积压。而韩都衣舍依托"小组制"，建立了以"多款少量、快速返单"为核心的柔性供应链体系，在向生产厂商下订单时采用多款式、小批量、多批次方式，能够快速对市场做出反应，从而有效地避免了高库存风险。

同时，韩都衣舍还采取了基于数据分析的返单机制。韩都衣舍建立了一套系统的数据模型，每款产品上架15天后即分为"爆""旺""平""滞"四类。爆款和旺款可以返单，一般为几千件左右，平款和滞款则必须在旺销时间立即打折促销，这样就不会产生过多的库存积压。

在技术方面，采用基于电商销售特色的IT信息系统

韩都衣舍充分利用新技术，自主研发打造出了一套完善的商业智能系统。比如电商运营体系，就包括了订单处理系统（OMS）、仓储管理系统（WMS）、企划运营管理系统（HNB）、供应链系统（SCM）、商业智能集成系统（BI）等。这套系统能对公司整体的产品开发、库存情况、营销推广等各个环节进行即时的数据分析，监测预警，从而给公司各部门以及整体决策，提供了科学合理、坚实有力的支持。再比如协同快递平台的物流管理系统（TMS）、协同供应商的供应商协同系统（SRM），都使得韩都衣舍的日常运营更加高效。

高技术价值的服务体系，不仅提升了韩都衣舍对数据的分析、应用能力，同时还提升了客户的消费体验。比如2016年"双十一"，韩都衣舍开售3分钟就成功发出了第一个包裹；开场7分钟第一个追加订单发出。订单处理速度高达1.5万单/分钟，创造了新的行业纪录。

韩都衣舍利用独特的模式，创造了一个中国服装品牌高速成长，并最终获得成功的经典案例。

报喜鸟的"C2M模式"

C2M（Customer-to-Manufactory，即客户对工厂，C代表消费者，M代表工厂）模式就是"个性化定制"模式。这种模式在工业互联网背景下产生，具备信息化、智能化、科技化等时代特征。通俗地说，C2M指的是消费者在终端提出个性化需求，省略所有中间渠道，直接对接工厂，由工厂来满足消费者的需求。

在服装行业，C2M模式的典型代表品牌是报喜鸟。

报喜鸟控股股份有限公司，是中国服装行业百强企业，拥有1500多家实体销售网点及覆盖主流销售平台的线上营销网络，年零售收入50多亿元。

报喜鸟的服装定制采取两种方式：一是进入网站www.bxn.com，注册成为会员进行网上定制。二是拨打400-826-5555，由客服人员为消费者服务。

报喜鸟对定制服装的客户做出了承诺：48小时上门量体、240小时交付成

新零售机遇：任何生意都值得重做一遍

衣。在服装行业，个性化曾经只属于"慢工出细活"的私人定制，而报喜鸟则将大规模个性化定制变成了现实，一天可以生产定制服装 1000 套以上。

客户可以在全国任何一家报喜鸟专卖店或者客户端等渠道下单。当报喜鸟技术中心收到订单数据后，技术中心的 CAD 等系统会精准地计算耗料、物料，然后进行自动排版、制版、校验，生成数字化可操作的版型。这个过程非常快，只需 10 秒就可以完成。对于匹配数据出现异常的版型，系统能够进行预警，从而使异常版型得到及时调整。之后，版型信息会直接传输到 MTM 智能制造车间。

在智能制造车间，有一个智能吊挂系统，会将衣服的每个部件准确地输送到相应的工位。当每个部件完成之后，会对个性化部件进行智能匹配，领子、袖子等小部件会自动去找大身和挂面，进行智能组合。这种精准快速的匹配度是人工根本无法相比的。最后，每个部件的缝制加工则由工人纯手工制作，从而确保了定制衣服的高品质。

整个生产车间一共有 396 道工序。那么，报喜鸟是如何组排这些工序，从而实现大规模个性化定制的呢？其关键在于"三个化"——数据化、部件化、智能化。

数据化

在报喜鸟，会把需求端客户的个性化定制信息变成四个数据：身材数据、版型数据、工艺数据、面辅料数据，然后把这些数据集中存储在衣服部件衣架上的 RFID 芯片当中，通过无线射频扫描，在智能吊挂流水线上流转，从而进行工序生产。同时，生产过程中的动态数据会被实时收集反馈。

部件化

报喜鸟会将一件衣服分成五个部件：大身、挂面、袖子、领子、后背，然后将这五个部件挂上衣架升入智能吊挂系统。每个部件都有独一无二的 RFID 身份信息，而智能系统形成的生产线路图，会根据 RFID 信息将相同工艺的部件，精准推送到同一工位进行批量生产。每一个工位有一个工人负责。这种一个工人只负责缝制衣服一个部位的方式，大大地降低了工人制作衣服的复杂程度。

智能化

这是整个生产制造过程的智能化。报喜鸟通过 CAD、CAPP、MES、SCM、WMS、RFID 智能吊挂六大系统集合的生产过程智能控制系统，以自动化传感技术整合吊挂系统和显示系统，智能、自动、精确、简单地对生产工艺操作进行管控，最终实现部件化生产和人机协同，成为数字化驱动工厂。

通过这些先进的技术，报喜鸟实现了"一人一单""一人一版""一人一款"，打造出了个人定制服装从消费端到生产端的智能化。

未来是个性化消费的时代，工业化的批量生产，造成的"撞衫"尴尬必然被"一人一版"的极致个性化所取代，而取代"撞衫"的前提是人人都消费得起的定制。报喜鸟的大规模个性化定制解决了这个问题，使得人人都可实现个性化服装定制的梦想。

Chapter 14

家电行业新零售的机遇在哪里

家电行业是电商巨头和大型连锁品牌的天下，实体小店相对比较少。家电行业新零售的关键在于线上线下融合的同时，做好"最后一公里"。家电同质化严重，价格也比较透明，且相差不大，很难在这些方面提升竞争力。只有做好服务、体验、配送、安装、售后等环节，才更容易获得顾客的青睐。

苏宁：线上线下融合O2O模式

作为线下家电零售巨头，苏宁在新零售时代走在了前列。苏宁率先在行业内提出了O2O模式，借助线上线下的经营融合优势，快速提升创新产品经营、丰富用户体验、融合渠道发展等能力，实现从传统零售模式向O2O模式的转型。

2012年3月，苏宁董事长张近东提出，苏宁的目标是要做中国的"沃尔玛+亚马逊"。苏宁的O2O模式就此开启，同时这一年也被称为苏宁的O2O元年，中国O2O也因此拉开了发展的序幕。在随后的2013年，苏宁积极地进行了O2O战略布局；2014年实现了O2O战略落地。

2015年，苏宁继续升级O2O战略，同时与阿里巴巴相互入股合作，强化线上线下融合。张近东把苏宁的O2O模式概括为八个字：一体、两翼、三云、四端。

"一体"就是要坚守零售本质。不管零售业态怎么变、渠道怎么变，苏宁始终坚守顾客服务、商品经营的零售本质，并充分运用互联网、物联网、云计算等新工具，创新商品经营模式和顾客服务方式，实现科技零售和智慧服务。

"两翼"就是打造线上线下两大开放平台。线上是苏宁云平台，向全社会开放企业前后台资源，建立品牌商品与品质流量的良性互动；线下苏宁云店，围绕本地生活全面开放，集展示、体验、服务、引流、销售于一体，营造城市生活的空间、顾客服务的场景。

"三云"就是围绕零售本质，把零售企业的商品、信息和资金这三大核心资

新零售机遇：任何生意都值得重做一遍

源社会化、市场化，建立面向供应商和消费者以及社会合作伙伴开放的物流云、数据云和金融云。张近东指出，企业资源云化，既是观念的突破，也是技术的突破，更是企业商业模式和盈利方式的突破。

"四端"就是围绕线上线下两翼平台，因时因地因人，融合布局 POS 端、PC 端、移动端、电视端。

2016 年，苏宁积极拥抱新零售，借助线上线下的多场景体验和感知，线下的核心优势加上成熟的线上运行，有效地把购物体验、导购、物流极致配送等双线结合，实现了进一步的发展。当年实现营业收入 1486.8 亿元，同比增长 9.69%，其中线上业务线增长迅猛，同比增长 60.14%，连锁店坪效同比提升 19.49%。

2017 年，苏宁继续强化线上线下融合的 O2O 优势。8 月 28 日，苏宁全国首家商用无人店"苏宁体育 Biu"开业，主营体育周边产品。苏宁无人店采取"刷脸"进门方式，首次进店的用户需先下载苏宁金融 APP 进行"绑脸"操作。当消费者拿起一款商品时，货架一侧的大屏上会显示该商品的诸多信息。选好商品后，用户以正常步行速度通过付款通道实现付款。

2017 年的"十一"假期刚过，苏宁就启动了下一年的布局，宣布 2018 年再开 5000 家店。在 2017 苏宁易购 O2O 购物节上，苏宁提出"六大产业 +O2O 联动"，打造全渠道、全产业、全客群的"三全"购物节，发挥其线上线下及产业优势。

截至 2017 年 9 月 30 日，苏宁在全国范围内已有自营店面 3748 家，包括连锁店面、苏宁小店、苏宁易购直营店、苏宁红孩子等。

苏宁的 O2O 模式打破了渠道的天花板，实现了线上线下全融合。这为其他企业提供了借鉴的范例。

国美：从卖家电到卖方案和体验

作为全国最大的两个家电连锁巨头，苏宁通过O2O模式获得了不小的成就，而国美也不甘落后，加速推进新零售转型。

曾有国美高管说："国美确实错过了电商时代，但是，新零售的线上线下融合时代来了，后互联网时代来了，这个国美赶上了。"

2016年12月，国美提出了"6+1"新零售战略。

"6+1"战略中的"6"，是用户为王、产品为王、平台为王、服务为王、分享为王、体验为王，这6张王牌在逻辑上是层层递进的关系，最后形成完整的生态闭环；"1"是线上线下融合为用户提供首屈一指的服务。

新零售战略确定以后，国美开始实施，频频出手。2017年1月，国美启动了关于线上线下融合的蒲公英项目，通过一系列技术革新、板块重组，打通国美在线、国美Plus、国美电器批量采购、定价、分销、出库、售后等各渠道，实现线上线下一体化的融合，让消费者享受更加便利的消费体验和更加优质的生活。

为了更好地转型新零售，国美索性改了名字，把国美电器控股有限公司改为国美零售控股有限公司。这意味着国美已不再将自己定义为电器连锁公司，而是定义成综合性的零售公司。

在2017年的战略会议上，国美提出了两个转变：通过搭建包括空净系统、全屋净水系统、地暖系统、中央空调系统、引入家装企业等以"家"为核心的整体解决方案场景，实现国美门店从家电卖场向"家电+家装"方案提供商和

新零售机遇：任何生意都值得重做一遍

服务商的转变；通过搭建包括电竞、网咖、烘焙、动漫、VR 影院等"娱乐 + 休闲"场景，实现门店从零售卖场向"零售 + 娱乐 + 休闲"的体验式卖场转变。

国美把场景打造作为新零售的重头戏。在国美高层看来，VR 影院将成为社交场景消费的重要领域。

2017 年 6 月 12 日，全球首家专业 VR 影院落户国美旗下大中电器北京马甸店。VR 影院拥有三大空间，消费者在这里不仅可以实现 VR 观影、VR 游戏，还可以组织亲友聚会、开展学术沙龙、体验 3D 打印等。

在家电零售卖场开设 VR 影院，这在行业里面没有先例。这种在家电零售卖场嵌入休闲娱乐式消费服务的方式，将为门店带来更多的黏性消费，增加线下门店客流量。可以说，国美打破了传统意义上的零售价值与边界，改变了消费者对门店的认知，甚至更深层次地培育和引领新的消费需求。

对于 VR 影院的开设，国美总裁王俊洲表示："VR 影院的建设和开放，是国美新场景改造重要一环，是重新定义零售和用第四次技术革命改变新零售的突破口。"

另外，国美还以 2.16 亿元投资了标准化家装公司爱空间。这是国美从家电卖场向"家电 + 家装"方案提供商和服务商转变的重要举措。

爱空间是互联网家装的代表，提出了"从毛坯房到精装房 20 天、699 元每平方米"的口号。

爱空间抓住了家装市场鱼龙混杂、良莠不齐的痛点，通过一系列标准化体系运作让消费者以最合理的价格、最短的工期、最过硬的品质来实现家装，很受消费者的欢迎。

国美与爱空间合作，相当于把家电销售战场直接拉到消费者家里，在家电消费的"最后一米"抢占先机。

对电商巨头而言，主要是做好配送，做好"最后一公里"，而在消费者家里的"最后一米"，则很难发挥优势。而国美在全国拥有 1604 家实体店（截至 2017 年 12 月），这些店犹如一座座堡垒，配合爱空间的"特种部队"，可谓攻守兼备，内外双修。

如何去守？国美拥有上千家实体店，在这些店里设立好爱空间的标准化样板间后，消费者可以轻松地在国美通过样板间，像买家电一样买装修。从毛坯房到温暖的家，消费者在国美店里就可以一次性完成。

如何去攻？消费者选择好自己中意的家装后，爱空间通过强大的标准化体系，直接把车间设置在消费者家里，以流水线似的装修操作，来保证速度和质量。把装修拆分成无数的小步骤，每一步都用最熟练的工人、最专业的技术完成。

在电商的冲击下，实体店的顾客到店率明显减少，那是因为家电不具备太强的体验需求，但家装就不同了，它具备非常强的体验"刚需"。把家装引进到实体店里，就像给碉堡配了特种部队，全国一千多家体验店，立刻焕发出青春和活力。

在新零售的道路上，国美在努力走出不一样的未来。

农惠淘："互联网 + 农村"模式

随着城市家电市场的逐渐饱和，大家都把目光转向了广阔的开发并不充分的农村市场。阿里巴巴、京东、苏宁、国美等都先后向农村市场进发。除了这些零售巨头，也有不少的小商家和创业者看到机会，通过模式创新，涉足农村家电市场。其中，农惠淘就是这样的一个平台。

农惠淘是由"互联网＋县域经济"综合服务商成都农淘科技有限公司成立的新型农村电商项目，围绕"县域电商自生态"的新理念，致力于构建城乡生活和商业的一体化、智能化、信息化建设，以实现农村经济的多维度、开放式、电商化发展为目标。

新零售机遇：任何生意都值得重做一遍

刚开始，农惠淘主要是针对农村家电市场，立足于全国最优质的线下家电经销商的优势，基于线上信息交互，线下深度体验及售后服务，以"B2B+O2O"创新模式发展农惠淘体验店，打造中国值得信赖、专业的O2O家电商城。

但是，当真正做起来之后才发现，家电的复购率太低。在农村，顾客买一台家用电器，差不多都要用几年。于是，农惠淘增加了受顾客欢迎的快消类产品和服务类产品，通过品类的增加，为消费者提供在家门口的"超级商城"，让消费者的生活更便捷。

农惠淘以县域为单位面向全国招募县级合伙人，成立县域运营中心，辅助其搭建一个基于县域的电商服务平台。平台通过虚拟货架将每一个农村小店改造成一个网上沃尔玛，同时也能成为各个农村生活服务的入口，形成县域经济的互联网自生态。

农惠淘的优势主要体现在以下几个方面。

理念

连接农村家电实体商户和消费者是农惠淘的宗旨。这样做，一方面，能解决商家拓客难、留客难、营业收入低等问题，为商家创造消费黏性；另一方面，能为消费者实现财富增值体验，提升百姓的生活水平,重建人群之间的信任关系，促进社会稳定。

渠道

农惠淘通过线下万家体验店终端、手机APP、各运营中心和线上平台，实现全国所有省市的覆盖。同时，农惠淘与国美、海尔、美的等商家合作，建立电器零售和广告推广渠道，将合作企业的产品和服务借助农惠淘的渠道快速在全国市场铺开，最终实现销量上的剧增与品牌知名度的迅速拓展。

服务

农惠淘通过线下体验店，覆盖全国农村，依托体验店网络打造开放的农村家电服务平台。对农民而言，可以在体验店终端完成购买、物流、售后等服务，如快家电、生活用品、服饰、食品等，而线上平台项目则可依托体验店实现快速落地。

借助体验店实现O2O闭环

依托体验店广告系统和线下特卖活动，结合农惠淘会员系统优势，让消费者通过线上线下都可以实现便捷、实惠的购物体验。

相对于京东、苏宁、国美等零售巨头，农惠淘的实力和条件都有很大差距。但是，通过不断探索、试错、调整，未必不能获得良好的发展。

"最后一公里"是家电新零售争夺的核心

家电零售行业，在物流配送这一环节比较特殊，特别是大家电，运输不方便，还需要安装、调试，成本很高。因此，这购买流程的"最后一公里"成为行业的痛点，也成为各大家电零售商争夺的核心。

从体验的角度来看，谁能做好"最后一公里"，送货时间短，能给客户尽快安装，让客户感到满意，谁就会获得客户的青睐。为什么各大零售巨头都要在物流配送方面下大力气呢？就是这个原因。所以，京东自建了物流配送体系，阿里巴巴创建了"菜鸟"，国美与苏宁在加强自身物流的同时，积极与第三方合作，弥补短板。

"最后一公里"问题难以解决的原因主要体现在三个方面。

效率低，浪费严重

从物流市场来看，中国第三方物流占比较低，不到25%，而在欧美和日本这一比例甚至超过70%。另外，各类物流资源缺乏统一的优化和调度，快递物

新零售机遇：任何生意都值得重做一遍

流公司投入严重重复，拉高成本的同时制约了效率提升，再加上末端网点的重复建设，使本就高涨的仓储费用雪上加霜。比如，各级快递网点众多，各自为政，快递员日均派件量并不高，单件快递的运输油耗很高。如此一来，效率低下，造成了巨大的资源浪费。

政策影响

从政策角度来看，城市货车限行也是造成"最后一公里"成本居高不下的一个重要原因。在北京，货车进入四环需要货运通行证，而上海也通过发放货车通行证来限制货车数量和通行时间。

成本因素

从成本的角度来看，国内人工费用持续攀升，油价也不低，这给严重依赖人力派送的快递行业造成了很大影响。

Chapter 15

餐饮业新零售如何更上一层楼

餐饮是个人创业的重点选择项目之一，也是互联网渗透最深的行业之一。餐饮业的新零售模式比较多，比如O2O模式、便利店＋餐饮模式、复合跨界模式等。餐饮业品质第一，营销第二，如果质量不好、口味不佳、味道不美，那么其他任何的努力都是无用功。当质量保证了，再结合极富创意的模式，有些餐饮店家就能在新零售大潮中脱颖而出。

新零售机遇：任何生意都值得重做一遍

餐饮的"O2O 模式"

餐饮 O2O，就是餐饮基础上的 O2O。可以说，餐饮行业是最早被互联网化的，也是受互联网渗透最深的行业之一。从 2010 年团购兴起，餐饮 O2O 就开始逐渐崛起蔓延，发展到外卖、菜谱 APP 等多种模式。

团购模式

团购（Group Purchase）就是团体购物，指认识或不认识的消费者联合起来，加大与商家的谈判能力，以求得最优价格的一种购物方式。

基于薄利多销的原理，商家可以给出低于零售价格的团购折扣和单独购买得不到的优质服务。

餐饮业的团购模式，是餐厅利用互联网，通过优惠的方式把顾客大量吸引到餐厅，提高餐厅的上座率，从而让餐厅效率提高，营收增加。

这种模式的基本流程是，用户在团购网站购买代金券或餐厅餐品，预约或非预约到店消费，会享受同等餐饮的便宜价位。后来，团购模式升级了，用户可以到店查看该店是否有优惠，再决定是否就餐，就餐后可直接在支付环节享受优惠待遇。

这种模式的代表有美团、百度糯米、大众点评、拉手网、众美窝窝、58 团购等。2015 年 10 月，美团和大众点评合并，成立了美团点评。

团购模式刚一兴起，引来了众多资本的追捧，几乎是一夜之间遍地开花，美团、嘀嗒、窝窝、拉手、糯米……易观国际有数据统计，2010 年年底～2011 年上半年，团购行业从 2612 家增长至 5300 家。竞争急剧增加，于是"千团大战"爆发。这场残酷的厮杀，导致"互联网＋餐饮"团购网站到 2014 年 6 月锐减至 176 家。

外卖模式

外卖是一种"餐厅＋互联网＋物流"的模式。客户在网上下订单，或者打电话下订单，餐厅做好饭菜后，通过自送或者第三方物流到达客户手中。

外卖的兴起，源于实体店铺对营业额增量的需求和用户的需求，刚开始只是零散的闲时外送，但随着消费者习惯的养成，需求的增加，逐渐成为一种主流模式。

外卖模式的代表有饿了么、口碑外卖（淘点点）、百度外卖、美团外卖、笨熊造饭等。2017 年 8 月，饿了么收购了百度外卖。这次收购，阿里巴巴提供了资金支持。至此，外卖行业变成了双雄争霸的局面。阿里巴巴的口碑外卖和饿了么结成同盟，一起对抗美团点评。

菜谱 APP 模式

2000 年以后，随着"吃货"标签的流行和移动互联网的普及，爱好美食却不会做菜、热衷厨艺交流等人群需求渐渐催生了众多菜谱 APP。这类 APP 不仅能教人做菜，还允许用户分享菜谱并交流做菜心得，因此，一时之间吸引了大量的年轻用户。

菜谱 APP 模式的运作途径是，先建立社群，然后做电商。也就是说，先通过发现、分享、交流等功能，让用户对平台产生黏性和信任，然后再采用电商的方式，向用户售卖各种食品、食材、调料。

菜谱 APP 模式的代表为好豆菜谱、美食杰、美食天下、菜谱精灵、豆果美食、下厨房、美食行、网上厨房等。

新零售机遇：任何生意都值得重做一遍

"便利店＋餐饮"模式

把餐饮与便利店结合，是餐饮新零售的重要业态之一。典型代表是7-Eleven便利店。

许多人有在7-Eleven买午餐的习惯。而且，在北京，7-Eleven的门口挂上了"北京市早餐规范便利店"的牌子。

"便利店＋餐饮"模式的优势很明显。我们以7-Eleven为例进行说明。

这种模式的核心优势就在于"灵活"。这种店可以开在社区、学校、办公楼等地方。

全天24小时开放的营业模式，商圈辐射半径一般不会超过500米的距离优势，可以打消消费者时间上的顾虑，随时随地徒步到店购买所需物品或者用餐。

快捷、低价格、高标准化，提高了店铺的性价比

在7-Eleven便利店中，商品是以食物为主，其中早点和便民食坊等商品信息最惹人注目。

早点的品类包括包子、油条、粥、豆浆等，价位均在10元以内。

便民食坊主要有各类便当、配菜套餐。便当比较便宜，比如虾仁什锦炒饭的价格才6.5元。套餐类的芽菜鸡柳组合、溜鸡肉组合、小炒肉组合等皆是按照3种菜品的搭配标准，价格都在20元以内。

7-Eleven日常的饭团、寿司、面食、配菜等，在口味上不断推陈出新，每周都会上架多种新产品，据称产品年替换率为70%，其目的是为了吸引熟客频繁光临，保持新鲜感。

营养健康的早午餐、"快捷便利+低价格"的优势，让7-Eleven深受白领人士的喜爱。

完善的共同配送体系，保证了食品的高安全性

共同配送就是指生产厂家、供应商和便利店三方通过互相合作，集中原本相对分散的配送路径，把同一地区同类厂家的产品实行共同配送，从而形成合理化物流体系。

7-Eleven在共同配送体系的基础上，又对产品进行了细分。7-Eleven在各个区域设立了共同配送中心，根据产品的不同特性，分成冷冻型（零下20摄氏度），如冰激凌；微冷型（5摄氏度），如牛奶、生菜等；恒温型，如罐头、饮料等；暖温型（20摄氏度），如面包、饭食等。7-Eleven依据这四个温度段对产品进行集约化管理。

"温度管理"背后折射的是7-Eleven注重食品鲜度、崇尚产品品质的思维。完善的配送管理体系，保证了食品的安全性，食品安全是任何一个企业涉足餐饮的基本职业操守。

早在2014年，华润V+超市就推出了"白领饭堂"，使得超市餐饮化成为潮流。这本质上与7-Eleven模式一样，都是餐饮与商品零售店铺的结合体。

提供复合型餐饮体验的"跨界模式"

随着互联网的发展，"跨界"越来越流行。现在，面临新零售，餐饮业也开始跨界了。

河南郑州有一家名为ZOO COFFEE（动物园咖啡）的店铺，推出了"咖啡+小面"的混搭食品。他们在售卖咖啡的基础上，还为顾客提供重庆小面、豌豆小面、

新零售机遇：任何生意都值得重做一遍

杂酱小面、牛肉小面等几道中餐。

有着 30 多年历史的萧记三鲜烩面推出了咖啡；在北京 798 艺术区的一家重庆面餐厅，搭配各类面食的是 3 款咖啡；西安的一家魏家凉皮店，与肉夹馍齐名的是各类西式小蛋糕。

著名餐饮品牌星巴克，曾经因为担心破坏店内浓郁的咖啡香味，其创始人霍华德·舒尔茨愤怒地宣称"让三明治滚出星巴克"。但是，现在也不免"落俗"地卖起了三明治。

在 2017 年 3 月 22 日的年度股东会上，星巴克高管宣布，将开始认真做午餐，计划 5 年内让食品销售额翻倍。同时，星巴克还发布了"Mercato"健康午餐菜单，4 月从美国推出。

2016 年，星巴克就在中国 12 个省市启动了"焕新食"项目，推出 38 款新餐品。这些新餐品价格从 15 元~32 元不等，餐品除了保留一些原有的如香酥可颂、扁桃仁白巧克力等糕点外，还新推出了多款餐品，如牛肉薯蓉派、番茄培根蝴蝶意面、鸡肉蘑菇派等。看来，星巴克对新零售的反应还是非常敏感的。

中国饭店协会会长韩明曾公开表示，"未来餐饮业不仅是传统的吃喝这么简单，更可能是餐饮服务的基本功能 + 主题文化 + 消费体验的平台型行业，跨界合作、跨界发展将成为通行做法。"

确实，跨界成为餐饮业的发展趋势，其目的就是为顾客提供复合型的餐饮体验，吸引更多的顾客。对创业者而言，必须抓住这一点，不断创新，开发出消费体验更佳的商业模式。

Part 4　拥抱新零售，抓住传统行业升级转型的机遇

专注单品的"小而美模式"

现在，人们的消费逐渐趋于理性，不再盲目消费，不再奢侈浪费。于是，那些"高大上"的高档餐厅饭店普遍经营困难，而那些专注单品的"小而美"的餐厅饭店却迅速火爆起来。

在北京地安门外的胡同里，有一个叫"老奶奶创意厨房"的小餐厅，生意不错。这家餐厅面积不是很大，主营竹炭烘焙的有机套餐，同时推出了有机食材等周边产品。这里以前是画室，后来改造做了餐厅，环境很私密也很幽静，堂设没有过多的改变，工作桌变成了餐桌，老物件也予以保留，每个用餐区都做了精心的设计，古色古香的艺术气息极浓，让用餐不再是单纯的味觉享受。

看到店名，人们也许以为主厨会是一位慈祥的老奶奶，事实并非如此。原来，这是店家创作的动画，名为《老奶奶传奇》。这部动画讲的是一个老奶奶和伙伴们为了寻找美食和精湛厨艺而冒险的故事。店里有一面墙，手绘了这个故事的片段。

这家餐厅，只专注于竹炭烘焙的有机套餐，再结合精美雅致的环境，让消费者有了非常有趣的就餐体验。

这种"小而美"餐厅的优势在于三个方面。

第一，产品精致，但比较简单易做，容易达到标准化，而且定位人群很明确，所以生意比较红火。

第二，投资小、回报快。现在的房租、员工工资、食材成本都比较高。而这种"小而美"的餐厅，面积小了很多，投资也就少，劳动力成本也相对减少，

而且店小翻台率会相对提升，回报比大饭店来得快。

第三，"船小好调头"。随着餐饮行业之间的竞争日益加剧，大饭店越来越难做。很多大的品牌饭店，开始主攻婚宴市场，即便如此，仍不乏亏损的店面。而开设有特色的"小而美"餐厅，投入小，又迎合目前市场的需要，即使出现问题，在对经营思路、产品进行调整时，也相对容易，不会造成太大的损失，风险小了很多。

返璞归真的"家乡小馆子模式"

在2017年的餐饮业连锁大会上，"外婆家"的老板吴国平表示，餐饮的下一个趋势是"返璞归真"。

现在的消费者更加注重健康，钟情于绿色食品，对于不上档次但很有家乡味的"土菜"非常感兴趣。土菜一方面烹饪方法更加原始传统，另一方面对食材选择更加严苛，迎合了人们的心理。于是，极具特色的"土锅""土灶"很受消费者欢迎。这些店铺的菜品突出家乡"土"味，比如大碗肉、火锅羊肉、大缸甜沫汤、铁锅鱼、竹筐烧饼……并将后厨搬到前厅，一进门，烙饼的烙饼，拉面的拉面，一锅锅炖肉热气腾腾，香气四溢，让消费者似乎又回到从前家乡的小馆子里。

在广州有一家湘菜馆，正是因为"土"得别有一番风味，所以生意才非常好。

在湖南汨罗乡下，每家每户逢红白喜事，必办"土八道"宴席。"土八道"虽未入中国菜系谱，但由于用料纯系自产、活物野生、干货是传统土法加工，又用泥砖垒就临时大锅灶现场柴火制作，只用食盐和酱油调味，所有菜式必须用现宰牲畜浓汤烹制，鲜味极佳，是不辣的另类湘菜经典。而在这家湘菜馆，能吃到这些正宗的菜。

另外，这家湘菜馆还使用量身打造的青花瓷器皿，增添湖湘风味，精心为每道土菜"穿衣戴帽"，色、形、味俱全。

开家乡小馆子，需要把握好三点。

食材要真材实料

要做出家乡的味道，在关键食材上要把握好，不能偷梁换柱。比如做陕西的油泼面，辣椒和醋非常关键，只要这两样是正宗的，基本上味道也就正宗了。许多店家图省事，图便宜，就地取材，结果做出来的味道根本没有家乡味，失去了特色。所以，要选择陕西当地的辣椒面和醋。如果量比较大，可以找固定的商家定期发货。

烹饪要采用"土办法"，但也要兼顾实情

家乡菜的做法要尽量保证原汁原味，但也要照顾都市人的饮食习惯。如湖北鄂西的"土腊肉""土猪肉"，当地人吃的块子很大，食用不便。在引入时，把肉块切小，并配上土豆等蔬菜类原料，在装盘上要进行美化。有时候为了保证它的风味特色，有些酒店聘请当地擅做乡土菜的"乡土厨师"现场制作。

要极力营造家乡的氛围

经营家乡土菜的饭店在装修上应尽量接近农家风格，在餐厅的布置上要注重营造特定的环境气氛，如以辣椒串、玉米棒、斗笠、蓑衣作为装饰物，使就餐者走进餐厅便进入了"角色"，找到吃家乡土菜的感觉，体现乡土菜朴实无华、味醇、实惠和价廉的特点。

在新零售时代，餐饮业要追求创新。这种"家乡小馆子模式"，非常适合在大城市的次商业圈或者边缘地带。只要真正做出特色，一定会有不错的生意。

新零售机遇：任何生意都值得重做一遍

专卖食材的"蓝围裙"模式

"蓝围裙（Blue Apron）"是美国的一家食材配送服务公司。这家公司成立于2012年，服务对象主要针对那些没时间去超市采购，或者嫌洗菜配菜麻烦的家庭和个人用户，"蓝围裙"每周为他们配送烹饪用的半成品净菜食材包。

"蓝围裙"的创始人是马特·萨尔兹伯格（Matt Salzberg）。原本在 VC 工作的马特·萨尔兹伯格发现在家做饭这件事其实很麻烦、很耗时，而且实际上价格也不便宜。对此，他想到的是用完成预加工的净菜来解决这个问题，这个想法后来发展成了"蓝围裙"。

"蓝围裙"模式的流程如下所述。

用户在"蓝围裙"上下单购买的标准产品是食谱计划。"蓝围裙"会以每人每餐 9 美元~10 美元的标准制订每周的食谱计划，消费者则根据自身的需求量预约购买需要的份数。而"蓝围裙"则根据用户的订单情况进行原材料采购，然后在每周约定的日期将用户预订的食材送上门。"蓝围裙"的服务是以周为单位的，也就是说用户选择完计划之后直到要求停止服务为止，每周都会收到"蓝围裙"寄来的食谱和食材。

"蓝围裙"模式为消费者带来的价值有四点。

一是方便，消费者不用去想该吃什么，不用花时间和精力去购买各种食材。

二是消费者比较轻松地享受烹饪的乐趣。

三是相对健康的食谱。

四是相比于在餐厅吃来说成本较低。

Part 4 拥抱新零售，抓住传统行业升级转型的机遇

由于抓住了消费市场的痛点，"蓝围裙"的发展很快。从2014年到2016年，"蓝围裙"的年度营收从7780万美元迅速增长到了7.95亿美元，整体涨幅超过10倍。其中2015年是"蓝围裙"的关键爆发期，其年度营收达到3.4亿美元，一年完成了338%的增长。

在中国，也有不少团队尝试"蓝围裙"的这种净菜电商的模式，其中有一个"青年菜君"。

2013年，"青年菜君"由三位年轻人陈文、任牧、黄炽威合伙创立。他们发现传统生鲜行业有两个难以解决的问题，一是冷链配送问题，最后一公里宅配的物流成本成为制约生鲜行业的重要瓶颈；二是损耗问题。基于这两个痛点，三位合伙人确定了"青年菜君"的商业模式：通过前一天晚上用户的订单采购、生产、加工，杜绝损耗；同时在地铁站建立自提点，解决冷链宅配问题。

2014年初，"青年菜君"获创业工厂数百万元天使投资；同年获"盐商杯"创业大赛一等奖，收获100万奖金。

2014年9月，A轮融资，1000万人民币，投资方为梅花天使创投、九合创投。

2015年3月，B轮融资，数百万美元，投资方为联创策源、平安创新投、真格基金。

在发展的过程中，"青年菜君"的模式经过三次调整。最初是在地铁口建立自提点；后来，改为在社区设立自提点，配备了冷链自提柜；最后开通了宅配服务。

但是，由于后期资金链断裂，以及商业模式上存在问题，"青年菜君"没有像美国的"蓝围裙"一样获得成功，最终倒闭了。

"青年菜君"失败的原因主要有以下几点。

一是商业模式存在硬伤。"青年菜君"的模式是T+1，也就是说用户要提前一天下单，这就给用户造成很大的困难。由于工作上的事务变化，很多人不会按时下班，或者下班后有其他的临时性安排，那么，前一天定的净菜就会因为保鲜问题而浪费了。另外，冷链自提柜的效率不高，造成运营成本增加。还有都市白领的消费习惯问题，这些消费者如果自己做饭，考虑到质量和保鲜问题，

新零售机遇：任何生意都值得重做一遍

则更倾向于购买直供有机生态食材，而不是"青年菜君"提供的这种市场批发的食材。

二是资金问题。"青年菜君"通过补贴大肆扩张，给公司资金造成很大压力。更为要命的是，在关键时刻投资方撤资了，不投了。对此，"青年菜君"创始人任牧说：

"我们也一直认为这笔钱是板上钉钉的。因为这只基金最大出资方的LP在这个过程中，给我们做了一笔过桥。一旦投不了，他们给我们提供的这笔过桥就拿不回去了，这是债。所以连他们也没有意识到最后会投不了。

但是因为种种原因，在交割的前一天出现了一些意外，导致了最终的资本跳票。

但这个事太突然了，我们就算知道了，也来不及找新的投资方。之前为了保证能按原计划今年年内实现盈亏平衡，在资方没有把钱给到我们的时候，通过债务的方式去保证'青年菜君'的发展速度，确实有一点冒进，而且我们没有去做Plan-B，没有做相应的风险控制。"

作为中国"蓝围裙"模式的实践者，"青年菜君"值得尊敬。虽然最后失败了，但为后来的创业者提供了经验和借鉴。

Chapter 16

医疗行业新零售的路如何走

由于药品利润高、药店开设成本低，药品零售店曾一度成为个体、小型企业的香饽饽，更是四五线城市投资创业的重点选择项目。然而，当中国药品采购"两票制"正式施行，药品零售遇到了拐点。此时，对传统药店和医药电商而言，彼此融合，提升服务，充分利用微信、QQ等社交工具，以及各种新技术是最好的选择。

阿里健康的医药全渠道模式

阿里健康是马云在医疗健康领域打造的旗舰平台。马云曾经说："下一个能超过我的人,一定出现在健康产业里。"所以,他很早就开始在健康领域布局。

阿里健康开展的业务主要集中在产品追溯、医药电商、医疗服务网络和健康管理等领域。其中,医药电商业务包括阿里健康大药房、天猫医药代运营服务以及医药O2O。

2017年5月17日,阿里健康披露了2017财年业绩。截至2017年3月31日财年内,阿里健康营收为人民币4.75亿元,同比增长739.4%。营收增长7倍以上,确实让人吃惊。其背后是阿里健康全渠道新零售模式的实施。

阿里健康的目标是运用互联网打造贯穿全产业链的药品流通和销售体系,提升医药保健产品供应链效率,让市场参与、各方和消费者都可从中受益。

2017年,阿里健康的主要营收来自医药电商业务线,总额达人民币3.79亿元,占全部营收的79.8%。

其中,药品网上零售发展最快。2016年8月后,凭借集团运营和品牌优势,以及团队高效的执行力,阿里健康大药房迅速完善了仓储、物流、客服等配套系统,推动医药电商自营业务高速成长。

在天猫医药代运营服务方面,合作医药商家直线增加。

自2016年5月,阿里健康与德生堂、百家惠苏禾、百草堂、康爱多等65

家连锁药店,共同宣布成立"中国医药O2O先锋联盟"(以下简称"先锋联盟"),已"与200多家连锁药店开展合作,覆盖全中国过百个城市的2万余个药房门店。"可见,与阿里健康合作的连锁药店和门店数量大幅增加了。

阿里健康的目标是"将积极探索多种模式赋能商家,实现共同成长、互利共赢的局面,从而打造线上线下相融合的健康产品服务新零售模式,为终端消费者提供更丰富多元的产品及多样化的便捷性服务。"

同时,在医药供应链方面,阿里健康开始布局集采分销业务,减少中间加价环节,从上游供应链介入,更紧密地为下游商家提供质优价廉的产品。

值得注意的是,阿里健康的新零售策略引起一些国际大品牌的兴趣。雀巢健康科学与阿里健康签订了战略合作备忘录,双方全面试水保健营养品全渠道的"新零售"模式,让消费者线上线下同步享受商品通、会员通、服务通的服务。雀巢的产品,除借助天猫雀巢旗舰店、阿里健康大药房等线上渠道外,还将陆续铺设到先锋联盟连锁药房的2万余家门店。对医药健康类品牌来说,阿里健康已成为触达消费升级的中国消费者最重要的渠道之一。

传统药店新零售布局策略

在新零售的大潮下,传统零售药店面临着很大的冲击。那么,传统零售药店应该如何应对呢?

树立新零售的理念

对传统药店老板而言,经营理念的转变是关键。如果还是固守以前的理念,传统药店是无法在新零售时代获得成功的。

理念一,必须拥抱互联网。虽然老年患者等一些药品的主要消费者大多不

新零售机遇：任何生意都值得重做一遍

熟悉互联网，但随着时间的推移，网络会越来越普及，这些消费者也会逐渐成为网民。所以，零售药店应当尽早把互联网纳入自己的工作范围。

理念二，必须增加智能设备。零售药店应当逐渐使用智能设备取代人工，达到简捷方便、真实可靠、可查可追的目的。比如在内部管理方面，吉林大药房使用的手机 APP "药店小蜜"，店员和店长各有不同的权限去阅览公司的销售数据，而且，所有信息实行即时上传，这给员工的工作带来很大的便利。

理念三，必须以体验为核心。没有良好的体验，很难留住顾客。所以，零售药店要在服务上下功夫。比如，某药店使用了面部扫描的技术，当会员进店被扫描之后，店员就知道该会员在门店的消费记录和健康状况，从而帮助店员更好地为会员提供服务。

采用恰当的布局措施

传统药店的新零售布局措施主要有以下五条措施。

措施一，加强信息化管理。门店（如果是连锁店包括总部机构）的所有工作人员、工作流程、工作制度、工作标准、所有商品，做到信息化管理全覆盖。内部信息化管理，不仅是加强管理、保证规范、提高效率的需要，也是与外部工作接轨的必要前提。

措施二，完善供应配送系统。结合"两票制"，与药品生产商或批发商共同建立反应灵敏、调配及时、输送快捷的物流配送系统，通过电脑流程，实现自动采购、自动发送、自动结账，从而实现大规模节约时间、压缩成本、保证储备、降低库存的目的。

措施三，解决支付问题。现在，微信支付和支付宝使用非常频繁，有些人几乎都不用现金了。所以，药店也要能够使用微信支付和支付宝进行收款。

措施四，建立微信服务群。以药店为群主，根据不同的需要，建立不同的群，提供不同的服务。这包括三个层面。

（1）加强健康、药品咨询服务。为店铺的消费者建立微信群：简单的健康、药品咨询服务可通过微信解决；比较复杂的健康、药品服务，可通过微信约定时间，到店解决。

（2）建立药店周边慢性病患者、病后康复者、体弱多病者等需要经常服药、定期服药人员的联系群。通过患者群的建立，完成网上购买药品、网上定期预购（取消）药品、网上支付、网上咨询等工作。

（3）推广DTP（特药及慢性病服务）模式。以某一种DTP药品为连接点建立患者群，吸收"同病相怜"之人、提供药品的厂商和相关医生参加。对患者群体而言，DTP群可以提供药品供应和咨询服务，辅助医疗；还可以施行心理疗法，进行精神鼓励，树立病人榜样，激励病人自治和助治；可以在病人之间交流医疗、生活、锻炼心得，形成类似癌症俱乐部那样的组织。对提供DTP药品的厂商而言，DTP群可以增强其与药店之间的合作深度，扩大合作范围；也可以成规模地获得不同病人的用药效果反馈，非常有吸引力。

措施五，承担社区卫生服务中心（站）的功能。现在国家对基层医疗机构建设和分级诊疗非常重视，社区卫生服务已是街道社区的重点工作。但是，由于社区人力、财力有限，医疗机构建成之后，利用率不是很高，而基础投入和运转成本却不低，特别是库房成本、设备投入、药品的铺底和损耗、人员工资、消耗少导致药品易过期等，都是问题。如果社区周边的药店与街道社区合作，利用互联网，资源共享，承办社区卫生服务中心（站），则可以达到事半功倍的良好效果。

叮当快药的智慧药房

叮当快药成立于2015年，是一款基于O2O的医药健康类互联网产品，是协助药店提供便民服务的第三方信息展示平台。

新零售机遇：任何生意都值得重做一遍

叮当快药主要是为传统药店打造互联网信息服务平台，用户通过 APP 下单后，药店专业配送人员会免费送药上门，核心区域提供 24×7 服务，服务范围内 28 分钟免费送药到家。同时，用户还可以通过叮当快药得到执业药师的专业指导。

现在，人们已经习惯了网上购物，唯独医药相关产品无法便捷、快速地通过互联网获取，叮当快药正是看准了这一市场空白，力求以专业服务抢占市场先机。同时，叮当快药还将通过数据分析对用户的健康进行专业管理，打造"大健康"的服务模式。

成立之初，叮当快药与 200 家知名药企共同打造了"FSC（Factory Service Customer）药企联盟健康服务工程"，2017 年 6 月，联盟成员增加到 460 家。FSC 药企联盟联合传统医药企业，整合行业资源，通过联盟成员原材料、包装材料、辅料等的集中采购，从产业链上游降低药品成本，从而降低药品价格，真正做到优质产品的工业直达，减轻民众的用药负担，并成为连接用户与厂商的一条纽带。

叮当快药在做好线上服务的同时，也利用新科技积极开拓线下实体门店——叮当智慧药房。

2017 年 9 月 28 日，叮当智慧药房新零售体验店北京小营店正式举行 3.0 升级揭牌仪式。这标志着叮当快药新零售战略落地。那么，与传统药房相比，叮当快药新零售模式下的药房"智慧"在哪里？

以人为本的 AI 服务

在叮当智慧药房中，最受瞩目的当属"叮当大白"机器人。这是叮当快药在大健康 AI 领域的抢先布局，也是其从"以人为本"的新零售思维出发，结合科技手段优化用户体验的重要一步。

"叮当大白"具备自然语言交互功能，收集并学习了近 4000 万条健康医药知识，可识别与理解 2 万组药品名称及关键字，并能够实现整套机器人对话语境下的语言交互，是最懂医药健康的机器人。也就是说，从进门咨询病症到在线问诊，再到购买药品，用户可以不用跟药店的工作人员说一句话，就能自助获取到所需的健康服务，这在便利用户的同时，也大大地节约了店内的人力成本。

"叮当大白"还能满足用户的个性化需求。比如用户向"叮当大白"咨询感冒病症，马上会获得"叮当大白"的反馈，包括对持续时间、是否咳嗽等症状的询问；随后"叮当大白"会根据收集到的症状特征给出用药指导建议，用户可以选择直接在店内购买，也可以选择在叮当快药 APP、微信公众号、小程序等线上渠道下单，28 分钟所卖药品就会免费送到家。如果病症比较严重，"叮当大白"会帮助用户连线互联网医院的医生进行在线问诊，获取更专业的健康解决方案。

同时，用户还可以免费使用"叮当大白"检测身高、体重、血糖、血脂等。住得近的用户不用预约去体检中心，可以每隔一两个月就来这体检一次，不仅能实时监控自己的健康状况，还能节约时间。叮当智慧药房中的 AI 服务，给用户带来了沉浸式体验，是不同于传统药房的重要一点。

药品的陈列更加人性化

针对药品在不同场景下的应用，叮当智慧药房新零售体验店还按照新特药、非处方药、医疗器械、保健品、中药饮片、药妆、个人护理及家庭护理等几大模块进行陈列。这种细致的陈列有助于用户快速找到自己所需要的药品。

这是叮当快药利用大数据分析得出的结果。按照用户需求度、购买频次及主动搜索频次等指标，将综合权重最高的药品放置在货架的显眼处，解决了推荐和用户发现的问题。

引入著名中医

接入中医是叮当智慧药房新零售体验店的一个特色。通过共享中医的模式，聚集稀缺的优质中医资源，用户可以通过叮当快药 APP 在线对上万名知名中医师进行预约，然后就近到社区附近的叮当智慧药房共享中医诊室问诊，免费享受名医身体调理等服务。用户还可以使用手机拍摄药方享受抓药、免费代煎药、

新零售机遇：任何生意都值得重做一遍

免费送药上门等一系列服务，真正实现"手机拍方，好药到家"。中医师也可以在线开方、代患拍方，为患者复诊提供极大便利。这极大地增加了用户的黏性。

"企鹅医生"的线上线下融合

企鹅医生成立于 2016 年 5 月，由腾讯、基汇资本、医联、红杉资本中国基金联合组建，专门为个人和家庭提供优质、安全的全流程健康管理服务。企鹅医生的 CEO 由王仕锐担任，而王仕锐同时还担任医联的 CEO。医联是一款专属于医生的社交服务应用，其用户都是通过认证的在职医生。

企鹅医生主要通过用户端线上服务产品、机构端信息化管理系统及线下智能硬件检测终端、全科企鹅诊所等系列产品线，搭建围绕客户的高效、便捷、安全、专业的健康管理服务体系。

在线上，企鹅医生推出了"免费问医生"服务。用户点击"免费问医生"，就可以提出自己的健康问题，然后会得到在线医生的专业指导。

"免费问医生"的亮点在于"医生经纪人"。它采取专人与医生建立沟通方式，可以"督促"医生更好地提供咨询。同时，患者完成线上咨询后如果需要本地就医，医生经纪人便可以提供本地的就医建议以供参考，减少线下就医的困惑。

刚开始，"免费问医生"的流量入口是手机 QQ，后来又增加了腾讯 QQ 浏览器和微信小程序。流量入口的增加，为企鹅医生带来了更多的用户。

腾讯的目标是，逐步把"免费问医生"服务建设成为一个开放的生态，让更多的合作伙伴参与其中，为患者提供专业、可靠的在线健康咨询服务。

在线下，企鹅医生开设诊所。

企鹅医生线下诊所的服务范围覆盖了内科、外科、口腔、康复医学、心理咨询、皮肤科、体检等所有常见科室。企鹅医生的目标是整合医联已连接的全国 43 万名医生，进行家庭医生签约服务。

截至 2017 年 9 月，企鹅医生在北京、成都、深圳 3 个城市搭建的 3 家诊所已经全部落地，成都的诊所已经试运营 1 个月。公司线下团队已经达到 150 人，包括诊所、医护人员、管理人员、中央管理人员和对接医生的线下人员。

企鹅医生的线下诊所具有以下特点。

线上、线下结合

企鹅医生的用户在就诊前可以先在线上咨询，然后进行健康评估，如果有需要则可以预约线下诊所就诊。在线下诊所，会有医生进行诊断、治疗。如果有需要，企鹅医生会通过互联网上在线注册的 43 万专科医院医生提供转诊服务。用户在诊所就诊后回到家，企鹅医生的在线医生或 VIP 技术经理会对用户进行随访。如果用户有需求，企鹅医生会提供上门的护理、医疗、康复服务。

企鹅医生的模式从线上到线下是一个闭环，可以让在线患者保持完全的监督状态。这是企鹅医生与传统诊所和医院最不同的地方。

提供商保直付和海外医疗服务

在支付方式上，企鹅医生为高端人士对接了商保直付的交付方式。另外，企鹅医生还能够为有需求的用户提供海外医疗服务。

提供医务室服务

在未来，企鹅医生将为企业和学校提供医务室的项目服务，这是将来诊所的主要业务类型。

提供个性化的家庭医生服务

企鹅医生的家庭医生不但针对慢病人群、疾病人群，同时对健康人群也会有非常详尽的健康管理办法。

新零售机遇：任何生意都值得重做一遍

自主研发医疗器材

企鹅医生不只是进行医疗服务，同时还在尝试自主研发部分医疗器材，例如尿检设备和体检一体机。

企鹅医生的线下诊所，采用合作的方式，构建诊所联盟。企鹅医生为合作诊所提供系统，做诊所管理。

万芸健康的新零售模式

上海万芸药房连锁有限公司（以下简称"万芸健康"）成立于2014年，公司位于上海市宝山区，拥有30多家实体药店，是一家创新型健康服务和健康商品提供商。其主要产品与服务有医药零售、化妆品零售、健康服务咨询、网上药店、医药O2O等。

万芸健康是新零售的实践者，也是新零售的受益者。成立短短的两三年时间，万芸健康的年销售额就达到了6000万元。

万芸健康是如何做好新零售的呢？

做好体验和服务

万芸健康的实体药店有四个中心，分别是展示中心、体验中心、服务中心、配送中心。而传统药店只有买卖中心。万芸健康的董事长陈春华认为，在他们药店，买卖不是最主要的，而体验和服务才是最主要的。只要体验和服务做好了，消费者自然会买。

万芸健康有员工160多名，超过90%的员工具有药学专业技术职称，50%具有大学以上学历。万芸健康设置营养师、美容师、理疗师、康复师、中医师，

Part 4　拥抱新零售，抓住传统行业升级转型的机遇

以及咨询药师等岗位，模式也从药店促销转为体验式服务。对此，陈春华说："体验和服务才是我们开店的宗旨，也是新零售的必要条件之一，让消费者在自然状态下，获得健康体验的解决方案，才是我们的目的。"

而且，万芸健康从管理上向体验和服务倾斜。万芸健康的考核标准并不是销售额，而是顾客的满意度。这就促使员工更加重视体验和服务。

利用好大数据

在万芸健康的体检中心，会员定期免费检测血糖、血压、肺活量、心电图和进行血检、尿检，并且可以在移动端实时查看自己的健康数据，消费者可以根据自身健康情况，线上预约万芸的服务。除此之外，万芸健康还有美容SPA、中医咨询、养生调理等其他服务。通过这些服务，万芸健康可以深入地了解消费者的健康情况，将药店的传统理念与互联网大数据结合，为消费者提供全方位的服务。

Chapter 17

汽车行业新零售怎样创新

由于根深蒂固，4S 店虽然受到互联网的冲击很大，但还没有到动摇根本的地步。许多网上售车模式，最终还需要在 4S 店落地。但 4S 店总体的情况很不乐观，利润越来越低，甚至是亏钱。

要想突破困局，搭建网上信息平台、提升消费体验是 4S 店必须要做好的两点。同时，还需要摸索新的模式，比如以租代售、个性化定制等。

Part 4　拥抱新零售，抓住传统行业升级转型的机遇

传统 4S 店的新零售策略

由于互联网的发展和电商的崛起，汽车 4S 店也受到了很大的冲击。同时，再加上经济形势和国家政策的影响，中国汽车市场正面临冰火两重天的境况。一面是，中国车市每年 2000 多万辆的销售基盘，至少五六个百分点的正增长；另一面是，国内传统的 4S 店哀鸿遍野，转型、关闭、转让、跑路的新闻层出不穷，即使咬牙坚持下来，赢利者很少，亏损者居多。

现在，新零售的风口为传统的汽车 4S 店带来了机会。只要积极拥抱新零售，创新求变，转型升级，传统的汽车 4S 店也能成为市场的赢家。

众所周知，汽车购买属于低频次高消费行为，虽然在整个交易过程中咨询获取相关信息大多在线上，但线下的看车、试驾、交付等场景却占据了非常重要的部分，这就为传统的 4S 店提供了机会。

积极拥抱互联网，搭建信息平台

构建自己的"互联网+"平台，4S 店可以提升效率、降低成本，在激烈的市场竞争中更容易存活下来。

通常情况下，4S 店会专门成立网络部门，开展汽车的互联网营销工作。我们来看奥迪品牌授权商北京奥之旅汽车销售服务有限公司（以下简称"奥之旅"）的"互联网+"策略。

新零售机遇：任何生意都值得重做一遍

在集客方面，奥之旅根据网络的时效性、容量大、形式多等特点，从以下几个方面入手。

（1）建立并推广自有功能性网站，搭建自己的互动平台。

（2）在短期提高信息关注度方面，采用网络竞价排名的方式提高网络曝光度。

（3）抓取客户最敏感的网络信息，利用行情等引导客流。

（4）通过网络活动、线下合作等方式集客。

（5）精细化筛选网络推送的数据，提高转化率。

（6）利用微信、微博、手机APP等新媒体手段实现信息互动和定向推送。

奥之旅的线上网络手段在集客方面发挥了很大的作用，帮助4S店获得更多的客户线索。

还有长安标致雪铁龙DS这一品牌，利用微信平台将营销做到了极致。2014年，DS在其微信公众号上上线新功能"订车宝"。凡是通过这一平台缴纳5000元订金订购DS 5LS，自订车之日起45天内提车，每天可获得现金收益11.11元，满打满算45天可收益将近500元。即使退订，每天仍可获得现金收益1.11元。在经过"订车宝"的预热后，DS 5LS上市现场推出的众筹购车基金，更让人看到了DS品牌别具一格的互联网思维。意向购买DS 5LS的消费者，号召朋友为自己购车支付1元钱，即可获得100元购车基金，最多可以获得10000元，即号召100名好友帮助自己购车。这种互联网营销方式的好处在于，一人购车，而他身边有100个朋友知道了这个品牌和这款车，比起大手笔的广告轰炸，这不仅成本更低，而且能够精准地到达目标受众。

用好数据，做好服务，提升用户体验

对于线上平台积累的数据，要充分发挥其作用，"猜到"用户要什么。

2017年9月初天猫与路虎合作卖车，3小时内，路虎星脉在天猫销量达到600台。年内2000台星脉在天猫售卖，售价在68.8万~104.8万元之间，均享受优先提车权。

路虎与天猫合作卖车背后的策略就在于天猫手握5亿用户使用行为大数据，

这些数据对品牌方在客户运营方面可以起到至关重要的作用。

平台积累了大量数据后，会对用户有全面的了解。所以，汽车新零售平台会成为汽车流通整个产业链上最贴近消费者的一方，对消费者的了解可以帮助4S店在与汽车生产厂商、后市场服务提供商等上游企业合作的过程中赢得话语权。

4S店建立的网上平台不能只是做撮合交易，还要努力成为一个连接消费者与其所需服务商的平台，开始介入到汽车流通的全营销当中。

在未来的购车场景中，消费者只需要在平台上提出购车需求，平台即可提供整套购车方案及其背后的供应商，提供包括整车销售、汽车金融服务、维修保养等服务，从整体上提升用户体验。

现在，线下4S店模式正处于洗牌期，不能转型配合线上发展的线下店的份额将被进一步蚕食，直至被清出牌桌。汽车新零售的概念会慢慢普及，用户体验将成为王道。未来就看哪一家的服务更"贴心"。

互联网售车模式

在新零售时代，借助互联网，各种汽车销售模式层出不穷。互联网售卖汽车比原来的传统汽车营销模式多了各种有效手段。

网络营销能充分发挥商家与客户的互相交流优势，帮助商家为客户提供更为优质的服务。

其实，在电商消费比较成熟的美国，每年有超过10%的新车是以网购的形式完成交易的。对于通过互联网售车的模式，中国的汽车厂商、综合电商、汽车专业媒体、汽车经销商都在进行各种尝试。

新零售机遇：任何生意都值得重做一遍

2007年，上海车展期间，奇瑞A1开创了线下试驾体验、网上提交订单、经销商送货上门的新营销模式。

2010年6月，吉利汽车与阿里巴巴集团签订战略合作协议，"通过阿里巴巴平台，吉利将在淘宝网开店卖汽车"。

2012年2月，京东商城高调宣布开始"卖车"。

2012年8月，奔驰（中国）首次尝试在天猫商城进行全新B级旅行车预售。

2015年8月8日，经销商汽车街电商平台项目签约。参与签约的15家重量级汽车营销集团，年营业总额近4000亿元，占了中国百强汽车营销商年营业额的一半以上。签约联盟的经销商集团将通过此平台的线上渠道、多平台资源共享和实体4S店的用户体验，给消费者提供全方位的购车服务。

概括起来，现在网上售卖汽车的平台主要有三大类。

以"车享"为代表的车企自建电商平台

"车享"（以前叫车享网）是由上汽集团组建的汽车电商平台，也是中国第一家整车企业的自有电商平台。

"车享"不仅仅是一个线上购车平台，更是一个覆盖到看、学、买、用、卖整个周期的汽车服务平台。

"车享"向合作伙伴开放，这些合作伙伴包括其他汽车制造商、经销商、服务商。消费者可以在"车享"上购买到很多品牌的汽车，也能享受到各种服务。

在上汽集团建立"车享"之后，长城哈弗商城、东风日产车巴巴、华晨中华商城、长安商城等车企自建电商平台陆续上线，成为行业发展的新趋势。

以易车、汽车之家为代表的垂直电商

垂直电商是汽车电商竞争最激烈的群体，如易车、汽车之家（被平安集团收购）、新浪汽车、搜狐汽车、大搜车等。其优势是具备强大的细分用户群和社交性，比传统电商更懂汽车、细分以及客户。

但是，汽车垂直电商也面临着一个很大的问题：如何解决汽车厂商和经销

商之间的利益调整？汽车销售利润越来越低，成本却很高，如果减少销售环节，降低销售成本，缩减实体店数量，销售成本可以降低三分之一。如果完全实现线上销售，无处安放的经销商势必会群起而攻之，在汽车电商市场没有完全成熟之前，为了保护市场，厂商不敢轻易把线上作为其主流销售渠道。而且，汽车厂商投入巨大的资金和精力来打造层层的4S店体系，依赖4S店体系多年，双方已经形成了"你中有我，我中有你"的复杂利益共同体。这个体系很难打破。

效率更高的线上与庞大且无法抛开的线下，成为汽车厂商的两难选择。最好的解决方法是把线上与线下打通融合。但由于各方利益的牵扯，这样做的难度很大。

以天猫、京东、微信商城为代表的综合电商平台

在天猫、京东这些综合电商平台上，汽车厂商和经销商开设了旗舰店。消费者在网上下单采购，支付预付款，但看车、试驾、付款购买都需要到4S店去完成。从本质上看，这些综合电商的汽车销售平台，只能算是线下4S店的流量导入口。汽车厂商和经销商在天猫、京东等综合电商平台上开旗舰店，并不是为了有多少成交量，而是为了多一个展示和宣传的渠道。他们常常会推出一些"送油卡"之类的促销政策，或者是卖一些"500抵1000"之类的购车券，目的是吸引消费者到店、为经销商导流。

汽车个性化定制模式

汽车个性化定制是用户可以根据自己的个人需求定制自己的爱车。汽车定制的概念已经提出很久了，但在实际操作中却难度很大。

首先是意识问题。汽车品牌究竟有没有意愿实现自我的推倒重来，换一种

新零售机遇：任何生意都值得重做一遍

玩法？这显然是需要勇气的。让用户得以深度参与到全价值链的产业互动之中，这是生产模式的一次剧变，也是思维方式的一次激荡。

毕竟，要想实现个性化定制并非喊喊口号那么简单，而是需要从零部件采购、生产制造和销售乃至于售后服务，都要做到订单式的量身定制。这是一套与传统的批量生产完全不一样的支撑体系。

其次，即使有了与时俱进的意识，但要知道"没有金刚钻别揽瓷器活"，硬件能力同样需要实现定制级别的匹配。

这意味着从汽车定义、开发、验证、选配、定价和改进全生命周期都要重新校正和编轨，还需要链接强大的大数据链接体系。

对不少自主品牌而言，它们正处于冲击合资品牌天花板的艰难攻坚阶段，很难有决心去做这样一场大规模的自我"洗牌重来"。

最后，实现汽车定制，需要技术的支持。首先是信息技术的应用会贯穿个性化制造的整个工作流程。在产品研发阶段，需要信息系统来获取大批量消费者的样本，同时，还要分析消费者的偏好和需求，建立消费者画像；在生产阶段，智能化的生产平台几乎完全能取代昔日生产规划部门的工作，比如订单的任务分解、零部件的传送组装等都实现自动化；在市场推广和销售阶段，销售平台和互动社区也需要依靠大数据评估营销效果，分析用户反馈，才能对产品进行下一步的升级和优化。

所以，要想真正实现汽车个性化定制不是很容易的事情。然而，上汽大通D90的上市，实现了汽车定制的突破，迎来了个性化定制造车的"元年时刻"。

D90是全球第一款用户驱动业务、用户参与决策的汽车产品，其价格可随用户定制化需求变动，处于15.67万~26.38万元。而且，上汽大通还依据大数据统计，为消费者提供了6种爆款车型，并以星辰作为它们的名字。

在上汽大通实施定制的过程中，用户全程参与了车的定义、开发、认证、定价、配置、改进6大环节，充分实现了不同消费者的要求。上汽大通与用户互动的工具是"我行MAXUS"平台和互联网交互技术。

用户可以根据需求在"我行 MAXUS"平台上进行自由选配,而可选配置的组合达到了"10 的 16 次方"种。这种开放的模式极大地满足了更广泛的个性化需求。该平台集成了 3D 看车、在线咨询、多模式选车、便捷下单、自选提车时间、数字透明工厂支持全过程在线跟踪等一站式交互体验。

在新零售时代,随着技术的发展,以及消费需求的升级,汽车个性化定制必定会越来越普遍。作为汽车制造商和零售商,这个大趋势一定要把握好。

以租代售模式

"以租代售",是由金融租赁公司或者汽车生产厂商的金融租赁公司按照承租人的要求和选择从汽车供应商处购进汽车,并出租给承租人使用,承租人则分期向金融租赁公司支付租金的一种汽车消费模式。

在租赁期内,汽车的所有权属于金融租赁公司所有,承租人拥有汽车的使用权。租期届满,承租人可以买断汽车。如果承租人不愿意买,则汽车被金融租赁公司收回。

这种模式最重要的意义在于拉低了购买汽车的消费门槛,购买汽车于是从低频行为变成了"不那么低频"的消费行为。对消费观念超前的部分消费者来说,短时间内购车换车会成为一种选项。

其实,在国外这种模式已经很流行了。根据德国著名统计公司 Statista 的统计数据显示,2017 年第二季度,美国新车销售市场上通过融资租赁模式出售的汽车数量占比达到 30.83%。美国汽车专业资讯网站 Edmunds 曾表示,融资租赁已经成为拉动美国新车销量的重要销售模式。而在同期的中国,汽车市场融资租赁占比是远远低于这一比例的,只有约 5%,《2017 中国汽车金融报告》指出,

新零售机遇：任何生意都值得重做一遍

2025年中国汽车融资租赁渗透率至少达到9%。由此可见，中国汽车以租代售的市场空间非常大。

在中国，随着消费环境的转变，消费者对提前消费、分期购车的认可度也在逐步提升。在当前的汽车消费者市场，其整体趋于年轻化（80后和90后为汽车消费主力军）、刚性化（经济实力的提升和出行工具的需要），对于"无车一族"来说，资金短缺和用车需求同时客观存在；而对"有车一族"来说，汽车折旧率和使用率不高是明显痛点；汽车融资租赁这种以"租赁"代替"购买"的方式，能分别解决以上两者的购车、用车难题，不仅迎合了市场需求，而且顺应未来汽车金融的发展趋势。

从业务量上来看，中国汽车金融市场主要由银行、汽车金融和汽车厂商财务公司占主导地位。但是，随着BAT等互联网巨头以及P2P网贷公司纷纷布局汽车金融，中国汽车金融市场的格局正在悄悄地发生改变。

从线上入口来看，主要分为三大类，自建官网（各大著名汽车厂商几乎都有自己的官网，同时也包括银行及金融公司）、电商金融平台（新车或二手车电商提供不同机构及公司的多种金融方案，如一猫汽车网、二手瓜子车直卖网）及金融超市（如易鑫车贷、易车速贷、全盛金融超市等）。

对普通人来说，可以通过加盟的方式参与汽车金融市场，分享汽车"以租代售"模式带来的红利。

汽车自动贩卖机

在新零售领域，出现了无人便利店之后，又出现了汽车自动贩卖机。

在2017年7月26日的"天猫汽车嘉年华"中，天猫汽车发布了一段汽车自动贩卖机的视频。

天猫汽车超市的口号是"终结被4S店压榨的日子,实现汽车新零售"。它们宣称:汽车自动贩卖机没有一个销售服务人员,只要你想买,手机天猫下单,支付宝完成付款,无人汽车店提车走人。全部流程只需20分钟,一切公开透明,没有后顾之忧。只要芝麻信用积分达到750分,就可以"一成首付、支付宝缴月供"。

实际上,将汽车搬上自动贩卖机并非中国首创,美国、新加坡等国家已经采用相同的模式售卖汽车了。

Carvana是美国的一家纯线上二手汽车零售商。2017年3月15日,Carvana在圣安东尼奥开设了一台汽车自动贩卖机。这台机器有8层楼那么高,基本上是一个可以容纳30辆汽车的小型停车库。顾客投入一枚特殊的"硬币"后,他所选择的汽车就会从架子上滑下来,像一包薯片一样。

顾客事先从该公司网站上的大约8000辆库存车辆中挑选他们想要的汽车,在网上办理完相关手续后,选中的汽车就会被装进这台机器。当顾客提车的时候,把"硬币"投进机器就可以了。Carvana宣称,这是"一种个性化的、令人难忘的提车体验"。

Autobahn Motors是新加坡的一家二手车经销商。2017年5月,Autobahn Motors建造的汽车自动贩卖机更大,有150英尺(约46米)高,总共15层,可容纳60辆汽车,号称是"世界上最大的豪车自动贩卖机"。顾客可以通过"自动贩卖机"一键选择购买豪车。

这座自动贩卖机只销售保时捷、兰博基尼、法拉利和宾利品牌的豪华汽车,顾客可以在展厅一楼通过触摸屏选择想要了解的车型,随后"自动贩卖机"的系统进行相关筛选,在不到两分钟的时间里即可将选定的车型送至顾客眼前。

Chapter 18

旅游业新零售如何做

对旅游企业而言,新零售的关键在于"线上+线下+体验",也可以在细分市场下功夫,寻找机会。对个体而言,加盟一个优质的旅游品牌是非常不错的选择。

Part 4　拥抱新零售，抓住传统行业升级转型的机遇

OTA 面临的困境

OTA（Online Travel Agent），是在线旅行社，是旅游电子商务行业的专业词语。

OTA 的出现将原来传统的旅行社销售模式放到网络平台上，更广泛地传递了线路信息，互动式的交流更方便了客人的咨询和订购。

在中国，OTA 的代表公司有携程、艺龙、同程、"去哪儿"、途牛、驴妈妈等，其中艺龙、"去哪儿"先后被携程收购。携程是中国 OTA 市场的龙头。

携程的价值在于它掌握了供应商和客户双边的资源。

供应商：携程与全国数十万家酒店和所有航空公司建立了合作关系。

客户：携程网站在全国拥有 2.5 亿会员。尤其是百度入资携程，携程收购"去哪儿"之后，线上旅游流量入口基本被携程把控。携程拥有世界上最大的旅游业服务联络中心，拥有 1.2 万个座席，呼叫中心员工超过 10000 名。

携程模式的核心就是把供应商与客户资源整合到一起，然后进行资源配置，在给客户和供应商带来利益的同时，也给自己创造了利益。

然而，随着互联网的发展，新零售时代的到来，以携程为代表的 OTA 模式遭遇困境。这主要体现在与供应商的合作方面，以及严重的亏损。

过去 OTA 平台因为自我地盘扩张需要，利用烧钱、补贴等形成了自身行业流量和渠道的聚合，一定程度上也形成了对航企、酒店等上下游企业的"绑架"，加上 OTA 平台频发的用户投诉事件，航企、酒店等要想获得更多的利润，需要

新零售机遇：任何生意都值得重做一遍

建立自己的渠道和组织，摆脱 OTA，获得更多的市场话语权。

酒店业

酒店，尤其是单体酒店，在很大程度上需要 OTA，而有品牌的连锁酒店虽然自己有力量进行各种营销，但是他们对 OTA 的依赖依然存在，因为酒店业是个存在明显淡旺季的行业，淡季的时候绝对需要 OTA。

然而，OTA 与酒店之间的合作存在的问题很多，比如佣金问题、政策问题、恶性竞争、契约精神、管理混乱等，这些都促成了双方的博弈关系。

OTA 想获得话语权，酒店方肯定不愿坐以待毙。比如，2016 年 12 月 5 日，锦江酒店宣布，将与锦江股份、锦江资本、联银创投、西藏弘毅、国盛投资及符合约定条件的投资人订立股东协议，共同斥资 10 亿元人民币打造 Wehotel。

在行业人眼中，各类会员已经超过 1 亿人次的锦江选择这样做，很明显是想摆脱对 OTA 等第三方渠道的依赖。

航空业

相对来说，航空公司的家数要比酒店少很多，就那么几家，它们有很强的谈判能力。

但是，由于航空公司之间存在竞争关系，用户需要的信息是对航空公司之间进行比较，选取合适的航班，而航空公司自身没有动力去销售其他航空公司的机票，所以航空公司需要 OTA。但是，由于航空公司具有很强的谈判能力，于是与 OTA 的博弈就更加激烈。

比如，2016 年三四月份，国航、南航、东航、上航四家公司先后宣布暂时停止与"去哪儿"的合作。

另外，OTA 是一个烧钱的行业，投入很大，但盈利却很难，一直处于亏损的状态。OTA 亏损的原因主要有两点。

第一，线上流量的获取成本已经很高了，但在线旅游企业为吸引线上用户和增加线上流量，不得不加大营销投入。

第二，OTA 企业没有开发出更好的产品形态，主要产品仍集中于传统的机票、度假和酒店，同质化竞争明显，加剧了低价竞争，同时，产品来源仍是传统批发商，利润空间薄，最终导致毛利润低，总体亏损大。

同程旅游的"直营门店"

由于面临困境，OTA 企业也都纷纷采取对策，以图破局。其大的方向都是从线上走到线下，促进线上与线下的融合。

同程旅游表示，"未来中国没有 OTA，而是'线上＋线下＋体验'的新旅游。"

从 2015 年年底开始，同程旅游大举布局线下门店，短短的 1 年多时间内就在全国 200 多个城市布局了线下体验直营店。

在同程旅游创始人、首席执行官吴志祥的构想中，同程旅游将搭建一个融合线上线下各方面优质资源的平台，为在线旅游行业寻找包括特色民宿、旅游规划等在内的最优秀的"内容"。同时，为了保证这个平台的成功，同程旅游还设立了一个 10 亿元的基金，专门培育旅游的内容产业，包括民宿、特色酒店、旅游餐饮、旅游文创等。

在同程旅游的线上线下融合布局中，体验为核心。

在线上，同程旅游已经具备很强的实力；在线下，同程旅游的重点是体验，通过直营店为消费者提供最棒的体验。

比如，2016 年 10 月，同程旅游做了一个为期 7 天的活动，一夜之间全国所有的直营体验店变成了"云南之风"，消费者可拿到云南请柬，喝到云南普洱茶，欣赏工作人员穿戴的云南服饰、听着云南山歌，领到一份云南纪念品。

为了开展这个活动，同程旅游准备了多达 10 吨的云南特产作为礼品。游客只要进店就可以免费享受。而且，活动期间，同程旅游的所有体验店全部按照云南旅游元素统一进行装修装饰，让游客先亲身感受到云南特色风情，然后再出游。在这种场景下，能激发更多游客对云南的向往。

同时，线上的营销推广活动同步启动，同程旅游官网、手机客户端同步推出云南旅游主题线路和系列优惠活动，与线下活动形成深度联动。

这个活动的效果很好，7 天时间，云南系列产品的销售流水将近亿元。同时，持续提升了云南旅游的热度。

同程旅游在新零售时代走在了前列。

携程的"加盟"模式

携程布局线下的策略是加盟模式。从 2017 年 3 月加盟模式正式落地，短短 7 个月的时间，携程旅游门店已在全国遍地开花，包括北上广深在内的二十几个城市中，已签约 400 多家门店，营业额将近 1.5 亿元。

其实，早在 2016 年完全控股旅游百事通的时候，携程就已经开始为线下布局做铺垫了。旅游百事通是重庆海外旅业（旅行社）集团有限公司倾力打造的旅游连锁超市，在中国来说，是营业网点数量最多、组团量最大的线下旅游连锁渠道，拥有 5000 多家实体加盟门店，覆盖全国近 30 个省、市、自治区。

携程通过旅游百事通拥有的 5000 多家门店，可以快速实现布局二三线城市的目标。

携程的门店加盟有两个特点。

首先是高要求。携程门店在选址规划、最低面积、统一装修等细节上有严格的要求，只做精品。同时，要求加盟者有多年的旅游从业经验，看中业内的口碑，并且实行担保人制度，让加盟的门店更加规范。

Part 4 拥抱新零售，抓住传统行业升级转型的机遇

其次是低密度。每个区域加盟店的数量受到严格控制。比如，2017 年携程在北京仅开设 50 家门店，平均每个区还不到 4 个门店。当然，携程也制订了相应的奖励制度，包括销售奖励、装修补贴、营销支持等，为门店降低经营成本，帮助门店获取更多利润。

加盟的具体要求有四条。

第一，需要有良好的个人素质，诚实守信，具有优质的服务态度。

第二，需要有一定的资金，要具备 20 万元的启动资金。

第三，需要认同携程旅游总部的管理理念，服从总部的一切安排。

第四，需要有较好的服务态度，要有耐心。

相对于直营店，加盟模式的优势在于可以降低自己本身的风险，取得一种节约成本的成果。携程的加盟就是利用自己的口碑，通过加盟模式取得线下的成功。

携程参与到线下门店的发展，加盟的模式会使一些小旅行社投入其麾下，当然也有一些小旅行社会找别的大型旅游公司合作。这样，小旅行社的分散化会逐渐消失，最终统一到一些大的旅游公司周围。中小旅行社的逐渐淘汰，对整合旅游资源有很大的好处。

对携程而言，加盟模式的好处在于"轻装上阵"，有助于它快速扩张，更快地抢占市场。

途牛的"区域服务中心"

途牛网是中国专业的休闲旅游预订平台。2006 年 10 月，途牛网创立的时候，携程、艺龙等已经在 OTA 领域建立了强大的竞争壁垒。但是，途牛另辟蹊径，对细分市场进行精耕细作，获得了成功。

新零售机遇：任何生意都值得重做一遍

刚开始，途牛网先是花费半年的时间建立了一个国内全面的景点库，紧接着又做了 2 个颇有意思的产品，"路线图"和"拼盘"，致力于打造国内"驴友"交换的公共社区。随着集合的人群越来越多，途牛创始人逐渐找到了明确的运营模式：国内有众多的旅行社，将这些旅行社的旅游线路集中在一起并且分类管理，游客通过访问途牛网了解感兴趣的旅游线路，也可以咨询途牛网的客服，最后在途牛网完成预订。当游客与旅行社签署合同时，途牛网可以获得旅行社回馈的 3%~7% 的佣金。

网络竞价排名是途牛网营收的主要来源，并因此很快盈利。2009 年，途牛获得了数百万美元的 A 轮融资。随后一路发展，2014 年 5 月，途牛在美国纳斯达克上市。

自上市以来，途牛持续推进 O2O 战略布局，发力区域服务中心拓展，把线上旅游和线下服务有效地融合在一起，为消费者提供更丰富的产品和更贴心的服务。截至 2016 年 6 月，途牛已在全国范围内拥有 180 家区域服务中心，基本完成一二线城市全覆盖，扩张重心已延伸至三四五线城市。

途牛的区域服务中心主要承担出发地用户服务，同时，还具备资源采购、市场推广、线下活动等功能。正因为区域拓展有助于丰富旅游产品品类，扩大用户覆盖面，提升用户体验，更对提升市场竞争力有非常重要的作用，所以，在线旅游企业纷纷渠道下沉、加速落地。

另外，为了进一步扩大竞争优势，在国内拓展的同时途牛还加快了境外拓展的步伐。途牛已在马尔代夫、巴厘岛、曼谷、普吉等地拥有 8 家境外目的地服务中心。通过大力拓展目的地服务与合作，途牛在境内外目的地的领先优势持续扩大。

飞猪的"OTP模式"

"飞猪"是阿里巴巴旗下的旅游品牌，以前叫作"阿里旅行·去啊"。携程、途牛、同程等是OTA模式，而"飞猪"是OTP（Online Travel Platform），就是在线旅游服务平台，属于电商企业打造的平台模式。

"飞猪"虽然是旅游市场"新人"，但却冲劲十足，发展很快。"飞猪"公布的2016年数据显示，"飞猪"APP下载量已超1亿次，用户数超两亿人，交易规模突破1000亿元。

OTA扮演的是中介和代理商的角色。在这种模式下，商家（酒店、航空企业等）把产品或服务以低价出售给OTA，再由OTA包装出售。其弊端在于，消费者与商家被隔离，消费者无法清楚明了地了解商品信息，商家无法准确及时地了解消费需求。由于信息不对称，各种问题出现了。

OTP模式的优势在于它将商家和消费者直接联系了起来，省去了代理商的环节，商家可以直接面对消费者。

阿里巴巴副总裁、"飞猪"副总裁胡臣杰用一个形象的比喻来说明两种模式的不同，"阿里巴巴的平台就像一个大商场，客流量超过四亿人，不同商家在商场里面开店，自己决定价格，自己面对消费者；'飞猪'的出现，就是为卖旅游产品的商家在商场里划出一块地。而OTA是中介，商家把产品卖给中介，中介再包装加价，转卖给消费者。这种模式使商家远离了消费者，失去了对产品的把控。"

对商家而言，"飞猪"的OTP模式具有如下吸引力。

新零售机遇：任何生意都值得重做一遍

第一，"飞猪"背靠阿里巴巴，拥有天然优势。阿里巴巴拥有四亿活跃用户，把控着巨大的流量入口，这对任何商家都具有很大的吸引力。特别是外国的航空公司，对中国的市场不是很了解，急需这样巨大的流量入口。

第二，"飞猪"给商家营造了自由竞争的环境，减少了中间环节，降低了商家建立自营渠道的成本。比如航空公司，如果自建直销渠道，需要投入很大的费用。先要建立机房、网络、服务器、数据库、软件开发以及必须维持的IT工程师队伍，然后要打广告、买流量，这样算下来，全部费用成本要占销售额的1.5%以上。而"飞猪"为航空公司节省了这部分成本。

高效的直销，低额的成本，当然会受到商家的欢迎。

第三，阿里巴巴的大数据、云计算、菜鸟物流、支付宝等技术和工具，使"飞猪"拥有了一个完整的生态圈。例如，在支付环节，用户可以使用支付宝更加便捷地完成交易，在支付体验上享有一定的优势。同时，商家入驻"飞猪"平台，不用担心被攻击、信用卡诈骗等风险，因为有阿里巴巴的技术支持。

对消费者而言，"飞猪"的OTP模式具有如下吸引力。

"飞猪"有一个非常重要的优势，那就是信息公开透明。各个在平台上进行展示的商家，都要将商家信息、产品价格、详情介绍等信息公开透明。这样，消费者就可以在平台上有更多的选择，可以根据自己的需求进行价格、服务等各方面的对比，最终选择最适合自己的高性价比产品或服务。

"飞猪"通过强化监管，升级服务，主推"三无（无搭售、无猫腻、无潜规则）旅游产品"。这让消费者受益匪浅。

Part 5

新零售下的新创业，未来 10 年的淘金池

新零售成为一个新的投资创业热点，因为它为个人提供了以最小的投入切入消费升级新零售蓝海的机会。

新零售是线上线下商业巨头的盛宴，同时也是普通个人的机会。变革来临的时候，也是机会来临的时候。在细分市场上深耕细作，充分利用线上线下融合，下大力气做好用户体验，重点关注产品，个人通过零售赚钱也不是难事。

Chapter 19

深耕细作，
选择最适合的开店方式

个人在新零售领域创业，首先要选择最适合自己的方式。线上开店，比如选择电商平台、微商等，模式轻，投入小，但竞争过于激烈，而且体验是硬伤；线下开店，模式重，投入大，但可以选择加盟，背靠大树好乘凉。

电商平台上的网店

个人创业，在新零售来临之时，可以选一家主流电商平台开网店。虽然网店没有以前那么火爆，生意不好做，但现在实体店的生意也不好做，相对来说网店还是一个不错的选择。

从开店的角度来说，国内主流的电商平台各有特点。

在京东和天猫上开店投入很大，没有一定的实力很难做起来。

在淘宝上开店虽然投资很小，但需要自己找东西卖。

做微商不用自己找东西，也不用投入，但是针对的人群面太窄。

这就需要根据个人的具体情况，选择最适合自己的平台。

当然，进驻电商平台需要符合平台的要求。可以说，每个电商平台都有"门槛"。下面我们介绍一下国内主流电商平台入驻的费用和条件。

淘宝

入驻费用：保证金1000元（个别类目不同，比如食品等），其他相关费用包括软件费用，基本的折扣、上架、推荐、橱窗软件等一个月10元，旺铺一个月50元，店铺模板一般每个月30~200元，高级一点的数据分析软件每个月50~1000元，官方的数据魔方一年3600元，广告费用直通车钻石展位很贵。

资质要求：身份证正反面，手持身份证相片，手持当地当时报纸相片，一个支付宝账号就可以开店。

天猫

入驻费用：如果商标带有 R（注册商标），保证金是 5 万元，如果商标带有 TM（既包含注册商标 R，又包含未注册商标），保证金是 10 万元，年费 6 万元，扣点 5%（不同类目不一样），积分至少 0.5%，基本的折扣软件等一个月 10 元，旺铺免费，店铺模板一般 30~200 元一个月，高级一点的数据分析软件 50~1000 元一个月，官方的数据魔方一年 3600 元，广告费用直通车钻石展位很贵。

资质要求：公司注册资本 50 万元及以上，7 证齐全，化妆品、食品等类目要有相应的前置许可证。

京东

入驻费用：保证金 1 万~10 万元，平台费用 6000 元一年，扣点 12% 以上（不同类目略有不同）。广告展位目前也有头等舱，费用很高。

资质要求：公司注册资本 50 万元及以上，7 证齐全，化妆品、食品等类目要有相应的前置许可证。

当当网

入驻费用：保证金 1 万~10 万元，年费 6000 元到 3 万元，扣点 5% 左右（不同类目不一样）。

资质要求：公司资格，7 证齐全。

唯品会

入驻费用：由于是特卖形式，入驻费用没有，扣点 30% 以上，卖完结算，退货、售后等商家负责，回款周期 3 个月左右。只要有库存，国内外一二线品牌都可以参加。

资质要求：公司资格，7 证齐全，最好能开增值税发票。

新零售机遇：任何生意都值得重做一遍

1号店

入驻费用：保证金1万~5万元，平台服务费650元一个月，扣点6%左右（不同类目不一样）。

资质要求：注册资本50万元及以上，7证齐全。没有一定影响力的品牌或是空白类目的商家基本无法入驻。

阿里巴巴

入驻费用：购买一年的诚信通就可以入驻，需要6688元。其他费用包括旺铺、模板，还有各种各样的收费软件，也有自己的直通车系统，还可以固定类目第一位，都要收费。

资质要求：需要公司资质，要有营业执照。

选择电商平台只是第一步，重要的是怎么经营。关于网店经营，各种方法技巧非常多，这方面的书籍、资料也很多。只要多用心、多学习、多动脑子、勤于动手，就能经营好网店。

新实体微商

微商，曾经非常火爆，2014~2015年达到了高潮。那时候，有许多人进入了这个行业，希望通过微商实现赚钱的梦想。然而，从2015年的下半年开始，微商迅速降温，逐渐陷入低谷。许多人发现，微商并没有想象的那么好做。微商为什么会陷入低谷？原因如下所述。

产品和售后服务有问题

微商成了"三无"产品的温床，在出现产品质量或者服务问题的时候，消费者难以维权。大多数微商没有完善的售后保障机制，不能为消费者提供良好的用户体验。

微商的代理制度和销售方式被人诟病

众多微商品牌和团队采用了直销、成功学的套路，各种激励、打鸡血，微商代理们在朋友圈疯狂刷屏，引起网友反感。

难以突破信任的壁垒

微商的依托是熟人关系，其最主要的原因在于信任。当熟人的圈子一用完，陌生人的信任壁垒就很难突破。于是，许多人觉得微商不好做，最后不得不放弃。

陷入舆论批评和负面报道的漩涡，难以自拔

2015年5月，中央电视台对微商涉嫌造假、传销进行了连篇累牍的追踪报道，这是高速增长的微商迎来的第一个转折点。同年，商务部下发《无店铺零售业经营管理办法（试行）（征求意见稿）》政策规范，紧接着借贷宝乘虚而入卷走了大批微商，于是，大批微商团队的业绩出现断崖式的下滑，团队分崩离析，很多品牌一夜之间灰飞烟灭。

虽然微商陷入低谷，但许多人已经养成了通过社交网络选择自己所需产品的习惯。微商已经成为全社会重要的商品零售和批发渠道。现在，最重要的是微商通过改变和创新，消除传统微商的弊端，实现再生。于是，随着新零售的来临，新实体微商出现了。

新实体微商，就是把微商与实体店、传统企业进行嫁接，融合线上与线下，实现微商经营的突破。

微商领导者微赢集团通过实践，总结出了实体微商的体现方式。

新零售机遇：任何生意都值得重做一遍

线下微商实体店

在传统的微商经营理念中，微商的买卖经营活动仅仅局限于社交工具上的分享与传播。在实体微商的模式中，打破了微商线上与线下的无形壁垒，使得微商更加偏向于人与人之间的连接，微商的复购率和客户转化率大大提升。

"分享+体验式"购买

一直以来，微商经营体系的不规范一直被人所诟病，在实体微商中，无论是转型互联网的传统企业，还是落地线下的传统微商，都有实体门店或线下体验店作为支撑。客户可以通过先体验后购买的方式，与微商产品连接。

落地培训

不可否认，传统微商刷屏、囤货、晒单的时代已经过去，在未来的微商发展过程中，培训将占据极为重要的地位。实体微商将通过产品知识培训、专业技能培训、个人能力提升等课程，帮助实体微商从业者快速适应微商发展新模式。

新实体微商解决了传统微商经营过程中存在的信任壁垒问题，提升了消费者的购物体验，使微商行业出现了转机。同时，也给个人创业提供了一种选择。

便利店、超市连锁加盟

背靠大树好乘凉的道理大家都知道。所以，开店也可以找"一棵大树"，采用连锁加盟的模式。在日用百货方面，便利店、超市连锁加盟是个人创业的不错选择。当然，天下没有免费的午餐，一般情况下连锁加盟需要支付加盟费。

便利店、超市连锁加盟的优势有以下几点。

第一，集中采购以降低进货成本，这种以量定价的大量采购可压低进货成本，提高毛利，因而商品毛利可比一般独立店高，平均高出 25% 左右。

第二，单一进货可节省时间，不必浪费时间进行价格谈判、补货、订货、收账以及了解顾客情况等事项，在节省时间之余，加盟店可专心做好后面的管理工作。

第三，总部提供所有经营系统、商标以及经营技术，相对自己独立创业，减轻了时间及资金负担。

第四，可运用大型促销活动（如电视、电台、报纸以及海报等），以提升各项促销企划方案知名度及迅速告知消费者，增加业绩。

第五，能够快速掌握商品的组合及情报资讯。

第六，由于有连锁店的经验与专业人员的评估及市场调查，风险较低，获利稳定，因此其成功率比一般独立店高。

第七，由总部提供完善的全程培训，从开张前的基础实力、店铺营运、训练工作，至开张后派督导人员定期至店里指导，处理疑难问题，让无经验的加盟者，也能轻松开店创业。

第八，差异化商品不断推陈出新，包括服务性商品及设备器材，以产品差异化区分市场，在同业的竞争中处于领先。

这些连锁加盟的一般优势让开店的成功率大大提高。然而，在新零售时代，连锁加盟的赋能更加全面强大。

比如，我们前面讲述过的天猫小店、京东便利店，都拥有强大先进的云计算技术和大数据以及物流配送体系，能够为加盟店提供全面支持。

同时，很多加盟店不仅仅售卖百货商品，更是附加了许多服务，使得便利店和超市的功能和盈利点多样化。比如，时十便利店的附加服务包括家政保洁、维修回收、生活配送、外卖闪送、家教培训、宠物护理、衣服干洗、母婴护理、生鲜宅配、海外代购等。

新零售机遇：任何生意都值得重做一遍

休闲食品零售加盟

在新零售时代，虽然竞争更加激烈了，但在创新的前提下，未来的可能则更多了。只要你眼光独到，善于思考，就能发现更多的机会。比如，休闲食品零售，就是一个不错的选择。市场上有很多行业和品牌可以加盟，但为什么偏偏要选择休闲食品零售呢？原因有以下几点。

休闲食品具有很大的增长潜力

休闲食品是人们旅行、K 歌、看电影等休闲娱乐活动的必备食品。休闲食品跨越了年龄和性别的界限，无论男女老少都可以吃。从品类上看，休闲食品主要包括糖果、巧克力、坚果炒货、肉干肉脯、果脯蜜饯等。随着中国经济发展和居民消费水平的提高，这些食品已成为人们日常食品消费中的重要组成部分。据中国零食消费趋势报告显示，截至 2017 年 3 月，休闲零食销售额占食品业总销售额的 30% 以上，以绝对优势位居榜首。然而，与美国、欧洲、日本等发达国家和地区相比，中国休闲食品的人均消费量还是比较低的，这就说明休闲食品还有较大的增长潜力。

消费升级让休闲食品更受青睐

现在，中国的消费模式逐渐从生存型转向了享受型。人们的生活水平提高了，各种休闲娱乐活动也就多了，随之而来的是休闲食品需求的增加。休闲食品口味众多，携带方便，不受时间和场地的限制，可以一边玩一边吃，所以很受消费者的青睐。

同时，人们更加注重饮食的健康，那些营养价值高、符合当今消费习惯的休闲食品必然受到消费者的欢迎，比如坚果产品就富含人体所需的各类营养元素，受到消费者的欢迎也就不足为奇。

休闲食品更能吸引年轻人

休闲食品的主力军是孩子和年轻人。而且，相对孩子来说，年轻人具有一定的经济实力，购买休闲食品的能力更强。

一是休闲零食包装精美，外观图案的设计有强烈的视觉感官吸引力，令年轻人印象深刻，再加上导购员、促销员简明扼要又富有引导性的消费介绍，往往会刺激年轻人决定购买。

二是社交圈里，身边的同龄而且有共同话题的年轻人在听到或看到少数人率先买了休闲食品，品尝后评价比较好便有从众心理，也有想要购买的想法。

三是利用各种渠道发布由公众人物代言的新颖、品种繁多的零食产品的广告起到了品牌效应。

休闲食品零售的前景无疑是很不错的，关键是如何去做，如何选择加盟的品牌。

要看品牌的知名度

现在的消费者越来越注重品牌消费，休闲食品加盟店品牌知名度越高越能吸引消费者。

看总部的扶持力度

休闲食品加盟公司提供的扶持力度是十分重要的，扶持力度越大，做成的可能性就越大。通常而言，加盟总部提供的服务包括前期的商圈调研、店铺设计、店铺装修、开业活动、各项促销策划、后期的店铺运营等。

要进行实地考察

在选择休闲食品加盟品牌的时候，不能只看资料，或者通过网络来了解，必须要实地考察，去看看想选择的这个品牌有没有足够的实力。而且，不要只看加盟总部，还要了解其他加盟店的情况。

特色餐饮品牌加盟

餐饮是新零售的重要组成部分。民以食为天，餐饮行业是永远不会没落的，只要选对项目，自然会开花结果。对普通人来说，做餐饮零售有两个关键，一个是特色，一个是加盟。当然，不加盟也可以，但相对来说风险较大。

餐饮行业的加盟行情比较好，比如炸鸡排、黄焖鸡、冒菜、火锅、牛肉面、麻辣烫、过桥米线、功夫包子、手抓饼、珍珠奶茶等，都有非常多的连锁加盟品牌。

特色餐饮加盟的优势在于以下几点。

市场广阔

人总是要吃饭的，而且现在人们的生活水平普遍提高，在饮食方面不仅仅要求吃饱，还要吃好。一些人吃腻了大鱼大肉，就想吃吃这些各具风味的特色餐饮。所以，别看这些特色餐饮店规模不是很大，但顾客却不少。

加盟后风险降低

特色餐饮加盟具有新颖、独特、简单、快捷、方便、省时、省事，个性化、大众化、生活化，贴近百姓、贴近底层、贴近生活的特点，对顾客有很大的吸引力。在操作上，它具有投资少、见效快、操作简单、变化多、好创新，不占用太多的生产资料和资金，具有灵活性、流动性，当天购买的原料当天销售，创新、变化随心所欲极其容易的优点。而且，加盟总部还有扶持和优惠政策。这对普通创业者而言，是非常好的项目——风险相对来说较低，成功的概率较大。

Part 5　新零售下的新创业，未来10年的淘金池

门槛低

特色餐饮加盟是没有专长、没有技术、没有经营经验，文化偏低、年龄偏大、有家庭拖累的人的创业首选，非常适合第一次创业的人群，尤其是个人、夫妻、家庭创业。对普通人而言，不管是资金、经验、人脉等方面都比较弱，门槛太高的行业根本就无法涉足，而选择特色餐饮加盟就比较合适。

当然，有些特色餐饮加盟品牌并没有宣传得那样好，这就需要创业者谨慎选择。在选择特色餐饮加盟品牌时需要注意以下几点。

（1）不要太相信广告。

在电视、网络上，常常会有广告宣传，某个人加盟了某个餐饮品牌，一年赚了很多钱，又买房又买车，社会地位高了，打算开分店。对于这些宣传，打算加盟者一定要认清，通过不同渠道核实。

（2）不要想占便宜。

对那些不要加盟费，只要设备和进货押金的特色餐饮加盟品牌，一定要谨慎，不能贪便宜。

（3）不要贪多求全。

有些特色餐饮加盟品牌会利用年轻人涉世不深的弱点，以及追求大而全的心理，推出一个项目，几万元投资却是咖啡、奶茶、冰激凌、比萨、汉堡、火锅、烧烤加中餐，样样齐全。要知道，不怕样样通，只怕一样精。这种"大杂烩"的项目往往很难做起来。

（4）不要追求暴利。

一般餐饮业 30%~70% 毛利比较正常，说 100% 甚至更高暴利的项目，往往会是一个骗局。

（5）不要在考察上偷懒。

有些餐饮加盟品牌会说他们的加盟店遍布全国有成百上千家，但你要求考察加盟店的时候，他们会支支吾吾地说本市的几个很远，正在装修。甚至更过分的，连直营店都没有，只有办公室和展示间。所以，你千万不要图省事偷懒，

新零售机遇：任何生意都值得重做一遍

而要看真正加盟店在开业几个月之后的盈利状况，而且最好不要只看一个。

（6）不要太依赖总部。

加盟的优势在于"背靠大树好乘凉"，但如果你想做甩手掌柜，完全依赖总部，那就大错特错了。创业最能依靠的只有自己，任何外力只能起到辅助作用，不能成为主导力量，否则就不是自己创业，而是别人创业。

Chapter 20

创意+体验：
新零售下的店铺经营秘方

在新零售时代，店铺经营如果走老路子，毫无新意，体验不好，很快就会被淘汰。小众市场的深入挖掘、粉丝的培养沉淀、特色的提炼突出、社交工具的充分利用……这些都能为店铺经营提供巨大的帮助。

新零售机遇：任何生意都值得重做一遍

开发个性化的小众市场

在消费升级、新零售来临的大背景下，人们更加注重生活品质。同时，年轻的90后、00后群体，正逐渐成长为消费的主力。可以说，市场正在发生深刻的变化。这种变化最明显的特征是，以往的大众化需求在减少，新的分层化、小众化、个性化需求在增加。但这些新的需求，目前还没有得到更充分的满足。

这就给个人创业提供了方向——开发个性化的小众市场。比如"紫魅"，一个经营紫色女包、服饰等市场产品的品牌。弱水三千，只取一瓢。"紫魅"就抓住一个紫色，成就了一个著名品牌。在"紫魅"的店铺里，满眼都是紫色，无论是店铺视觉，还是所呈现的商品颜色，让人仿佛来到了一个紫色的天堂。

"紫魅"的创始人叫唐少。刚开始，唐少专做帆布包，且以情侣款为主。有一次开发了5种颜色的同款包后，其中一款紫色的卖得最好，且没有经过任何付费推广手段。这就引起了唐少对紫色的关注。

经过研究之后，唐少发现，紫色虽然是一个小众颜色，但代表高贵优雅，喜欢这种颜色的用户年龄大多集中在30~40岁，是一批有消费能力、追求生活品质的人。于是，他决定做小众，抓住紫色人群。

显然，要抓住这部分人群，产品的设计和研发是关键。团队设有两名核心设计师，从产品设计到打样生产，均一手掌控。每月每位设计师都需要提交一份由十几个款式组成的设计方案，由唐少挑选出一个系列，作为下次上新的主打产品。

设计：不要流行，只要紫色

品牌整体的设计风格以优雅高贵、神秘梦幻为主，而在设计过程中，有一条定律必须执行——用色精准，减少使用流行元素。用色精准是为了遵循品牌定位，以紫色为基础延展设计，配色仅有白色、米白色、黄色可供选择。

定制：满足个性化的需求

"小众人群更要在个性服务上体现优势。"唐少说。因此，"紫魅"实行个性化定制，尽可能地满足用户的个性化需求，以此来提高用户的黏性。"紫魅"为每位顾客都设立了档案。客服从接触到顾客开始，就要对其信息进行"追踪"，包括售后使用情况，以及是否有更多需求等。比如，在包上锁扣或是内里印上顾客的姓名，更换下某款包的材质，或是改变大小尺寸等，这些顾客提出的需求品牌都会一一满足。

为了适应个性化定制，"紫魅"团队将生产分成两套体系，一套是常规产品的批量生产，另一套是针对定制产品的小件产出。公司成立了一支由多位手工制包高手组成的"特种部队"来完成这部分定制需求，主要生产高档定制包和应急下单的产品。这支"特种部队"只需 1~2 天便能生产出一只定制包。

推广：不求多，只求精准

细分人群虽然小众，但相应的一个特征就是可实现精准推广，且用户黏性高。因而在前期，"紫魅"很少进行大范围的营销推广，只在几个用户群推广，或是参加一些平台类目活动。

此外，在对外传播上，其更注重品牌整体的印象而非单品。因为一款紫色的包，很多女包品牌都能做到，但是全店都是紫色商品效果则会大为不同。

运营了 3 年之后，"紫魅"在女包的基础上，扩充了品类，包括服饰、围巾等配饰以及鞋类等。这些品类都是围绕紫色拓展的。

可以说，唐少打造的"紫魅"是一个典型的个性化小众市场开发案例。从

新零售机遇：任何生意都值得重做一遍

这个案例中我们可以得到启发，从自己熟悉的领域出发，挖掘消费者细分的个性化需求。虽然这种细分化的需求切入口很小，但未来的市场空间并不小。只要你真正站在用户的角度，认真挖掘，用心分析，做好体验，必然会有一番成就。

做一个特色卖家

有特色才能吸引顾客。这是新零售领域的重要规则。特别是个人创业者，相对于大商家来说，自身实力本来就很弱，如果再没有特色，根本没有做成的可能性。

比如开一家小店，只有独特才能给顾客留下深刻的印象。当有这一方面需求的时候，他们才会第一个想到你的小店。店铺的特色就是店铺的生命线。

我们下面列举一些具有特色的店铺案例。

胖夫人专卖店

人们的生活条件好了就容易发福。特别是女性，发福以后买衣服会很困难。一般服装店进货的时候，一款衣服量最大的是处于中间的号码，女装以中号和小号为主，很少有大号或特大号。如果反其道而行之，开一家胖夫人专卖店，以大号、特大号的服装为特色，就能吸引有这方面需求的女性顾客。同时，专卖店还可以开展"定做、改制"等服务项目，为那些胖顾客解决购买服装的痛点。

男士美容院

生活中男性做美容的确实不多，但相应的为男性服务的美容院也不多，普通的美容院几乎都是为女性服务的。随着人们生活水平的提高，男性美容的需求也在不断增强。如果能开一家男士美容院，因为其独特性，生意一定不会太差。

男士美容院的店面一定要突出自己的特色，店址应选在交通便捷、商务办公楼较为集中、人流量较大的繁华街道上，便于白领男士光顾。店内布置要简洁明快、干净舒适。另外，室内还要摆放一些时尚报纸杂志，客人可以一边做面膜，一边翻阅时尚杂志，享受这难得的自在时光。

需要注意的是，一些欧美国家的美容产品并不能满足亚洲男子的需求，所以，要为客户作肤质检测，找到最适用的美容产品。

宠物美容护理店

现在养宠物的人不在少数，而且给宠物的投入非常可观，许多人把宠物当作家庭里的重要成员。不管是在小区里，还是视频上，常常能看到打扮得很可爱的宠物。针对顾客的这些需求，可以开一家宠物美容护理店。

给宠物美容，有一系列严格的美容工序，先是理毛、掏耳朵、剪趾甲、洗眼睛，然后将宠物带进恒温房间，用去污力强、无刺激、能还原毛色的宠物香波为它们洗浴，还要再用吸水毛巾替它们吸干水分，用电吹风吹干毛发，最后对宠物进行修饰，修剪其胸部、后腿、四蹄及头上的杂毛……要熟练地完成这些工序，技术上就一定要过关，高超的美容技术是宠物美容店生存的必备条件。

在给宠物美容时，要检查宠物的毛是否大量脱落，是否出现皮肤红肿、生疮，耳朵、眼睛是否发炎等状况。店铺还可以提供宠物训练服务，比如训练它不吃别人的东西，定时定位大小便等，收费也从100至300元不等。如果主人要外出，不能照料宠物，美容店还提供宠物寄养。同时，为了招徕顾客，有些宠物美容店还免费为宠物寻找配偶。

布偶工作坊

可爱的布偶总能给人带来美好的回忆。手工布偶的顾客现在已不仅仅是儿童，还包括成人。永远的童趣和无限的创意，给了手工布偶店永远不会萎缩的市场。

布偶工作坊的核心价值在于DIY的乐趣。自己动手做布偶，从构思、裁剪

新零售机遇：任何生意都值得重做一遍

到缝制，付出了创意、情感、时间，使其展现出独特的风格，这是一个多么奇妙的过程。所以，开一家布偶工作坊应该不错。

培养粉丝，沉淀消费者

现在，传统的营销方式已经令人疲倦，提不起消费者的兴趣。要想做好新零售，必须在"新"字上下功夫。而积累并培养粉丝，沉淀消费者，增强他们对产品的好感，是店铺未来生存下去的根本。

那么，对一个店铺来说，应该如何培养粉丝呢？

通过微信培养粉丝

微信是使用最广泛的社交工具，如果你能够利用好它，它就能轻松地为店铺培养和积累大批的粉丝。拥有众多粉丝的店铺，生意自然会好。

（1）打造好个人的微信号。头像、名称、朋友圈背景、个性签名等，都要精心设计，具有自己的特色。

（2）吸引客户，建立数据库。实体店做个人微信营销具有很大的优势，因为实体店的优势是本身就自带客流，所以吸引客户并不难。

方法：在店里做一个二维码，放在收银处，并标注"扫一扫加好友，立减 X 元"。一般情况下，因为能减免金额，顾客都会扫码。这样前期的数据库就建立了。

（3）互动。这个很简单，点赞、评论、交流都是常用的方法。

（4）裂变。这主要是指利用现有的客户数据库，让他们推荐好友加你的微信，从而扩充数据库，拓展新顾客。那么，怎么让老顾客推荐好友，加你的微信呢？

要驱使一个人做事情，通常要做到两点，利益或情感。

利益方面，低成本、高价值的礼品是最好的选择。要让老顾客介绍好友加你微信，可以赠送礼品。当然，送的东西绝对要诱人，要货真价实，如面膜、围巾、床上用品、衣服等。有人加你好友后，你要标注一下这是谁的朋友，清清楚楚，避免找不到介绍人。

情感方面，通过组织各种活动来联络彼此的感情。经常组织大家一起吃饭、唱歌、旅游。节日的时候送些小礼品，比如，三八妇女节，提前准备100支玫瑰花，顾客来店就送。最好每个节日都有活动，提前把礼品准备好。

（5）在朋友圈要"打造个人品牌"，赋予自己一种形象。比如，服装店主可以经常搭配一些款式，拍照发到朋友圈，把自己打造成服装搭配专家，这样顾客想买衣服的时候会想到你。卖护肤品的店主，要经常在朋友圈发布关于护肤的文章和消息，把自己打造成护肤美容的专家。

当以上这些都做好后，自然会培养起自己的粉丝。

使用优惠券吸引粉丝

现在的优惠券千奇百怪，已经不是我们传统意义上的优惠券，而是经过各种包装的优惠券。优惠券可以增加顾客来店购买的动力。

（1）现金优惠券。在顾客购物完毕后，店家可给其送上一张现金优惠券，10元、20元、50元不等。优惠券上写明"此券为X元优惠券，全场购物满XXX元可直减X元"，同时注明使用期限。比如20元现金优惠券，使用条件限定为购物满200元减20元，有条件地打了9折。在视觉刺激上，优惠券让人着眼于"20元"优惠，给买家以更直观的购买引力，促使顾客再次消费。

（2）打折卡促销。持有打折卡，顾客购物时可以享受相应的折扣。比如顾客购物满一定金额之后，就可以送打折卡，金额越大，享受的折扣就越多；或者通过随机抽奖的方式，让顾客获得打折卡。

（3）其他优惠券。除了以上所说的优惠券，还有生日卡、免单卡、试用卡、"买一送一"卡、换购卡等。比如生日卡，顾客在其生日的这一天，持卡来店里购物可以享受巨大的优惠。

新零售机遇：任何生意都值得重做一遍

采用积分制粘住粉丝

顾客购物后，可以根据其购物金额赠送一定数量的积分，当积分累积到一定数量后可以兑换礼品或下次消费时抵扣部分购物金额。当然，积分兑换的礼品或者抵扣的金额要对顾客有一定的吸引力，否则很容易让顾客忽视掉。

（1）吸引新顾客。可以在店铺最显眼的位置写上"购物送积分""推荐送积分""积分抵现金""积分换礼品"等信息。这样可以吸引到新顾客，也能让老顾客推荐新顾客。

（2）留住老顾客。如果老顾客拥有了店铺的积分，心里就会一直念念不忘，当下次购物时，他会想着"我还有积分没有用完，要去店铺看看"，而不是直接把目光转移到其他店铺去。这样，不仅保证了店铺的流量，更有助于促进店铺的转化。

另外，店庆、节假日、上新、清库存时，店铺通常要搞促销活动，这时可以先给全体老客户赠送一定积分。比如，本店3周年店庆，免费赠送老客户100积分，然后通过微信、QQ、短信、邮件等方式通知客户，再配合店庆当日的打折促销，相信会吸引大部分老客户回来看看的。

其实，粉丝对一个店铺而言，就犹如一棵树的根基，根基越牢固越扎实，店铺就能够走得更远。也就是说，当店铺沉淀的粉丝越多，店铺的生意就会越好。

采用"直播"模式

房租、人工成本的上涨，以及电商的冲击，使得实体店的生意很不好做。同时，各大电商巨头在线上遇到天花板之后，趁着新零售的东风，大举进攻线下，极力开拓实体店，这让线下传统实体店的生意更加难做。面对这种严峻的形势，实体店要转型，要想办法突破。

现在，线下实体店依托体验的优势，各显神通，采用各种方式，努力在新零售时代获得成功。其中，直播就是一个非常有效的方法。

直播是线下迁移到线上最佳的融合方式，利用直播实体店能够真正地做到线上即线下，线下即线上。可以说，直播是一种新型的零售模式，能让用户真真切切地感受到购物的便利性，让实体店发挥更大的价值。

实体店采用直播零售模式，其作用主要体现在以下几点。

能获取更多的流量

通过直播，商家经营的范围获得极大提升，商品可以卖到全国各地。同时，店铺老板在闲暇的时候也能够培养粉丝。比如，开女装店铺的老板不仅仅卖衣服，平时也可以写关于穿衣搭配的文章在网上或者自己的公众号发布，渐渐地把粉丝聚集起来。随后把直播嵌入到公众号里面，那么，众多粉丝就能实时看到直播。

能够提高互动性

互动是拉近商家与用户距离的有效方法。实体店要想卖好商品，必须学会与顾客互动，要想办法开放自己的节点让顾客参与进来。在进行店铺直播的时候，可以设置很多直播环节。从商品进货或者设计就开始进行直播，包括后期的整理、上新，各个环节让顾客都能参与进去，顾客对这些不曾经历的事也会很感兴趣，从而增加其对商品的好感，最终转化成购买行为。在直播的过程中，店铺要与顾客进行积极互动，倾听顾客的意见，然后做出改进。

能够增加黏性

顾客的黏性越高，其忠诚度就越高。利用直播可以增加顾客的黏性。比如，店铺在直播的时候可以发红包、送礼物等。其实开店不仅仅是开店，而是创造了一个小世界，让顾客在里面花钱还能玩得很高兴。这样一来，店铺不仅可以维护好与顾客的关系，长留老顾客，还可以更好地吸引新顾客。

新零售机遇：任何生意都值得重做一遍

  由于直播对实体店的作用比较明显，于是各种直播平台、APP 等如雨后春笋冒了出来，比如玲珑直播、红豆角直播等。实体店可以根据自己的具体情况选择这些直播平台或者 APP。

  总而言之，直播为更多店主提供了新的营销方案，个性化的直播服务让实体店拥有更多机会！

Chapter 21

借鉴:
著名新零售品牌成功的秘密

它山之石,可以攻玉。本章介绍的案例,都是在新零售领域做得非常好的品牌。通过对它们的经历、策略、模式等情况的了解,能为个体或者企业做好新零售提供借鉴和帮助。

新零售机遇：任何生意都值得重做一遍

精致简约的"无印良品"

无印良品（MUJI）是一个成立于 20 世纪 80 年代的日本杂货品牌。从字面的意思来看，无印良品就是没有品牌标志的好产品。在当时，日本社会一片繁荣浮夸之风，无印良品以简约、精致、朴素之美闯入生活和市场，犹如一股清流，很快获得了人们的喜爱。经过三十余年的发展，无印良品已经成为非常著名的品牌。

2017 年 7 月，无印良品的海外门店数量首次超过其在日本的门店数量。这标志着无印良品的世界品牌知名度又上了一层楼。

中国的零售市场正在发生很大的变化，尤其是主题涉及消费升级和新零售概念，无印良品是最好的解读。

极致的体验

无印良品抓住了新零售的关键点，通过视觉、听觉、触觉、心灵四个方面让消费者获得极致的购物体验。

（1）视觉体验。无印良品的店铺装潢，运用了大量的自然材质，比如木材、竹子、废砖头等，给人清新、简洁、舒服的感觉。同时，为了环保和消费者健康，无印良品在装修时规定许多材料不得使用，如 PVC、特氟隆、甜菊、山梨酸等。店铺里的每个商品都使用透明或半透明包装，甚至无包装，能让消费者清楚地看到商品；都有一个清晰明了、设计风格完全统一的标签，呈现内容包括商品的尺寸、材料、产地、价格等，消费者不仅对其有一个充分的了解，而且放心使用。店铺里商品的颜色以黑、白、灰、褐、蓝、米等为主，纺织品很少漂白、染色，陶瓷制品基本上是白色，塑料制品基本上为透明或半透明，木制品保持原本颜色纹路，都尽可能地体现出自然的韵味。

（2）听觉体验。无印良品的店铺在营业时会播放美妙悠扬、轻柔舒缓的音乐。这都是无印良品专门制作的植根于世界各地的历史和生活，记录当地音乐家的音乐。比如，巴黎地铁表演艺术的"地铁音乐家"的作品，都柏林音乐家的传统音乐。这些音乐本身都是极富艺术价值的珍品，让消费者在购物过程中有亲临音乐厅般的美好享受。

（3）触觉体验。无印良品的产品采用的都是自然健康的真材实料，触感极佳。比如纺织品，其原材料都是来自世界不同地区的天然棉、麻、毛、纱等，而且制作时使用了独特的方法。就像新疆棉天竺的床上用品，用的是纤维细长的新疆棉，外加天竺的特殊编织法，使制作出来的被套、床单等有如T恤般的贴合肌肤的弹性触感。

（4）心灵体验。无印良品宣扬不求"这是我想要的"，但求"这是我需要的"；不是"这个好"，而是"这样就好"。这种朴素生活的价值观，是站在人类自身与地球的角度，对未来消费观的见解，更是对最本质的生命问题的关心。无印良品的目的是通过改变人们喜好的生活质量，来影响欲望的形成，创造一个新的市场。无印良品旨在对人们的心灵进行影响，教会人们对心灵归宿的追求，教会人们如何更好地生活，坚持真善美（真材实料，用真心关怀，创造美的生活空间）的追求。

用尽心思的设计

有人调侃，无印良品最成功之处，就是一边提倡大家生活要简约，一边卖出更多产品。对此，无印良品的掌舵人金井政明表示："很多零售商都外购大量

新零售机遇：任何生意都值得重做一遍

生产的货品，略加改变就上架贩售。他们做的是金钱交易，可是我们不同，无印良品的每一件商品都有存在的原因。我们花很多时间去思考一件商品的用途，无论是一只叉、一只匙羹，还是一副手套，希望造出来就能马上融入生活中使用，无论何人、何时、何地都无差异。"

确实，无印良品的每一件商品都是经过深思熟虑后精心设计的。

以清洁为例，无印良品和消费者一起思考了 8 个月，对清洁工具、清洁频率、不同形态家庭进行深入调查，收集了 9247 份调查问卷。最终发现了"清洁工具收纳场所"这个关键词，并实地观察消费者家中的清洁工具，发现它们大多被放置在显眼的地方，即使规划了位置也是随手摆放，很不美观。于是，无印良品把关注点从清洁工具本身转移到了收纳清洁工具的容器上，最终制造出了自立式地板擦盒。

再比如床垫，无印良品采用超高密度独立式樽型弹簧，通过增加线圈，在极微小的点上支撑，使得各个线圈更紧贴并平衡支撑身体，从而保持稳定舒适的睡眠。在一些独特的细节处理上，无印良品也很用心，如贴合脚跟的舒适直角袜，和脚跟一样呈 90 度的袜子不仅穿着舒适，还不易滑落；LED 聚碳酸酯手电筒，除去一般的手电筒功能，它还可以放置在桌面上作为间接照明。

尽可能提高效率

新零售的本质就是高效。无印良品通过规范化、定制机制来尽可能地提高工作效率。

（1）规范化。为了让顾客无论走进哪家店铺都能享受到同等服务，同时避免依赖个人经验和直觉造成的失误和不规范，无印良品将商品开发、卖场和服务等工作全部规范化。

所以，不管是日本表参道的无印良品，还是美国洛杉矶的无印良品，或者是欧洲瑞士商场地下一层店面不足 10 平方米的无印良品，其店铺格局、当季的货物、员工的态度、物品的摆放都是一样的。

无印良品的每个店铺都有一本工作手册《MUJI GRAM》。为了让新员工能快速理解规范化，《MUJI GRAM》中包含"何物、何为、何时、何地"，以确保员工能贯彻落地。以"整齐"为例，《MUJI GRAM》里会写明正面朝上（有吊牌一面朝上），商品的方向（杯子一类的把手要朝向一致）以做到标准化。同时《MUJI GRAM》极其重视"何为"，因为让每个员工工作时都能知道为什么工作，工作之后意味着什么，自然会拓宽他们的视野，提高主观能动性。

以选址开店为例。为了排除"印象论"和直觉，无印良品同样把开店规范化。他们给近20个项目评分，设定所有人都能客观评估的定量项目，同时把候选地点的信息收集方法、现场调查方法、开店以后的营业额预测法等一切与开店相关的工作全部规范化。正是这样的严格标准，确保员工可以快速、可复制地贯彻执行公司布置的任务。

规范化是无印良品可以快速扩张的关键。

（2）机制化。在无印良品，"不要试图改变员工，而是创造机制"是共识。比如，无印良品本部制订了"18：30后不加班"的决策。这就会让员工开始思考"为了不加班该优先做什么工作，又该省去什么工作"，自然而然地，员工就会展开提高工作生产效率的行动。

无印良品建立了"商品调查"的机制，让门店随时汇报热销商品前十位的销售情况，并将它们摆在显眼位置，让商品库存管理变得顺畅。

无印良品建立了"共享交易对象名片""共享商谈内容"的机制。这不仅能省去寻找交易对象负责人的时间，还能省去重复商谈内容的时间。

无印良品建立了"提案书只需一页A4纸"的机制，杜绝制作PPT大量插图、美化浪费时间，回归解决问题本质。

无印良品建立了"30%委员会"的机制，从店铺作业、总部作业、物流、租金、保安与财产管理、人工费等多个改善项目，将销售管理费比例控制在30%以下。

无印良品建立了"销售竞赛""匠之技"等机制，提高员工销售能力和服务技能。

新零售机遇：任何生意都值得重做一遍

所谓环境改变人，正是这一个个的机制，激活组织活力，提高员工工作意愿。机制化是无印良品高效运转的关键。

全渠道模式的"良品铺子"

"良品铺子"是一家休闲食品研发、加工分装、零售服务的专业品牌连锁运营公司。2006年8月28日，"良品铺子"在湖北省武汉市武汉广场开了第一家门店。

经过十几年的发展，"良品铺子"成为著名的休闲零食品牌。在《中国糖果》杂志发布的2017全球100强糖果公司排名中，"良品铺子"以60亿人民币的销售额位列全球第26名（如下图所示）。

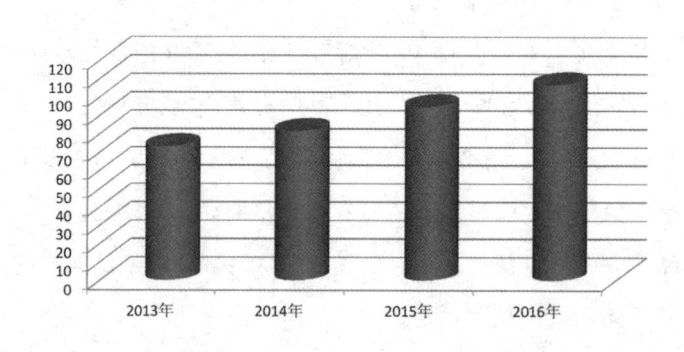

"良品铺子"营收情况统计（亿元）

年份	2013年	2014年	2015年	2016年
营收	80	90	100	110+

"良品铺子"采用的是全渠道模式，线下线上同时进行。线下拥有2100多家实体门店，线上渠道有37个，包括天猫、京东、饿了么、美团外卖、口碑外卖、百度外卖、良品铺子的APP、微信、QQ空间、百度贴吧等。这属于新零售

的典型模式。

"良品铺子"的最大优势在于全渠道。比如，顾客在线上下单，能在附近店铺取货；在网上拿到红包，能到线下店消费兑现。这极大地提升了效率和消费体验。

在"良品铺子"全渠道的背后，则是大数据、数字化的强力支撑。

数字化转型

随着消费者获取信息的手段和交流沟通的手段发生变化，"良品铺子"顺势而为，进行了数字化转型。

不断学习其他企业的先进做法，是"良品铺子"适应数字化时代的有效策略。在数字化转型时，"良品铺子"主要从内外两个方面做起，对内通过改变管理者思维，调整组织架构；对外是借助外脑的作用，与IBM、SAP、华为等达成合作。"良品铺子"依托数字化运营，以零食作为载体，已经成了流量分发的重要渠道。

数字化驱动

让消费者在购物时享受到更为便捷、高效的服务和综合体验是"良品铺子"一直在努力做的事情，而数字化则让这个事情做起来更加轻松和高效。

信息化和数据驱动赋予了"良品铺子"全渠道模式独特的功能——通和同。通，即消费者在不同平台上的身份、权益，如折扣、会员等级、爱好、订单等在全渠道打通。同，则是消费者在各个渠道中享受无差别的产品和服务体验。

数字化时代

随着数字化运营的深入，"良品铺子"对全渠道提出了"新四化"运动。

（1）门店互联网化。门店互联网的核心和关键是在技术的推动下，实现以门店为核心，同时把全渠道、全会员、全数据打通的模式。

（2）社群化，把微信、微博打通，实现社交。

（3）本地社区化。

（4）公司所有业务电商化。

新零售的目的并不是单纯地追求线上或线下，而是相互融合。对不同年龄段、不同区域的顾客来说，购买零食的习惯各不相同。比如，大城市的年轻人通常喜欢在线上电商平台购买零食，而三四线城市的中老年人则喜欢在线下帮孩子挑选零食。可见，多个渠道全面覆盖的模式才能真正满足不同顾客的需求。

设计师品牌"江南布衣"

"江南布衣"是服饰行业新零售的探路者之一。作为著名的独立设计师品牌，"江南布衣"一路发展下来取得了非常不错的成就。

江南布衣集团1997年成立于杭州，拥有女装JNBY、高端女装less、男装CR（速写）、童装jnby by JNBY和Pomme de terre（蓬马）以及家居JNBYHOME等6个品牌，涵盖男女装、童装、青少年装、家居等各个不同的品类，推行"自然、健康、完美"的生活方式。

截至2017年12月31日，江南布衣集团在全球经营的实体零售店总数为1768家，包含海外的80个经销店在内，其零售网络覆盖中国内地所有省、自治区和直辖市以及全球其他17个国家和地区。

"江南布衣"的快速发展，在于踩准了新零售的节奏，采取了科学有效的策略。

非常重视消费体验

一直以来，"江南布衣"都十分注重和消费者的互动，认为消费者的感受十分重要，因为他们对品牌的一些想法建议是无比珍贵的。

"江南布衣"在全国范围内拥有大量的会员，通过将线上线下会员全部打通的手段，有助于观察线上线下消费情况，实现与消费者直接的交流互动。对此，"江

"南布衣"的副总倪国昌表示:"现在的用户需求和方向都有所转移,我们也希望可以更加清晰,比如我们会把一件衣服怎么做出来的过程告诉大家,让粉丝感受到过程,提升体验感和参与感。"

"江南布衣"常常会鼓励顾客到实体店去看一看,感受面料的触感和温度。他们明白,顾客在接触和试穿的过程中更容易理解和喜欢产品。

采用"两微"的传播方式

"两微"是指"江南布衣"的官方微信和微博。

(1)布局微信,吸纳粉丝。从2015年开始,"江南布衣"就推出了微信服务号平台,将重心更多地放在了微信平台的营运上。截至2017财年,"江南布衣"的微信账户用户数约150万个,同比增长108%。根据时尚头条网的数据统计,其女装JNBY在微信平台粉丝数量连续2年在国内女装中排行第一。

2017财年购买总额超过人民币5000元的会员账户数据约11.8万个,2016年只有9万个,其消费零售额也达到人民币14亿元,2016年为10.8亿元。截至2017年6月30日,"江南布衣"拥有会员账户约200万个,同比增长66%。可见"粉丝经济"的策略颇有成效,2017财年,"江南布衣"会员所贡献的零售额占集团零售总额的62.6%,而2016年为56.7%。

(2)通过微博宣传新品。在"江南布衣"看来,对于新品的宣传,首先让消费者知道才是最重要的。消费者只有先知道了,才有可能去了解,去购买。微博是让消费者知道产品的好工具。微信更偏重会员,是一些"已经知道你的用户",微博相对开放,人群定位比微信年轻。微博像一个喇叭,发内容的频次和讲述的方式更多。

寻找盟友,与VICE合作

VICE是一个展示青年文化的新媒体平台,内容涵盖新闻、音乐、旅游、体育、科技、时尚等诸多领域。为了抓住年轻消费者,"江南布衣"选择与VICE合作。

"江南布衣"与VICE的第一次合作在2013年,那时VICE才刚刚进入中国,

新零售机遇：任何生意都值得重做一遍

基于新一季的设计确定拍摄主题，双方推出合作项目"游"——邀请在10个不同城市工作或生活的年轻人，穿着"江南布衣"的服装在镜头前谈谈旅行和流浪的意义。这些年轻人有战地记者、鼓手、时尚买手、插画师和橱窗设计师等，都是相当独特的非常规职业。在"江南布衣"看来，这些人代表着年轻人新的生活态度。

2015年，第二次与VICE合作的"江南布衣"更加大胆，推出名为"挺有意思"的橱窗改造计划，请来几位满脑子奇思妙想的创意人，对"江南布衣"在杭州、北京、上海、广州、重庆共5家门店的橱窗进行改造，并且举办线下活动开放参与。这些门店变成了美甲的地方、手工玩印刷的地方，甚至参与者可以带上狗狗一起来凑热闹。在这场橱窗改造活动结束几个月后，"江南布衣"在北京亮马桥官舍开设了一家概念店，请来几个艺术家分四期轮番对门店进行设计改造。"江南布衣"已经慢慢从街头文化的合作转向了艺术领域的合作探索。这背后是一个品牌逐渐高端所需要经历的。

在新零售的道路上，通过不断地尝试和创新，"江南布衣"走出了自己的特色。

"新育儿+"模式"孩子王"

"孩子王"是母婴童商品零售行业的领军品牌，专门为准妈妈以及0~14岁的孩子提供商品和服务。围绕"新育儿+"，"孩子王"创造了一个开放的、平台化的资源共享模式。

2009年，"孩子王"的第一家门店开业，到2016年的时候，营收就达到了44.55亿元人民币。在"新物种爆炸·吴声场景课堂2017"年度大会上，场景实验室联合《哈佛商业评论》、吴晓波频道发布了一个新物种榜单——2017上半年新零售TOP10，"孩子王"紧跟小米之家和超级物种，位列榜单第三。

作为新零售的代表企业，"孩子王"不仅仅是一站式孕婴童零售商和服务商，更是线下超级儿童社区，亲子互动社交平台，各类育儿服务的提供者。"孩子王"培养了5000多名持有国家育婴师证书的专业育儿顾问，为会员提供各类专业育儿服务，与核心会员建立强关系。在"孩子王"，单店有年均1000场的亲子互动。"把互动情感给父母，互动社交给孩子"是"孩子王"独特的价值。通过运用互联网与大数据技术升级线下门店，将线上精准营销与线下互动体验相结合，"孩子王"为每一个用户提供一个工程师和一个育儿顾问的解决方案。

"孩子王"的线下店铺，95%的流量来自会员，5%的流量来自散客，用户的会员转化率高达76%，会员复购率约8成以上，其中50%的会员平均可达2个月购买3次的频率。

为什么线下门店能有如此的增长，并且复购率达到80%？其原因就在于用户思维！

把用户经营作为考核，而不是销售额

"孩子王"的组织架构是，用户研究、用户支持、用户经营，并且从传统的销售额为主线的考核改为以会员数量、互动活动频率和活动次数为重要指标的考核。在员工配置上，互联网人才在总部的占比达到58%，一线不是简单的销售人员而是专业化服务人员，以利于为用户提供高品质的服务。有了这些用户思维的落地保障，"孩子王"才有了今天的用户黏性。

深度经营会员用户

从店面95%的流量来自会员就可以看出"孩子王"把营销看得很重，通过线上内容和线下活动，深度经营用户关系，在其他零售行业都追求规模的情况下，它追求的是精准用户的深度连接，不通过大规模的广告带来流量，反而把预算放在经营精准用户上。这就是流量思维转用户思维或者核心用户思维。

新零售机遇：任何生意都值得重做一遍

用户体验为王，复购来源于互动性活动

"孩子王"利用门店，做到月月有主题，周周有活动。通过洞察需求，来提供满足用户需求的服务，让他们将时间留在"孩子王"，进而去了解"孩子王"的产品，使得"孩子王"成为新家庭室内活动中心、儿童线下互动超级社区。这些都有助于提升用户连接和黏性。

在用心经营用户的同时，"孩子王"还在不断创新。2017年9月28日，"孩子王"推出了第六代G6智慧门店。这家店位于苏州龙湖时代天街，是"孩子王"践行新零售的一次新尝试。

G6智慧门店主打造四个核心：关系核心是以情感连接为依托经营顾客关系；内容核心是以育儿顾问为核心生产生态内容；场景核心是以全渠道为背景构建全场景；数字核心是以有温度的大数据为导向组建智能化系统。这四个核心正是新零售的四个要素。

具体而言，"孩子王"的G6智慧门店有以下特点。

（1）增加互动空间，推出专属及定制商品。

G6智慧门店减少了产品展示的空间，尽可能地增加父母与孩子的互动空间，留下更多空间打造主题公园，以确保亲子娱乐的体验提升。

与此同时，"孩子王"利用其会员数据积累与数据库存，深入挖掘新妈妈和家庭的育儿需求，以挑选她们潜在需求的或热衷购买的品牌，从而实现了从母婴产品展示的"宽泛化"向"精准化"转变。

为了充分满足消费升级下用户的需求，G6智慧门店在产品品质区间分配上也进行了相应的调整。中端及中高端商品有8000余种，占全部商品的比例超过45%，其中引进纯进口品牌130个，覆盖102个商品分类。另外，"孩子王"为会员推出专属及定制商品3000种，为其倾情打造独有商品，以稳定客户关系，提升客户的黏性和忠诚度。

（2）提供无边界服务。

"孩子王"的G6智慧门店实行线上线下一体化的"7×24"小时随时随地

无边界服务，家长们可以不受时间地点的约束，通过实名育儿顾问进行点对点的育儿服务。

同时，线上线下深度融合，让消费者随时随地享受无差别服务。比如，当孩子在门店游乐时，消费者随手拿起一个玩具扫码，便可以带回家。而且，如果想要在家里购买某些产品，直接拿起产品袋的商品条码扫描，该产品就可以由门店配送到家。

对新零售时代的母婴行业而言，瞄准线下门店布局仅仅是迈进新零售市场的非常重要的第一步。布局线下之后，如何实现线上线下融合，如何利用数据技术完成颠覆性变革，如何在提升服务和体验的同时提高效率，才是在新零售背景下做好母婴市场的关键。

可以说，"孩子王"的G6智慧门店的开启，为母婴线下门店在新零售趋势下转型发展提供了借鉴。

微博营销模式"野兽派"

2011年，"野兽派"诞生于微博，并逐渐从一家线上花店成长为一个新的生活方式零售品牌。

刚开始，"野兽派"只在微博上接收订单，依靠微博承担着营销、销售、客服的多重功能。后来，推出了正式官方网站 www.thebeastshop.com。

"野兽派"品牌最初为人知晓进而走红是因为"故事订花"，即顾客将自己的情感故事告知店主，店主根据故事，搭配鲜花，做成独一无二的花束。顾客的情感故事，"野兽派"会以匿名的方式发到官方微博上，配上相应的花束图片。这样的微博总能引起粉丝的共鸣，进行转发传播，"野兽派"的名声，就在这一

新零售机遇：任何生意都值得重做一遍

个又一个故事中越来越响亮。

"野兽派"花店最热门的微博内容之一，是前男友的婚礼，一位女孩儿送了一束近乎黑白的花道贺。另外，还有一个戏剧化的故事，订花人表示："当初我对她不好。希望能找到她，让她收到花。如果不行，也是命。"悬念产生，人们对能否找到那个"她"极为关注。后来，一条微博揭示了结局，"找到了女主角，她收下花的时候有笑容。"

"野兽派"花店有一个镇店之宝，叫作"莫奈花园"。这背后就有一个故事。有位顾客想要订花送给某位对他而言非常重要的女士，希望能表现出莫奈名作《睡莲》的意境，可当时并没有合适的花材进行创作。这位顾客也不着急，并且说"美值得等待"。数月后，店主想起日本直岛的地中美术馆，从中获得灵感，最终完成了"莫奈花园"鲜花盒。

在品牌传播推广中，"野兽派"充分利用了明星效应。

"野兽派"这种"卖故事"的风格，在微博上赢得了大批粉丝的追捧，其中还不乏明星演员，包括胡歌、高圆圆、井柏然、马伊琍、Angelababy、刘嘉玲等。这些明星的响应，更是为"野兽派"引来巨大的关注度。

2013年母亲节期间，"野兽派"就邀请马伊琍前往其花房，拍摄了一个小清新风格十足的短片，同时也对粉丝承诺要把产品获得的收益全部捐赠给大福基金，用来帮助自闭症儿童。这次活动获得了不错的社会效应。

在体会到明星宣传带来的巨大影响之后，"野兽派"索性将此种风格发扬光大，特别是像明星婚礼这样的绝好的营销机会。

比如黄晓明和Angelababy，赵又廷和高圆圆的婚礼现场，都可以看到"野兽派"的身影。Angelababy手中的铃兰捧花、名为"公主的伊甸园"的现场花艺布置，均出自"野兽派"。

在线上获得巨大成功后，"野兽派"逐渐开拓线下市场。截至2017年12月，"野兽派"已经拥有23家实体店，上海有7家，北京有5家，杭州、广州、深圳各有2家，南京、成都、沈阳、天津、重庆各有1家。

"野兽派"的每家实体店都有一个主题,而且每家店都有一只萌萌的镇店神兽,无论是店面装饰还是店内主打产品,各店都特色十足。别人在用卖菜的方式卖花,它却在卖体验。

值得注意的是,"野兽派"并不只专心卖花艺产品,2017年2月11日,其还为唇膏、巧克力、珠宝等商品发了一条微信头条,称这些商品为"有钱也买不到"的情人节限购礼,并表示该份清单能让男士们学会送礼的礼仪。由此可见,借助品牌影响力,"野兽派"的售卖商品范围在逐渐扩展。

专注于潮流玩具的"泡泡玛特"

"泡泡玛特"是中国的潮流玩具零售商,售卖的商品包括潮流玩具、二次元周边、BJD娃娃(球关节娃娃)、IP衍生品等多个品类。

潮流玩具又被称为艺术家玩具,20世纪90年代起源于中国香港,是由设计师、艺术家设计制作,尺寸多在几厘米到几十厘米不等的3D立体玩偶。

"泡泡玛特"的关键资源是独家签约了多个国内外一线潮流玩具品牌及设计师IP,如Molly、Fluffy House、Coarse,龙家升、鲔鱼先辈、妹头、毕奇等。

截至2017年年底,"泡泡玛特"拥有近60家直营店,覆盖了15个城市,包括北京、上海、深圳、杭州、成都、重庆、天津、沈阳、大连、苏州、无锡等,而且所有的直营店都开在最核心的商圈。

"泡泡玛特"2016年入驻天猫平台开设了线上旗舰店,2017年1月成功登陆"新三板",股票代码(870578)。同时,其自主开发的专业潮流玩具社交电商平台APP"葩趣"也成为国内最活跃的潮流玩具社区。这种线上与线下的深度融合,使得"泡泡玛特"成为新零售的代表企业之一。

新零售机遇：任何生意都值得重做一遍

"泡泡玛特"的创始人是王宁。2010年，王宁在北京中关村开了"泡泡玛特"的第一家零售店，主要售卖服装、化妆品、玩具等创意小百货。

但王宁很快就发现这种模式存在很大的问题。一是业务松散，产品不聚焦；二是模式复制成本低，竞争压力非常大，从而导致利润很低。

2014年，王宁留意到一款名叫 Sonny Angel 的潮流玩具在一年内销售了60多万个，为"泡泡玛特"带来了3000多万元人民币的销售额，约占该年总销售额的30%。于是，王宁将主营目标对准了潮流玩具。此后，"泡泡玛特"获得了飞速发展，2017年上半年的营收就达到了7000万元。

"泡泡玛特"的主要营销手段是情感营销。它不仅仅是简单地卖玩具，而是卖好奇心和满足感。

潮流玩具这类产品非常奇特，它没有任何的故事背景，也没有任何背书，但大家就是很喜欢。其实，它里面有一流的设计，更是有强烈的情感因素。

"泡泡玛特"采用了日本流行的"盲盒"玩法。每一个迷你摆件都包含12个不同造型的产品，单个售价59元。但是它们的包装都是全密封的，不拆开包装就不知道盒子里是哪一款。因此，想要买到自己心仪的不是那么容易的，还需要一些运气，特别是"隐藏款"、节日款等限量款娃娃。

这种"盲抽"制度在买卖的商业行为中加入娱乐化，正好契合了顾客以猎奇心、占有欲和炫耀心为原始驱动力的收藏心理需求，就像过去人们爱好集邮一样。每次购买排队时的期待，"盲摇"时的忐忑，拆开包装时抑制不住的惊喜或失望，以及收集了一套时的满足感，这个过程给顾客所带来的趣味性和情感已经远超过产品本身。

2017年3月，"泡泡玛特"基于微信上线了一款"抓娃娃"的H5游戏。通过玩这款游戏，顾客可以抓到娃娃的"碎片"。当抓齐一个娃娃的所有碎片（通常是四片）时，就可以获得一个一模一样的人偶。仅仅四个月的时间，这款游戏的用户数就超过30万。

另外，技术升级给"泡泡玛特"的新零售提供了很大的帮助。在"泡泡玛特"的整个运营链条里面，应用了大数据、人工智能，这让供应、设计、生产、销售的整个环节的效率大幅提高。

"泡泡玛特"也非常重视对潮玩文化的推广宣传，对潮玩市场的培育。

2017年9月，"泡泡玛特"主办了国内首届专业潮流玩具展（BTS），并取得极大的成功，受到业内专业人士及知名潮流品牌的一致推崇，引起媒体及大众对潮玩文化的广泛关注。

2017年12月，"泡泡玛特"携手北京西单大悦城，举办了北京首场"MOLLY XMAS"圣诞主题展，并邀请设计师Kenny Wong现场签售，活动当天吸引了近千名粉丝参加。

对广大普通创业者而言，"泡泡玛特"不仅仅是一个商业成功的范例，更是说明了一个道理，只要善于发现，新零售领域的机会无处不在。